LES ANCIENS

NOTABLES

COMMERÇANTS

DE

PARIS

IMPRIMERIE TYPOGRAPHIQUE L. MAINE

4, RUE LAMARTINE — PARIS

LES

3,200 Adresses

DES ANCIENS

NOTABLES

COMMERÇANTS

DE

PARIS

1885

RÉDACTION : 52, RUE LAFFITTE

DIRECTION ET ADMINISTRATION

30, Rue du Faubourg-Montmartre

PRÉFACE

EN publiant ce recueil, nous avons eu principalement en vue de faire œuvre utile et durable.

Il fallait pour cela réaliser un double but : consacrer le souvenir d'une institution récemment disparue, et servir de guide, de *vade-mecum*, à la génération qui arrive pour continuer nos grandes traditions commerciales et industrielles.

C'est assurément un devoir patriotique que de mettre en évidence tout ce qui peut, à un titre quelconque, contribuer à la gloire de notre nation française.

Aussi est-ce une satisfaction, pour notre amour-propre de Français, d'aider à la constitution de notre histoire nationale, par la publication de ce précieux recueil.

Grâce aux éléments qu'ils y trouveront, les historiens sauront que, dans notre admirable ville de Paris, à côté des illustrations politiques et militaires, à côté du monde de la littérature, de la science et des arts, il s'est trouvé, au moment de la publication d'une loi récente, 3,200 personnalités marquantes que le commerce et l'industrie de leur patrie avaient jugées dignes de la qualification de NOTABLES COMMERÇANTS.

Dans ce Livre d'Or des notabilités commerciales, que nous sommes heureux d'éditer, le côté utile n'échappera à personne.

C'est là, en effet, que l'on pourra retrouver les noms et les raisons sociales qui sont restés l'honneur des transactions commerciales de Paris, tant avec l'intérieur qu'avec l'étranger.

L'intéressé saura, grâce à notre recueil, où s'adresser désormais pour être certain de rencontrer, pour ses relations d'affaires, les meilleures garanties de conscience et de probité.

Au moment où la réclame ne néglige aucune fanfare pour étourdir et entraîner le public, il nous a paru consciencieux d'élever ce modeste monument au souvenir impérissable de ceux qui se sont toujours tenus en dehors des boniments à effet.

C'est un hommage que nous dédions à ceux qui sont restés, immuablement, dans les traditions austères qui sont la gloire et l'honneur de nos Annales commerciales et industrielles.

A ce titre, ils avaient droit à la reconnaissance et à l'admiration de leurs concitoyens.

BRETTE SAINT-ERNEST.

ANCIENS MEMBRES

DU

TRIBUNAL & DE LA CHAMBRE DE COMMERCE

ET

ANCIENS PRÉSIDENTS

DES

CONSEILS DE PRUD'HOMMES

DE

PARIS

ANCIENS PRÉSIDENTS

DU

TRIBUNAL DE COMMERCE

BAUDELOT (E.), quai de la Râpée, 84.
BERTHIER (C.-L.), place de la Madeleine, 30.
BESSAND (H.-C.-A.), rue du Pont-Neuf, 2.
CHABERT (J.), rue Royale-Saint-Honoré, 11.
DAGUIN (J.-B.-E.), rue Castellane, 4.
DENIÈRE (G.), boulevard Malesherbes, 29.
DROUIN (J.-B.), avenue de l'Opéra, 13.
GRIMOULT (L.-C.), rue Bassano, 21.
MOINERY (A.), rue Cloître-Saint-Merri, 18.
MOREAU (E.-F.), rue de la Victoire, 98.

ANCIENS MEMBRES

DU

TRIBUNAL DE COMMERCE

AUBRY (J.-L.-F.-F.), rue du Faubourg-Poissonnière, 31.
AUDIFFRED (J.), boulevard des Capucines, 8.
BAILLIÈRE (H.-P.-C.), rue Hautefeuille, 19.
BALAINE (C.-B.), rue Bleue, 29.
BARDOU (P.-G.), rue de Chabrol, 55.
BASSET (J.-A.), rue Lafayette, 11.
BAUDEUF (T.-H.), rue d'Arcole, 11.
BEAU (V.-E.), boulevard Bonne-Nouvelle. 25
BENILAN (T.), rue Bergère, 28.
BERNARD (C.-M.), rue de la Paix, 1.
BILLARD (L.-A.), rue d'Assas, 88.
BINDER (L.-G.), avenue des Champs-Elysées. 102.
BLANCHET (P.-A.-C.), rue d'Hauteville, 26.
BOUDAILLE (P.-M.), rue Mogador, 10.
BOUDAULT (P.-C.), rue Boissy-d'Anglas, 35.
BOUFFARD (A.-D.), rue de la Tour, 148.
BOUILLET (J.-B.), rue Notre-Dame-des-Victoires, 26.
BOULLAY (E.), quai du Louvre, 30.
BOURDIER (O.), rue de la Boëtie, 89.

BRESSON (J.), boulevard Saint-Germain, 136.

BUREAU (A.-E.), rue de Penthièvre, 12.

CALLA (F.-C.), rue des Marronniers, 8.

CAMUSET (L.-J.-F.), rue Pasquier, 8.

CAPPRONNIER, (C.-E.), rue Washington, 15.

CARCENAC (H.-G.), rue Neuve-des-Capucines, 20.

CARDEILHAC (E.), rue de Rivoli, 91.

CAVARÉ (J.-N.-V.), rue Saint-Sulpice, 18.

CAVÉ (J.-C.), rue des Saints-Pères, 78.

CELLIER (H.), rue de l'Echelle, 3.

CHAMBRON (E.-E.), quai de la Râpée, 60.

CHARLES DE MOURGUES (J.-A.), rue du Faubourg-Saint-Honoré, 170.

CHEUVREUX (J.-P.-C.), rue Boissy-d'Anglas, 15.

CHEVALIER (A.-R.), boulevard Saint-Germain, 243.

CHOUET (C.-A.-H.), place de l'Opéra, 8.

CHRISTOFLE (H.-A.-P.), rue de Bondy, 56.

CROUÉ (L.-H.), rue Grange-Batelière, 15.

COGNIET (M.-J.), rue Laffitte, 15.

COURIOT (L.-C.-A.), rue de Londres, 48.

COUSTÉ (J.-D.), avenue Marceau, 78.

COUVREUR (L.-C.), rue Lafayette, 237.

DÉPINAY (L.), rue du Colisée, 19.

DEROILLÉ (S.-A.), quai Jemmapes, 164.

DESÉGLISE (V.), rue Geoffroy-Langevin, 17.

DESHAYES (E.), rue Pajou, 9, à Passy.

DESPLANQUES (E.-J.), rue de Rocroi, 21.

DESVIGNES (C.), à Saint-Maurice.

DEVILLE-CAVELLIN (J.-P.), rue Gaillon, 10.

DIDOT (P.-F.), rue Jacob, 56.

DIETZ-MONNIN (C.-F.), rue La Bruyère, 38.

DOMMARTIN (F.), rue Scribe, 11.

DROUIN (E.-L.), quai des Grands Augustins, 53 bis.

EVETTE (A.-F.), rue Turgot, 15.

FERRY (J.-D.-T.), rue de Turin, 27.

FORGET (L.-N.-P.), rue de Courcelles, 14.

FORDIER-BEAULIEU (C.-A.), boulevard Magenta, 56.

FOUCHER (G.-A.-A.), rue du Faubourg-Poissonnière, 175.

FRANCASTEL (C.), boulevard Voltaire, 200.

FUMOUZE (J.-A.), rue du Faubourg-Saint-Denis, 78.

GAILLARD (E.-E.-T.), rue de Boulogne, 11 ter.

GARNIER (C.-A.), rue de la Boëtie, 7.

GAUDINEAU (L.), rue Martel, 17.

GIBERT (A.-A.-B.), avenue de Wagram. 127.

GIRARD (A.-A.), rue de Rivoli, 180.

GIRARD (C.-H.), rue de Vauvilliers, 45.

GIRAUDEAU (A.-H.), rue des Jeûneurs, 33.

GRELLOU (H.-A.), rue François-1er, 21.

GROS (A.-P.-C.), rue François-1er, 23.

GRUS (J.-D.-L.), boulevard Bonne-Nouvelle, 31.

GUILLOTIN (A.-L.-J.), rue Lourmel, 77.

GUILMOTO (N.-F.), rue de Chabrol, 34.

GUY (E.-E.), boulevard Voltaire, 202.

HACHETTE (J.-G.), boulevard Saint-Germain, 79.

HALPHEN (G.-G.), rue Taitbout, 2.

HÉBERT (E.-F.), rue de Rennes, 54.

HEINA (E.-V.), rue Perrault, 4.

HENNECART (L.-F.), quai de la Mégisserie, 16.

HERVIEU (P.-N.), boulevard Saint-Germain, 28.

HUNEBELLE (J.-P.-A.), rue de Solférino, 2.

HUREZ (F.-P.), rue du Faubourg-Poissonnière, 79.

HUSSENOT-DESENONGES (J.-D.-T.), rue Laffitte, 13.

ISRAEL (A.), boulevard Poissonnière, 17.

JOURDE (P.-A.), rue de Londres, 50.

JOUSSET (G.), rue de Furstemberg, 8.

JUMELLE (F.-O.), rue Saint-Louis, 10, à Vincennes.

LABBÉ (L.), rue Drouot, 18,

LACOSTE (G.-G.), rue Charlot, 56.

LAFERRIÈRE (J.-A.), rue de Trévise, 28.

LARENAUDIÈRE (C.-P.-F.), rue Vernet, 39.

LEBAIGUE (A.-M.-E.), rue de l'Université, 127.

LÉFÉBURE (C.), boulevard Malesherbes, 95.

LEJEUNE (E.-A.), rue Notre-Dame-de-Nazareth. 39.

LÉVY (A.-F.), rue de la Roquette, 58.

LÉVY (E.), rue des Petites-Écuries, 13.

LEVYLIER (A.), rue Meissonnier, 6.

MAGIMEL (E.-G.), rue Jacob, 56.

MANHEMIER (S.-H.-A.), rue Rossini, 3.

MARDEAU (F.-A.), rue Meyerbeer, 7.

MARTINET (L.-P.), rue de Trévise, 32.

MASSIN (M.-C.-A.-E.), boulevard Saint-Michel, 66.

MAUBAN (R.-F.), rue de Solférino, 5 *bis*.

MAUJAN (A.-N.), rue de Flandre, 199.

MAY (L.-H.), rue Thévenot, 14.

MELON DE RADOU (J.-E.), rue Mozart, 21.

MERCIER (A.-E.), rue d'Enghien, 48.

MICHAU (F.-P.), rue Denfert-Rochereau, 47.

MOINERY (A.-F.), rue de Rivoli, 80.

MOTTET (C.-H.), rue Miromesnil, 76.

MOZET (H.-C.), rue de la Bienfaisance, 39.

NAU (E.-C.), rue Mogador, 4.

NAY (E.-J.), rue du Faubourg-Poissonnière, 96.

NOEL (C.-H.) rue Neuve-des-Mathurins, 57.

OUACHÉE (C.-E.), quai de Conti, 17.

PAILLARD-TURENNE (J.-H.-P.), rue de Maubeuge, 81.

PAYEN (H.-A.), avenue Raphaël, 22.

PETIT (C.-F.), rue de Saint-Ouen, 4, à Saint-Denis.

POULAIN (E.), boulevard Haussmann, 73.

POUSSIELGUE (M.-G.-H.), rue Cassette, 15.

RAFFARD (P.), rue Saint-Denis, 226.

RAIMBERT (E.-D.), boulevard de Strasbourg, 19.

RAVAUT (L.-F.), place des Vosges, 14.

REYNIER (J.-E.-A.), rue Saint-Lazare, 69.

RICHEMOND (E.-L.), route d'Aubervilliers, 50, Pantin.

ROY (A.-L.), à Saint-Germain-en-Laye.

RODANET (A.-H.), rue Vivienne, 36.

ROYER (L.-E.), rue du Caire, 30.

SALMON (N.-E.), rue Amelot, 96.

SALMON fils aîné (C.-G.), rue de la Boëtie, 5.

SALMON père (A.-A.), rue Saint-Lazare, 91.

SAVOY (J.-C.), rue de la Boëtie, 2.

SCHAEFFER (J.-J.), rue Neuve, 10, à Aubervilliers.

SÉGUIER (E.-A.), rue Cadet, 24.

SIMON-AUVRAY (F.), passage Lathuille, 6.

SOUFFLOT (F.), rue Saint-Lazare, 103.

SOUBRIER (L.), rue de Reuilly, 14.

SUDROT (J.-D.), rue Lafayette, 189.

TEMPLIER (E.-F.), boulevard Saint-Germain, 79.

TERRILLON (E.), quai de la Mégisserie. 12.

TEXIER (B.-D.), rue de Rome, 61.

THIVIER (E.-H.), rue du Faubourg-Montmartre, 4.

THOMAS (G.-L.-A.), boulevard Sébastopol, 25.

THOMAS (E.-L.), boulevard Beauséjour, 15.

TRUCHY (P.-E.), rue de Rivoli, 158.

TRUELLE (F.-L.), rue de Saint-Pétersbourg, 2.
TRUELLE aîné (C.-A.), rue Vignon, 34 *bis*.
VALLET (L.-R.-A.), rue Saint-Joseph, 11.
VEVER (J.-J.-E.), rue de la Paix, 19.
VEYRAT (A.-P.-A.), boulevard Magenta, 126.
VILMORIN (Ch.-H.-Ph., Lévêque de), quai de la Mégisserie, 4.

ANCIENS PRÉSIDENTS

DE LA

CHAMBRE DE COMMERCE

GUIBAL (F.-C.), rue Vivienne, 40.
HOUETTE (L.-A.), rue de Berry, 25.
ROY (G.-E.), avenue Hoche, 1 *bis*.

ANCIENS MEMBRES

DE LA

CHAMBRE DE COMMERCE

ANDRÉ (L.-A.), rue Lafayette, 31.
BAILLIÈRE (E.-J.-B.-A.), boulevard Saint-Germain, 106.
BARBEDIENNE (F.), boulevard Poissonnière, 30.
BERANGER (A.), rue de Rivoli, 156.
BILLET (P.-J.), rue de Milan, 13 *bis*.
DEHAYNIN (F.-C.), rue d'Hauteville, 58.
D'EICHTHAL (A.), rue Neuve-des-Mathurins, 98.
DELON (A.-C.), rue du Faubourg-Saint-Denis, 24.
DESMARAIS (H.), rue des Minîmes, 14.
FERAY (E.), rue du Sentier, 39.
FERÉ (Victor), boulevard Haussmann, 79.
FONTENAY (P.-E.), place du Marché-Saint-Honoré, 19.
FOULD (H.), rue du Faubourg-Poissonnière, 30.
FOURCADE (J.-A.), rue d'Amsterdam, 67.
GAUSSEN (J.-M.), avenue de Wagram, 120.
HALPHEN (G.-L.), rue Drouot, 18.
HIELARD (C.-L.), rue du Quatre-Septembre, 2.

JAPY (E.), rue de Turenne, 114.
JARLAUD (F.-G.), quai de Bercy, 50.
LA CHAMBRE (C.), place Vendôme, 8.
LARSONNIER (J.-G.), à Saint-Servan.
LEBAUDY (J.-G.), rue de Flandre, 19.
MAES (L.-J.), passage des Petites-Écuries, 9.
MALLET (A.), rue Caumartin, 64.
MARCILHACY (C.-M.), boulevard Poissonnière. 17.
MIGNON (J.-B.-J.), boulevard Voltaire, 137.
NOEL (C.-A.), rue du Faubourg-Poissonnière, 9.
PERSON (A.-E.), rue Chauchat, 13 *bis*.
PETIT C.-P.), rue Jean-Jacques-Rousseau, 19.
PIAULT (J.), rue Turbigo, 68.
POIRRIER (A.-F.), rue d'Hauteville, 49.
TEISSONNIÈRE (P.-L.-L.), quai Voltaire, 5.
WAY (H.-A.), rue de Viarmes, 29.

ANCIENS PRÉSIDENTS

DES

CONSEILS DE PRUD'HOMMES

BRIQUET (J.-A.), galerie Montpensier, 28.
DELICOURT (E.), rue du Faubourg-Saint-Honoré, 43.
GOUIN (E.-A.), avenue de Clichy, 14.
GOUPY (V.), rue de Rennes, 71.
GRANDPIERRE (L.-N.), boulevard de Belleville, 64.
GUITTON (F.), rue Dauphine, 26.
LIMONEAU (E.), rue Auber, 3, impasse Sandrié, 6.
MARIENVAL (L.-O.), rue Saint-Denis, 208.
MAURIES (J.-F.), rue Monge, 51.
MAZET (A.-L.), place des Petits-Pères, 1 et 3.
OLIVIER (J.-R.), rue de Richelieu, 41.
REIGNEAULT (P.-T.-M.), rue Oberkampf, 71.
VACQUEREL (E.-E.), rue Réaumur, 41.

LISTE GÉNÉRALE

DES ANCIENS

NOTABLES

COMMERÇANTS

DE

PARIS

PAR

ORDRE ALPHABÉTIQUE

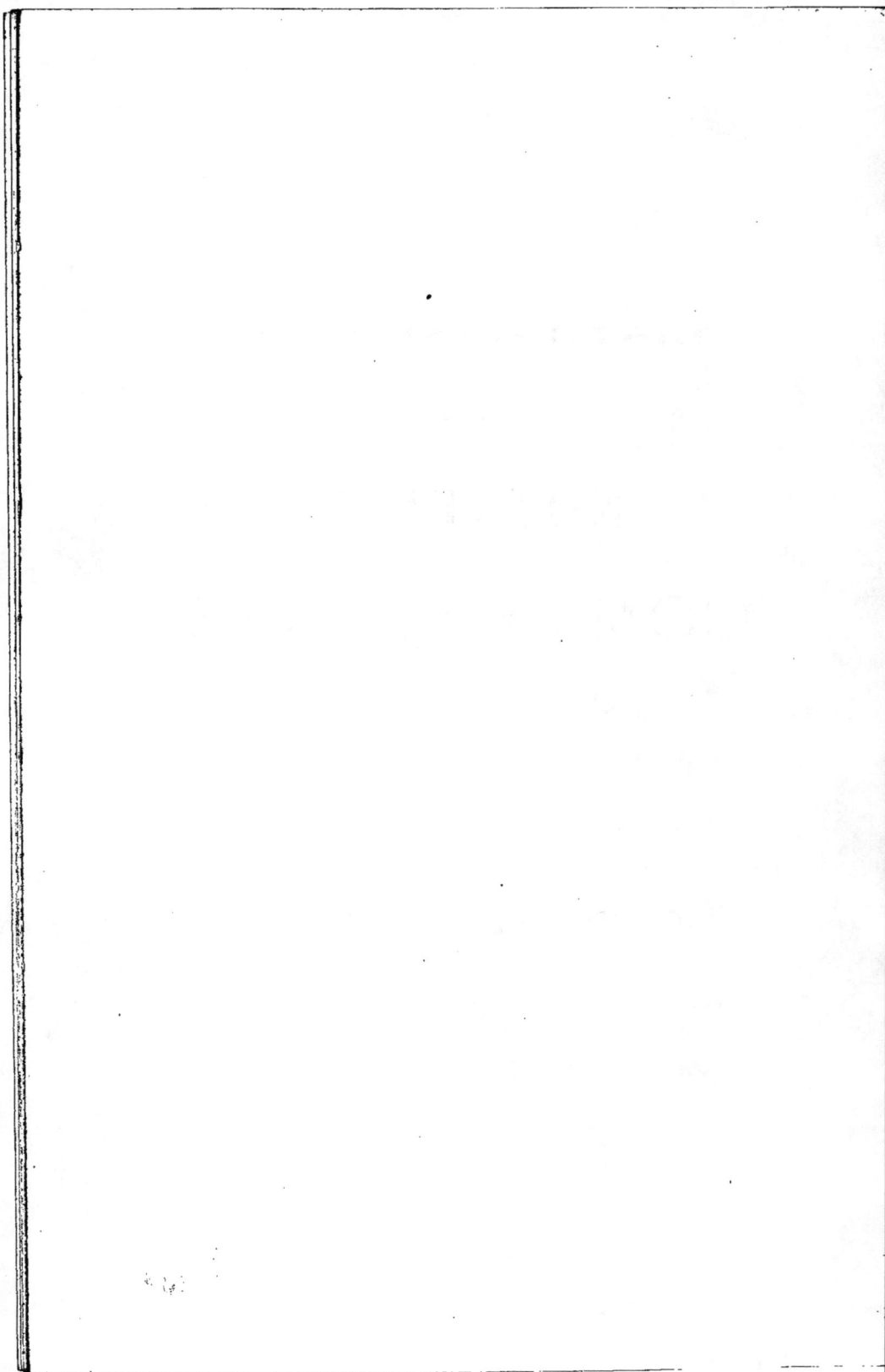

A

ABAR (A.-R.-N.), *fabricant d'appareils à gaz*, rue du Roule, 7.

ABBADIE (J.-A.), *nouveautés*, rue du Faubourg-Saint-Antoine, 128.

ABELANET (Émile), *miroiterie en gros*, rue des Francs-Bourgeois, 8.

ACHARD (E.-L.), *négociant en diamants* boulevard Haussmann, 28.

ACKER (G.-A.), *papetier*, rue Neuve-des-Petits-Champs, 29.

ACOULON (A.-E.), *marchand de literie,* rue de Buci, 8.

ADAM (Albert-Eugène-Alexandre), *plomberie*, rue Saint-Sauveur, 52.

ADAM (G.), *pharmacien*, rue Bonaparte, 45.

ADDES (M.-M.), *entrepreneur de maçonnerie*, rue de Dunkerque, 51.

ADRIAN (L.-A.), *produits pharmaceutiques*, rue de la Perle, 11.

AGNELLET (J.-P.), *fournitures pour modes*, rue de Reuilly, 123.

AILLERET (L.-C.), *négociant en porcelaines et faïences*, r. de Paradis, 32.

ALAMIGEON (E.-A.), *fabricant de papiers*, rue de Montmorency, 5.

ALASSEUR (A.-A.), *entrepren. de travaux publics*, r. de l'Université, 191.

ALBANEL (D.-J.-N.), *négociant commissionnaire*, rue de Trévise, 29.

ALBERTI (S.), *fleurs et fruits artificiels*, rue d'Aboukir, 121.

ALBERTIN (F.-R.), *miroitier-doreur*, rue Lafayette, 137.

ALBINET (C.-É.), *fabr. de couvertures*, r. de la Vieille-Estrapade, 19.

ALBINET (J.), *négociant en bronzes*, rue de Valois, 10.

ALCAN (F.), *libraire-éditeur*, boulevard Saint-Germain, 108.

ALLAIN (J.-A.), *marchand de vins en gros*, quai d'Anjou, 23.

ALLAIN-NIQUET (L.-A.), *commissionnaire en cuirs*, rue Dieu, 10.

ALLAIRE (M.-C.), *vins en gros*, rue des Rosiers, 8, Saint-Ouen.

ALLARD (Jules-Célestin), *fabricant de meubles, tapisserie d'art, maison à New-York*, rue du Faubourg-du-Temple, 50.

ALLEZ (C.-A.), *quincaillier*, rue Saint-Martin, 1.

AMBROISE (A.), *fabrique d'orfèvrerie ruolz*, rue Lafayette, 120.

AMOUR (L.-A.), *chapelier*, rue de Richelieu, 89.

ANCEAU (V.-H.), *rouenneries en gros*, rue Saint-Martin, 146.

ANCELIN (L.-É.), *marchand de cafés*, rue de l'Échiquier, 4.

ANCELOT (A.-C.), *tulles*, rue de Cléry, 26.

ANCHIER (E.), *confiseur*, rue de Sèze, 5.

ANDOUARD (P.-A.), *papetier*, rue de Provence, 30.

ANDRÉ (H.-F.), *entrepreneur de maçonnerie*, boulev. de Vaugirard, 38.

ANDRIVEAU (L.-L.-E.), *éditeur-géographe*, rue du Bac, 4.

ANFRAY (L.), *marchand de drogueries*, rue des Francs-Bourgeois, 20.

ANSOUS (V.), *grainetier*, rue de Vaugirard, 327.

ANTHEAUME (A.-H.), *marchand de caramels*, au Bourget.

2

ANTHONI (C.-G.), *fabr. d'essieux*, rue Fouquet, 38, Levallois-Perret.

ANTOINE (Léon-Christophe) fils, *fabricant d'encres*, rue des Marais-Saint-Martin, 62.

APPERT (Adrien-Antoine), *fabricant d'émaux, verres et cristaux, verres à vitres de couleur*, rue Notre-Dame-de-Nazareth, 66.

APPERT (A.-D.), *fabricant de chaussures*, rue Martel, 9.

ARBELOT (P. J.), *soieries*, rue Vivienne, 20.

ARDANT (F.), *libraire*, quai du Marché-Neuf, 4.

ARLOT (V.-S.), *stéarinier et fabricant de savons*, à Aubervilliers.

ARMANDY (D.-A.), *négociant en soies*, rue du Faub.-Poissonnière, 9.

ARMET DE LISLE, *produits chim.*, r. du Port, 31, à Nogent-sur-Marne.

ARNETTE (E.-L.), *négociant en produits chimiques*, rue Barbette, 4.

ARNOULT (H.-E.), *constructeur de charpentes en fer*, r. de la Santé, 46.

ARNOUX J.-B.), *menuisier*, boulevard Latour-Maubourg, 92.

ARON (E.), *commissionnaire en marchandises*, rue d'Enghien, 39.

ARTHUS-BERTRAND (C.), *libraire-éditeur*, rue Hautefeuille, 21.

ARTHUS (Frédéric), *marchand de cuirs*, rue Richer, 23.

ARTIGE (D.), *constructeur de machines*, rue du Théâtre, 66.

ARTUS G.-L.), *marchand de bois de sciage*, rue de Charonne, 60.

ASSELIN (E.), *fabricant de graisses*, r. des Poissonniers, 36, à St-Denis.

ASTIER (M.), *vins en gros*, place des Vosges, 2.

ASTRUC (J.-T.), *banquier*, rue Lafayette, 59.

ATRUX (François) et fils, *fabricant de laiton pour modes*, rue Tiquetonne, 66.

ATTIAS (É.), *denrées coloniales*, rue de l'Entrepôt, 13.

AUBÉ (F.-H.-E.), *courtier en marchandises*, rue Sainte-Anne, 67.

AUBERT (A.), *mécanicien*, rue Claude-Vellefaux, 4.

AUBERT (E.-F.-J.), *apprêteur d'étoffes*, rue de Charenton, 226.

AUBERT (J.), *vins*, rue de Turenne, 46.

AUBERTIN (J.-C.), *fabricant de gants*, passage du Saumon, 50.

AUBINET (J.-A.), *mercerie en gros*, boulevard Sébastopol, 46.

AUBOUIN (L.-H.), *torréfaction de cafés et fabrique de confitures*, boulevard Saint-Germain, 47, et rue Monge, 1.

AUBRET (P.-B.-A.), *négoc. en vins et distill.*, pl. de l'Église, 46, Pantin.

AUBRY (A.-D.), *fabricant d'instruments de chirurgie*, boul. St-Michel, 6.

AUBRY (A.-A.), *comm.re en bois et charbons de bois*, r. de Charenton, 290.

AUBRY (C.-A.), *négociant en dentelles*, rue des Jeûneurs, 83.

AUBRY (C.-M.), *banquier*, boulevard de la Madeleine, 9.

AUCLER (G.), *mercier en gros*, boulevard de Sébastopol, 75.

AUCOC (L.), *orfèvre, fabricant de nécessaires*, rue de la Paix, 6.

AUCOC (L.), *joaillier-bijoutier*, rue du Quatre-Septembre, 9.

AUCOC (L.-P.), *bonnetier*, rue de la Paix, 6.

AUDENET (X.) fils, *banquier*, rue du Faubourg-Poissonnière, 57.

AUDÉOUD (J.-T.), *banquier*, rue Halévy, 4.

AUGÉ (Jean-Isidore-Victor, *au Chat-Noir*, *confiseur, gros et détail*, rue Saint-Denis, 32.

AUGUSTE (L.-M.), *tissus de laine*, rue Saint-Joseph, 11.

AUGUSTIN (L.-E.), *bois à brûler*, Grande-Rue, 29, à Issy.

AUGUSTINS (C.), *entrepreneur de peinture*, rue de Téhéran, 17.

AURELLY (A.-P.-G.), *confections pour dames*, rue de l'Arcade, 59.

AUVERT (A.-E.-T.), *entr. de couv. et plomb.*, r. du Buisson-St-Louis, 24.

AUZOLLE (L.-E.-L.), *orfèvre*, rue Sainte-Croix-de-la-Bretonnerie, 42.

AVIET (J.-L.), *hôtel meublé*, rue Saint-Honoré, 223.

AYRAL (L.-C.), *vins*, rue Cujas, 8.

AYRAULD (X.), *négociant en dentelles*, rue de Cléry, 26.

B

BAC (G.), *fabricant de porte-plumes*, rue Portefoin, 12.

BACHELET (G.-T.), *orfèvre*, place du Pont-Neuf, 13.

BACHELIER (J.-L.), *marchand de dentelles*, rue des Jeûneurs, 16.

BACHOLLET (F.-L.), *laminage, tréfilage*, rue Morand, 4.

BACHOUX (D.-M.), *négoc. en sucres*, r. Ste-Croix-de-la-Bretonnerie, 37.

BACKES (J.-F.), *fabricant d'armes*, rue Elzévir, 7.

BACLET (G.-O.) fils, *négoc. en bonneterie et chaussures*, r. St-Martin, 148.

BACOT (A.), *agent de change*, rue Lafayette, 13.

BACOUEL (J.-B.-A.), *négociant en rubans*, rue Vivienne, 48.

BADEL (S.-D.-J.-B.), *banquier*, rue Rossini, 3.

BADIÈRE (J.), *commissionnaire en marchandises*, rue d'Enghien, 40.

BADON-PASCAL, *dir^r de la Cie d'ass. sur la vie* la Confiance, r. Favart, 2.

BAER (J.), *libraire*, rue de l'Ancienne-Comédie, 18.

BAGRIOT (Félix-Auguste), *fabricant de boutons de livrées et d'uniformes*, rue Saint-Denis, 168 et 170.

BAIL (L.-C.), *carrossier*, avenue d'Eylau, 47.

BAIL (L.-G.-G.), *carrossier*, rue de la Pompe, 85.

BAILLEAU (Jean) et C. CABANIS, *passementerie pour dames*, rue Saint-Denis, 227.

BAILLIÈRE (J.-B.-M.), *libraire-éditeur*, rue Hautefeuille, 19.

BAILLIÈRE-GERMER (G.), *libraire-éditeur*, boulev. St-Germain, 108.

BAILLON (A.-L.-A.), *maître carrier*, rue de Rennes, 80.

BAILLY (E.-E.), *fabricant balancier*, rue de la Ferronnerie, 4.

BAILLY (N.), *boucher en gros*, rue de Turenne, 6.

BALDUS (E.), *photographe*, rue d'Assas, 17.

BALITOUT (G.-G.), *imprimeur,* rue de Valois, 18, et rue Baillif, 7.

BALNY (C.-A.-F.), *fabricant de meubles,* r. du Faubourg-St-Antoine, 40.

BALNY (H.-T.-G.), *fabricant de coton à coudre,* boul. de Sébastopol, 36.

BALSAN (J.-J.-M.-A.), *manufacture de draps,* rue des Bons-Enfants, 21.

BALVAY (P.), *limonadier-restaurateur,* pavill. Ledoyen, Champs-Élysées.

BANDELIER (J.-B.-J.), *confection de jupons,* rue Montmartre, 83.

BANNIER (G.), *confitures en gros,* rue de Béarn, 1.

BAPST (C.-G.), *joaillier-bijoutier,* rue d'Antin, 6.

BAPST (P.-M.), *joaillier,* rue du Faubourg-Saint-Honoré, 25.

BARAS (E.-F.-D.), *constructeur-mécanicien,* rue de Reuilly, 13.

BARATTE (L.), *vins en gros,* butte de la Loire, 1, à l'Entrepôt.

BARBAROUX (J.-A.), *marchand de nouveautés,* rue Geoffroy-Marie, 5.

BARBARY (Gustave), *joaillier-bijoutier,* rue Meslay, 65.

BARBAS (A.), *entrepreneur de plomberie,* boulevard Magenta, 76.

BARBAUT (V.-A.), *fabricant de savons,* rue Nicolas-Flamel, 3.

BARBÉ (J.-H.), *tissus en gros,* rue des Jeûneurs, 42.

BARBIER (E.-E.), *marchand de bois de sciage,* rue de Flandre, 49.

BARBIER (Eugène-Léon-François), successeur de Ferdinand BOUCHÉ, *imprimeur lithographe, fournitures spéciales de bureaux pour administrations publiques,* rue Mandar, 5.

BARBIER (F.-V.), *marchand de bois,* avenue de Versailles, 5.

BARBIER (F.-D.), *constructeur de phares,* rue de Crimée, 178.

BARBIER (J.-C.-A.), *soies teintes et écrues,* rue du Caire, 33.

BARBIER (M.), *marchand de faïences,* rue des Quatre-Vents, 6.

BARBIER (S.-G.), *fabrique de billes de billard,* rue Borda, 3.

BARBIER-LEFÈVRE, *bois à ouvrer,* avenue de Paris, 230. à Saint-Denis,

BARBIZET (C.-A.) *fabricant de poteries artistiques,* place du Trône, 17.

BARBOU, (L-D.), *fabricant de porte-bouteilles,* rue Montmartre, 52.

BARCAT (J.-F.), *entrepreneur de maçonnerie,* rue Brunel, 18.

BARDIN (L.), *serrurier,* rue de Varennes, 94.

BARIGNY (A.), *éponges en gros et bouchons,* r. Ste-Cr.-de-la-Bret., 48-50.

BARIQUAND, *constructeur-mécanicien,* rue Oberkampf, 127.

BARLUET (H.-F.-A.), *fabricant de faïences,* r. du Faub.-Poissonnière, 61.

BARON (A.), *joaillier. Médaille d'or. Exposition des Diamants de la Couronne, (1884). Eventails, monture, joaillerie, dessins spéciaux. Eventails-carnets brevetés,* rue Louis-le-Grand, 23, au coin de celle du 4-Septembre.|

BARRAL (J.-B.), *pharmacien,* rue du Faubourg-Saint-Denis, 80.

BARRAT-LEBLOND, *entrep. de maçonnerie,* r. de la Briche, 4, à St-Denis,

BARRE (C.-L.),, *constructeur-mécanicien,* rue de Vaugirard, 131.

BARRE (E. A.), *fabricants de produits chimiques,* rue du Temple, 15.

BARRIÈRE (Louis-Marie), *fabrique de vis cylindriques,* r. St-Sabin, 22.

BARRY (P.-G .), *spiritueux en gros,* quai de Bercy prol., 16, à Charenton.

BARTHÉLEMY (A.-A.), *marchand de papier de couleur,* r. St-Séverin, 10.

BASSET (A.-J.), *teinturier en peaux,* rue de la Butte-Chaumont, 42.

BASSET, *direct. des forges de Châtillon et Commentry,* r. Charras, 4.

BASSET, *fabricant de chaussures,* rue Manin, 3.

BASSOT (L.-C.-P.), *bijoutier-joaillier,* rue de la Paix, 17.

BASTERT (G.), *imprimeur-lithographe,* boulevard de Port-Royal, 97.

BASTIEN (A.), *droguiste en gros,* rue Saint-Martin, 9.

BATON (L.-A.), *entrepreneur de charpente,* rue de Compiègne, 4.

BAUD, *huiles,* rue Saint-Roch, 24.

BAUDET (L.) *serrurier en charpentes en fer,* rue du Rocher, 64.

BAUDON, (A.-F.-N.), *ingénieur constructeur,* rue Fg-St-Martin, 49.

BAUDOT (P.), *négociant en draperies,* r. Croix-des-Petits-Champs, 84.

BAUDOUIN (T.), *cartonnages mécaniques, machines à coudre marchant seules sans le secours du pied ni de la main,* rue Vicq-d'Azir, 24.

BAUDOUIN (L.-L.), *imprimeur-libraire,* rue et passage Dauphine, 30.

BAUDOUIN (S.-A.), *vins et spiritueux,* quai de Bercy, 50.

BAUDOUX-CHESNON (A.), *marchand drapier,* r. Cr.des-Pet.-Champs, 50.

BAUDRIT, *entrepr. de charp. en fer,* av. Ste-Marie, 10, à St-Mandé.

BAUDRY (J.-B.-J.) *libraire-éditeur,* rue des Saints-Pères, 15.

BAULANT (M.-A.), *imprimeur-lithographe,* boulev. St-Germain , 177.

BAUSSAN (O.), *apprêteur de châles,* rue Saint-Sauveur, 87.

BAYEUX (L.-A.), *épicerie en gros,* route de Choisy, 17, à Ivry.

BAZIN (C.-A.), *papetier,* rue Saint-Jacques, 174.

BAZIN (L.), *marchand de laines,* cours Chavigny, 13, à Saint-Denis.

BEAUCAIRE (M.-S.), *négociant-commissionnaire,* r. d'Aboukir, 60.

BEAUDOIRE (T.), *fondeur en caractères,* r. Duguay-Trouin, 13.

BEAUFILS (V.), *marchand de bois,* quai de la Râpée, 16.

BEAUFUMÉ (Honoré), *négociant en vins,* boulevard Beaumarchais. 74.

BEAUMONT (J-E.), *chemisier,* rue du Mail, 7.

BEAUVILAIN (A.), *soies teintes et écrues,* rue Saint-Denis, 99.

BEAUVISAGE (L.-F.). *agent de change,* rue de Choiseuil, 25.

BECKER (E.), *négociant en rouenneries,* rue Saint-Martin, 188.

BECKER (Félix), de la maison F. BECKER et LEFÈVRE, *négociant en sucres et cafés en gros,* r. Saint-Denis, 15, 17 et 21.

BECKER (J)., *marchand de tissus,* rue Saint-Martin, 190.

BECOULET (C). *marchand de papiers en gros,* rue de Richelieu, 45.

BECOULET (L.-P.-J.), *entrepreneur de couvertures et plomberie ,* rue Lemercier, 69.

BECQUET (C.-G), *imprimeur-lithographe,* rue des Noyers, 37.

BÉDELET (A-N.), *libraire-éditeur,* rue Séguier, 14.

BÉDHET (D.-A.), *vins en gros,* quai de Bercy, 31.

BÉDOILLE (J.-É.-E.), *agent de change*, rue Lafayette, 14.

BÉGUIN (A), *négociant en papiers, cartonnier*, rue de Rivoli. 222.

BÉJOT (A.-J.), *vins*, boulevard Henri IV, 36.

BÉJOT (H.-J), *agent de change*, rue de Richelieu, 89.

BELHATTE (G.-E.), *libraire*, rue de l'Abbaye, 14.

BELHOMME (J.M.), *chamoiseur*. rue de Paris, 141, à Saint-Denis,

BELIARD (E.-C.), *fabricant de passementerie*, rue de Rambuteau, 46.

BELIN (H.-J.-A.), *libraire-éditeur*, rue de Vaugirard, 52.

BELLANGER *fabricant de meubles sculptés*, rue des Sts-Pères, 61.

BELLET (M.-F.-A.), *entrepreneur de maçonnerie*, rue Condorcet, 66.

BELLEVILLE (J.-F.), *constructeur mécanicien*, à Saint-Denis.

BELLICARD (S.-J.), *vins et eau-de-vie*, rue de Charenton, 290.

BELLIER (A.), *fab. de gants en gros*, boulevard Saint-Germain, 43.

BELLOIR (A.), *entrepr. de fêtes publiques*, houlev. Montparnasse, 82.

BELLOIR (Julien) et VAZELLE, *ameublement*, rue de la Victoire, 56.

BELLONE (S.-A.), *courtier en marchandises*, rue Taitbout, 64.

BELOT (É.), *spirit en gros*, à l'entre. des vins, cité des eaux-de-vie, 17.

BENDA (Arthur), *miroiterie*, rue des Archives, 10.

BENEDICK (E.), *fabric. de brosseries*, boulevard de Strasbourg, 39.

BENGEL (L.-A.), *fab. d'appareils à gaz*, rue des Trois-Couronnes, 21.

BENJAMIN (H.-M.), *maréchal-ferrant*, rue de Normandie, 6.

BENOIST (J.-É.), *négociant en mercerie*, rue Poissonnière, 5.

BENOIST (Jules-Félix-Aimé), *quincaillerie, marchand de fers et marchand de fonte*, avenue d'Italie, 13.

BENOISTON (Aurélien-Honoré), *mercerie, rubans, soieries, fourniture pour modes*, rue du Temple, 166.

BERCHON (A.), *commissionnaire en marchand.*, rue Montmartre, 50.

BERDIN (César-Démosthènes), *commission, consignation*, quai de Bercy, 16.

BÉRENDORF (J.-É.), *mécanicien*, avenue d'Italie, 75.

BERGER (C.-J), *tissus de coton*, rue des Jeûneurs, 38.

BERGER (C.-F.), *fab. de conserv. aliment..*, rue de l'Arbre-Sec, 19.

BERGON (Bernard-Frédéric), DANCEL (C.) et Cie, successeurs, *banque et recouvrements*, rue de Rougemont, 3.

BERGUERAND (F.), *fabric. de caoutchouc*, rue des Archives, 16.

BERL (A.), *lits et meubles en fer*, rue des Trois-Bornes, 11.

BERLUQUE (L.-N.), *from. et sardines à l'huile*, r. de la Verrerie, 62.

BERLY (G.), *banquier*, rue de la Chaussée-d'Antin, 60,

BERNARDEL (E.-A.) frères et GAND, *luthiers, instruments de musique, fournisseur de l'Opéra et du Conservatoire*, passage Saulnier, 4.

BERNOUX (A.-P.-H.), *négociant en meubles*, rue de Turenne, 37.

BERR (Édouard) fils et veuve, *fabricants de gants, chamoiserie, usine à Niort*. rue Jean-Jacques-Rousseau, 37.

BERR (E.), *fab. de gants, cham.*, boulev. Sébastopol, 32.

BERRIER (Louis), *marchand de draps, velours de chasse et satin de Chine*, rue Jean-Jacques-Rousseau, 25.

BERRY (Charles), *cristaux, verrerie et porcelaines, orfèvre*, rue du Jour, 21 et 23 et 15, rue Montmartre,

BERSON (Louis-Basile), *papiers en gros, fabrique de sacs en tous genres pour épicerie et droguerie, registres et articles de bureaux*, rue de la Verrerie, 65.

BERTAULT (P.-G.), *huiles en gros*, route de Châtillon, 77, à Montrouge.

BERTEAUX (H.-M.), *agent de change*, rue du Quatre-Septembre, 2.

BERTHAUD (M.), *photographe*, rue Cadet, 9.

BERTHELOT (H.), *entr. de trav. pub.*, boulev. Richard-Lenoir, 64.

BERTIN (A.), *marandchand de bois et charbons*, rue du Général-Foy, 38.

BERTIN (L.), *teinturier*, rue du Fort-de-l'Est, 4, à Saint-Denis.

BERTRAND (A.), *bronzes et galvanoplastie*, rue des Archives, 3.

BERTRAND (A.), *commissionnaire-exportateur*, rue de l'Échiquier, 46.

BERTRAND (F.), *entrepreneur de charpentes*, rue de Clignancourt, 135.

BERTRAND (F.), *entrepreneur de charpentes*, avenue de Clichy, 100.

BERTRAND (J.-A.), *march. de charbon des terre*, quai des Célestins, 32.

BESANA (L.), *fumist. et appreils de chauffage*, rue de Provence, 91.

BESSAND (Honoré-Charles), de la maison BESSAND et Cie (Belle-Jardinière), *confections*, rue du Pont-Neuf, 2.

BESSON (Isidore-Charles), *fabricant d'instruments de pesage*, rue de la Ferronnerie, 2, et rue des Innocents, 3, en face la fontaine.

BESSON (L.-J.), *négociant en vins*, boulevard Saint-Germain, 26.

BESSON (P.-M.), *fabt. de stéarine, bougies*, r. de la Révolte, à St-Ouen.

BESSY (A.), *négociant en laines*, rue de Bondy, 66.

BÉTHUNE (H.), *toiles et confections*, rue Saint-Martin, 155.

BEUDIN (Louis-Auguste-Charles), *épicerie en gros, conserves alimentaires et légumes secs*, rue Albouy, 25.

BEUGNIET (L.-A.), *marchand de tableaux*, rue Laffitte, 10.

BEZANÇON (E.), *fabricant de céruse*, boulevard Saint-Germain, 78.

BEZAULT, *fabricant de papiers peints*, rue du Faub.-St-Antoine, 275.

BÉZIAT (H.), *faïences et porcelaines*, rue de Paradis, 54.

BIABAUD (A.), *fumiste*, rue de Citeaux, 21.

BIAIS aîné (Marie-François-Théodore), *chasublier*, rue Bonaparte, 74.

BIAUTTE (E.-J.-B.), *entrep. de menuiserie*, boul. Montparnasse, 49.

BICAN (Alexandre-Auguste) et neveu, *fondeur en cuivre*, rue Oberkampf, 89.

BIDEAU (J.-H.), *marchand de châles*, rue d'Aboukir, 56.

BIÉMA V.-J.), *fabt. de chauss. et dép. de bonneterie*, rue de Paradis, 29.

BIGNON (J.), *limonadier*, avenue de l'Opéra, 32.

BIGNON (L.), *limonadier*, boulevard des Italiens, 16.

BIGNON (V.-A.), *sellier*, boulevard Saint-Germain, 264.

BILLETTE, *dir. de la Cie d'as. l'Étoile de la mer*, r. N.-D.-des-Vict., 44.

BINANT (L.-A.), *marchand de tableaux*, rue Rochechouart, 70.

BINDER (C.), *carossier*, avenue du Bois-de-Boulogne, 40.

BINDER (H.), *carrossier*, rue du Colisée, 31.

BINDER (J.-C.), *carrossier*, rue de Courcelles, 33.

BIRIÉ (A.), *banquier*, rue d'Hauteville, 66.

BISCH (E.-G.-A.), *boulanger*, rue Notre-Dame-de-Lorette, 64.

BISSEY (P.-L.), *vins en gros*, quai Bourbon, 55.

BISSON (C.-F.),*serrurier*, rue Aubry-le-Boucher 20.

BISSON (Jules-Michel), *spiritueux*, boulevard Saint-Germain, 24.

BIVORT (J,), *courtier en marchandises*, rue de Grammont, 16.

BIXIO (J.-M.), *direct. de la Cie gén. des Petites-Voitures*, q. Voltaire, 17.

BIZOT (A.), *fabrique d'appareils à gaz*, rue Mazarine, 42.

BLANC (J.), *négociant en vins*, quai Henri-IV, 46.

BLANCARD (M.-H.), *pharmacien*, rue du Vieux-Colombier, 21.

BLANCHARD (Jacques), de la maison BESSAND et Cie, *fabricant de vêtements*, rue du Pont-Neuf, 2.

BLANCHE (L.-A.), *entrepren. de maçonnerie*, r. Pierre-Picard, 10 *bis*.

BLANCHECAPE *(L.-A.)*, *sellier*, avenue de la République, 14.

BLANCHET (Antoine-Hippolyte), *négociant en vins en gros*, boulevard
Beaumarchais, 22.

BLANCHET (E.), *dentelles*, rue de la Banque, 18.

BLANCHET (François-Auguste), *courtier en vins*, boulevard Beaumarchais, 44.

BLANCHET (Louis-Georges), *fabricant de billards*, rue de Lancry, 53.

BLANPAIN fils *(V.-D.)*, *marbres et bronzes*, rue Amelot, 58.

BLAY (A.), *vêtements pour hommes*, boulevard des Italiens, 11.

BLAZY (L.-P.), *négociant en laines*, rue Turbigo, 15.

BLET *(E.-A.)*, *bois à ouvrer*, rue de Seine, 75, à Ivry.

BLOCH (C.), *grains et farines*, rue Jean-Jacques-Rousseau, 8.

BLONDE (Jules-Henri), *négociant en vins*, boulevard Henri IV, 44.

BLONDEL (A.-Ph.), *facteur de pianos*, rue de l'Échiquier, 53.

BLONDET (L.), *tissus*, rue des Jeûneurs, 27.

BLONDIN (G.), *tanneur*, rue de la Glacière, 49.

BLOT (E.), *fabricant de cuirs vernis*, rue Pastourel, 27.

BLOT Louis-François), de la maison BLOT et DROUARD,*fabricant de
bronzes imitation*, rue des Archives, 28.

BLOUET.(A-A.-M.), *marchand d'huiles*, rue Payenne, 12.

BOAS (A.), *art. de mén. en fer blanc et zinc*, boulev. de Charonne, 67.

BOBŒUF (A.-F.-L.), *négociant en toiles*, rue Saint-Fiacre, 8.

BOCA (P.-A.), *tissus*, rue du Mail, 13.

BODIN (J.-A.), *cordier*, boulevard de Sébastopol, 8.

BOHAIN (L.-A.), *entrepreneur de fumisterie*, rue des Roses, 21.

BOISSEAU (L.-B.), *négociant en porcelaines*, rue de Paradis, 7.

BOISSONNADE (L.), *fabricant de gants*, rue Béranger, 7.

BOLL (G.-A.), *fabricant de caisses de pianos*, rue Pajol, 19.

BOMBOIS (F.-X.), *entrep^r de menuis.*, rue Notre-Dame-des-Champs, 111

BOMSEL (S.), *tissus en gros*, rue Béranger, 8.

BONFILS (F.-A.), *négociant-commissionnaire*, rue de Bondy, 32.

BONGARD (L.-M.-A.), *entrepreneur de serrurerie*, rue de la Tour, 120.

BONGRAND (G.), *fournit. pour tailleurs*, rue du Quatre-Septembre, 9

BONNAUD (Pierre-Jérémie), *exportateur*, rue de Chabrol, 40.

BONNEAU (A.), *marchand de bestiaux*, aux Lilas.

BONNEFOND, *dir. de la Cie fr. de ma. p. ch.]de f.*, r. Nation., 57, à Ivry.

BONNET (J.-C.), *parfumeur*, rue de Maubeuge, 98.

BONNI (A.), *modes*, rue du Faubourg-Saint-Honoré, 3.

BONTÉ (E.-S.), *entrepreneur de travaux publics*, rue Boissonnade, 4.

BONTÉ (J.-F.), *entrepreneur de travaux publics*, rue Dutot, 8.

BONVALLET (J.), *courtier-gourmet*, rue de Bordeaux, 15, à l'Entrepôt.

BORD (J.-D.), *fabricant de pianos*, boulevard Poissonnière, 14 *bis*.

BORDESOULLE (J.-F.), *entrep^r de trav. pub.*, av. Mac-Mahon, 11 *bis*.

BOREL (E.-F.), *vins et spiritueux*, quai de Bercy, 47.

BOREL-FONTANY (A.-P.), *horlogerie*, r. Neuve-des-Pet.-Champs, 47.

BORNE (É.-P.-L.), *entrepreneur de maçonnerie*, rue Condorcet, 64.

BORRANI (C.), *libraire-éditeur et commission.*, rue des Saints-Pères, 19.

BORREL (F.-A.), *vins et spiritueux*, avenue Daumesnil, 18.

BORREL (Georges-Louis), *fabricant de colle*, rue de Vincennes, 40, à Bagnolet.

BORREL (Th.), *passement. p. voit. et pass. milit.*, rue Saint-Denis, 136.

BORTOLI (Vincent), *commissionnaire en marchandises*, rue du Château-d'Eau, 9.

BOSC (P.), *costumier des tribunaux*, boulevard Saint-Michel, 7.

BOSSELUT (N.-L.), *fabricant de lampes*, quai Valmy, 9 *bis*.

BOSSIÈRES (G.-C.), *marchand de cuirs*, rue de l'Entrepôt, 7.

BOUASSE-LEBEL (Henri-Marie), *éditeur d'estampes, imagerie*, rue Saint-Sulpice, 29.

BOUCAULT (A.), *mercerie en gros*, rue Saint-Denis, 73.

BOUCHACOURT (Emmanuel-Antoine-Désiré), de la maison BOUCHA-COURT et MAGNARD et Cie, *fabricant de boulons, manufacture de boulons, écrous, rivets, etc.*, rue Oberkampf, 125, et à Fourchambault (Nièvre).

BOUCHÉ (J.), *marchand de soieries*, rue Croix-des-Petits-Champs, 38.

BOUCHÉ (S.-T.), *vêtements pour hommes*, boulevard des Italiens, 29.

BOUCHER (A.), *vins en gros*, quai de Bercy prolongé, 9, à Charenton.

BOUCHER (É.), *marchand de rubans*, avenue de l'Opéra, 41.

BOUCHERON (F.-P.), *fabricant bijoutier*, Palais-Royal, 152 et 153.

BOUCHEZ (Adolphe), *miroitier*, rue du Faubourg-Saint-Antoine, 81-83.

BOUCHEZ, *imprimeur et papetier*, rue Richer, 26.

BOUCHINET (L.-A.), *tissus, nouveautés*, rue du Mail, 13.

BOUCHON (J.-M.-A.), *confec. pour dames*, r. N.-D.-des-Victoires, 9.

BOUDARD (A-.F.), *vins*, rue de M.con, 28.

BOUDET (D.-V.), *droguerie et produits chimiques*, rue St-Antoine, 88.

BOUDET (Simon-Léon), *miroitier*, rue de Sévigné, 13.

BOUDIER (F.), *fabricant de pâtes alimentaire*, rue de la Verrerie, 54.

BOUDIN (E.-L.-A.), COSTE, successeur, *manufactures d'encres Perine-Guyot*, passage Sainte-Croix-de-la-Bretonnerie, 1 et 3.

BOUDIN-MARTINEAU, *vins et spirit.*, r. des Carrières, 46, à Vincennes.

BOUDON, *directeur de la Cie d'as. marit.* le Pilote, pl. de la Bourse, 6.

BOUDREAUX (L.-F.-J.), *galvanoplastie typograp.*, rue Hautefeuille, 8.

BOUÉ (L.-J.-B.-L.), *vins et spiritueux*, boulevard Saint-Germain, 1.

BOUFFLET (L.-A.), *laines en gros*, rue d'Hauteville, 74.

BOUHEY (É.), *mécanicien*, avenue Daumesnil, 43.

BOUILHET (C.-H.), *fabricant d'orfèvrerie*, rue de Bondy, 56.

BOUILLON (É.-R.), *carrossier*, avenue Kléber, 6.

BOUJU (P.-L.), *fabt. de prod. en terre cuite*, rue des St-Pères, 76 *bis*.

BOULANGER (A.), *soies et crins en gros*, rue de Tracy, 7.

BOULANGER (Denis-Charles), *entrepreneur de couverture et plomberie*, rue de Malte, 40.

BOULARD (V.-A.), *huiles en gros*, rue Pavée-au-Marais, 13.

BOULENGER (Adolphe-Charles-Louis), ✻, *orfèvrerie, couverts*, rue du Vertbois, 4.

BOULENGER (H.), *fabt. de faïences*, rue du Pont, 5, à Choisy-le-Roy.

BOULET (J.), *constructeur mécanicien*, boulevard Magenta, 149.

BOULINGRE (A.), *négociant en grains*, rue Coquillière, 14.

BOULINGRE (E.-V.), *fabricant d'huiles*, rue Riquet, 50.

BOULLAY (J.-C.), *négociant en vins*, quai de Béthune, 36.

BOULOGNE (P.-H.), *carrossier*, à Sceaux.

BOUMARD (A.E-.), *imagerie*, rue Garancière, 15.

BOUQUET (J.-P.), *prod. chim.*, quai de la Marine, 5, à l'Ile-St-Denis.

BOURDEAUX (J.), *tailleur*, rue de Richelieu, 52.

BOURDIER (T.-A.), *fabricant joaillier*, rue du Quatre-Septembre, 27.

BOURDIN (É.), *fabricant de fleurs*, boulevard Sébastopol, 78.

BOURDON (C.-E.), *mécanicien*, rue du Faubourg-du-Temple, 74.

BOURDON (Ernest.), maison BOURDON, JACQUEMIN et GREMION, *bronzes d'éclairage*, rue de Sévigné, 26.

BOURDON (H.), *courtier*, rue de l'Échiquier, 30.

BOURDON, *négt. en porcelaines en gros*, rue Paradis-Poissonnière, 39.

BOURET (Charles-Adolphe-Henri), *libraire-éditeur*, rue Visconti, 23.

BOURGEAUD (Jean-Pierre-Auguste), *pharmacien*, rue Rambuteau, 20.

BOURGEOIS, *banque industrielle et com.*, r. du Quatre-Septembre, 25.

BOURGEOIS (B.-J.), *soieries*, rue de Cléry, 4.

BOURGEOIS (C.-F.), *fabricant de châles*, rue d'Aboukir, 55.

BOURGEOIS (Émile-Edmond), *porcelaines, cristaux et faïences*, rue Drouot, 21.

BOURGEOIS (F.-E.), *imprimeur sur étoffes*, rue du Corbillon, 6, à Saint-Denis.

BOURGEOIS (J.), *banquier*, rue du Quatre-Septembre, 12.

BOURGEOIS (P.-T.), *mercerie en gros*, boulevard Sébastopol, 69.

BOURGIN (Frédéric-Jules), *blanchiment de tissus, apprêteur sur étoffes*, rue de l'Industrie, 16, à Courbevoie.

BOURGOGNE (Jacques-Édouard), *entrepreneur de serrurerie*, rue de Vaugirard, 101.

BOURGOIN (Georges-Henri), maison COURVOISIER-BOURGOIN et Cie, *fabricant de gants*, rue Lafayette, 126.

BOURRIER (G.), *vins en gros*, quai de la Râpée, 18.

BOUSQUET (G.), *imprimeur sur étoffes*, boulevard d'Italie, 101.

BOUSSARD (E.-É.), *lain. et tissus pour pantalons*, rue St-Martin, 203.

BOUSSARD (L.-F.), *gantier*, boulevard Sébastopol, 50.

BOUTARD (F.-A.), *commissionnaire en cuirs*, rue Dieu, 14.

BOUTARD (J.), *tapissier*, rue de Grammont, 16.

BOUTET)F.-C.), *tissus*, rue du Faubourg-Poissonnière, 8.

BOUTHERIN (C.-F.), *agent de manufactures*, boulevard Sébastopol, 67.

BOUTIER (L.), *entrepreneur de maçonnerie*, avenue Daumesnil, 148.

BOUTRY (J.-L.), *négociant en sucres*, rue de la Comète, 6.

BOUTS (P.-F.-H.), *marchand de nouveautés*, boulevard Sébastopol, 81.

BOUVAIS (Émile), *fabricant d'enseignes d'art*, rue des Petits-Champs, 13.

BOUVELET (A.), *courtier de commerce*, rue Jean-Jacques-Rousseau, 21.

BOUVETIER (C.), *imprimeur-lithographe*, rue des Vinaigriers, 62.

BOUYER (E.), *vins et spiritueux*, butte de la Loire, 10, quai St-Bernard.

BOUYER (F.), *ganterie de tissus en gros*, rue de Rivoli, 132.

BOYARD, (A.-E.), *commissionre en huiles et graines*, r. de Trévise, 28.

BOYER (G.-M.), *étoffes pour meubles*, rue de Richelieu, 71.

BOYER (P.-A.), *libraire-éditeur*, rue Saint-André-des-Arts, 49.

BOYRIVEN (A.), *négociant en étoffes pour voitures*, rue Le Peletier, 37.

BRACHET (E.-J.-F.), *fournitures pour chapellerie*, rue du Temple, 45.

BRANÇON (T.), *blanchiment de coton*, rue des Entrepreneurs, 77.

BRAULT (Alphonse-Eugène-Désiré) père et Cie, *fabrique de céramique*, *tuilerie de Choisy-le-Roi*, rue de Sébastopol, 18, à Choisy-le-Roi.

BRAY (M.-E.-T.), *éditeur*, rue Bonaparte, 82.

BRÉANT (E.-E.), *châles*, rue d'Aboukir, 60.

BRÉBANT (E.-A.), *limonadier-restaurateur*, boulevard Poissonnière, 32.

BREHIER (Édouard-André) fils, *constructeur de chaudronnerie*, rue de l'Ourcq, 50 et 52.

BREISSAN (J.-B.), *négociant-exportateur*, rue Béranger, 15.

BRELAY (É.-C.-P.-E.), *tissus écrus*, rue Saint-Joseph, 5.

BRÉNOT (P.), *cafés en gros*, rue Sainte-Croix-de-la-Bretonnerie, 36.

BRESSON (Gabriel), *négociant en vins*, rue de Bercy, 109.

BRETEAU (A.-B.), *fabricant de fleurs*, rue Louis-le-Grand, 28.

BRETIN (Louis), *fabricant de chaussures*, rue Dieu, 16, et quai de Valmy, 55.

BRETON (A.-E.), *fabricants d'instruments d'optique*, r. des Écoles, 52.

BRETON (P.-I.-A.), *négociant en charbon*, rue de La Chapelle, 152.

BRETONNEAU (J.-A.), *pharmacien*, rue de Marengo, 6.

BREVAL (J.-E.-E.), *broderies*, rue Thévenot, 19.

BREZET (J.), *entrepreneur de charpentes*, rue Michel-Bizot, 189.

BRIANÇON (Firmin-Joseph-Jules), *étoffes pour fleurs*, rue d'Aboukir, 113 et rue Saint-Denis, 205.

BRIAUMONT (V.-M.), *châles et confections*, rue d'Aboukir, 67.

BRICARD (A.-H.) fils aîné, *quincaillier*, rue de Richelieu, 39.

BRICOUT (C.), *vêtements pour hommes*, rue Vivienne, 12.

BRIER (J.), *graveur*, passage du Saumon, 24.

BRIÈRE (F.-J.), *carrier*, rue des Archives, 8.

BRIFFAUD (J.-D.-O.-E.), *teinturier en soies*, quai de Grenelle, 51.

BRILLIÉ (A.-A.), *nouveautés*, rue de Flandre, 47.

BRION (P.), *tanneur*, rue de la Glacière, 50.

BRIOUDE (E.-P.), *commissionnaire-exportateur*, rue d'Enghien, 7.

BRISSET DES NOS (A.-F.), *d^r de la Cie d'as^{es} la Foncière*, pl. Ventadour.

BROCARD (F.-M.), *banquier*, rue Drouot, 5.

BROCHARD (E.-E.-G.), *maroquinerie et gainerie*, rue du Temple, 151.

BROCHON (E.-D.), *entrepreneur de maçonnerie*, r. St-Pétersbourg, 37.

BROCHOT (C.-E.), *soieries et rubans*, boulevard Poissonnière, 11.

BRODU (E.-P.-A.), *entrepreneur de menuiserie*, rue de Courcelles, 98.

BROQUIN (Joseph), de la maison BROQUIN, MULLER et ROGER, *fondeur en cuivre*, rue du Faubourg-du-Temple, 59.

BROSSETTE (H.), *corroyeur*, rue des Marais, 35.

BROT (P.-L.), *miroitier*, rue du Faubourg-Saint-Denis, 89.

BRUN (Claude-Emmanuel), *layetier-emballeur, fournisseur pour la guerre pendant 12 ans et pendant la guerre de 1870; exportateur et expéditeur*, rue Maubeuge, 90.

BRUN (L.), de la maison Vv^e J.-P. BRUN et ses fils, *bouchons en gros*, rue des Halles, 19.

BRUNEAU (J.), *vins et spiritueux*, quai de Béthune, 14.

BRUNET (Léon), *vins en gros*, rue de Bercy, 109.

BRUNET (P.-F.), *marchand épicier*, boulevard Saint-Germain, 149.

BRUNET (V.), *menuisier*, rue de Vaugirard, 79.

BRUNON (G.-H.), *march. de cuirs en poils*, boulevard Magenta, 18.

BRUNSCHWIG (E.), *chemisier*, rue Vivienne, 31.

BUISSON (A.), *marchand tailleur*, rue Vivienne, 18.

BUISSON (E.-A.-L.), *stéréotypie et galvanoplastie*, r. Bonaparte, 70 *bis*.

BUISSOT (Auguste-Charles) et fils, *fabricant d'éventails*, rue des Petites Écuries, 46.

BULLOT (C.-J.), *bonnetier*, rue de la Monnaie, 17.

BULOZ (C.-L.), *direct^r de la Revue des Deux-Mondes*, r. de l'Université.

BULTEAU (A.), *fabricant de tissus*, rue du Sentier, 16.

BURAT (H.-A.), *agent de change*, rue de Lafayette, 46.

BURAT (L.), *agent de change*, rue de Lafayette, 46.

BURGNION (E.) fils, *cheveux en gros, pulvérisateurs et accessoires de pharmacie*, rue de Richelieu, 106.

BURTON, *d^r des forges et fonderies d'Alais*, r. Chaussée-d'Antin, 58 *bis*.

BUSTARRET (P.-I.), *doreur p^r passementerie*, rue Saint-Denis, 151.

BUTTNER (F.-E.), *imprimeur-libraire*, cité Bergère, 1 *bis*.

C

CABIN (Claude-Marie), maison SAJOU, *dessinateur pour tapisserie, éditeur d'albums pour ouvrages de dames*, boulevard Sébastopol, 74.

CADET (A.-H.), *fabricant de robinets*, rue de la Roquette, 69.

CAEN (E.), *fabricant de plumes métalliques*, rue de Braque, 4.

CAEN (Gustave), de la Maison CAEN frères, *négociant en peaux*, rue Greneta, 34.

CAFFIN (J.), *courtier en marchandises*, rue de Richelieu, 89.

CAHAGNE (L.-F.), *mercier en gros*, rue Saint-Denis, 78.

CAHEN (D.), *marchand de tissus*, rue Saint-Fiacre, 12.

CAHEN (F.), *manufacture de brosserie*, boulevard de Magenta, 162.

CAHEN (M.), *confections en gros*, rue Jean-Jacques-Rousseau, 37.

CAILAR (A.), *marchand de métaux*, rue Keller, 4.

CAILL (A.), *soieries en gros*, rue d'Aboukir, 5.

CAILLAT (E.), *fabricant de couleurs*, rue de Jouy, 7 et 11.

CAILLET (E.), *commissionnaire-exportateur*, rue d'Hauteville, 25.

CAILLETTE (F.-N.), *entrepreneur de maçonnerie*, rue de Bercy, 151.

CAILLOT (J.-P.), *fabricant de bijouterie*, rue des Moulins, 2.

CALDERON (T.), *négociant-droguiste*, rue Saint-Gilles, 12.

CALLOT (Ernest-Philibert), *vins et spiritueux en gros*, boulevard de Reuilly, 33. Bureaux et magasins, 46, rue de Bordeaux (Bercy).

CALLY (A.-P.), *marchand de cuirs*, rue des Lombards, 62.

CALON (G.-P.), *banquier*, rue d'Hauteville, 53.

CAMILLE (A.-A.), *fabricant de sellerie*, rue de Lafayette, 146.

CAMUS (A.), *directeur de la Cie parisienne du gaz*, rue Condorcet, 6.

CAMUS (A.), *fabricant de produits chimiques*, rue Barbette, 2.

CAMUS (E.), *négociant en fruits secs*, rue de la Cossonnerie, 12.

CAMUS (H.-L.), *fabricant de cannes*, rue Meslay, 65.

CANAPPE (L.), *vins en gros*, rue de Charenton, 276.

CANDAS (F.-E.), *entrepreneur de bâtiments*, rue de Lancry, 14.

CANIS (J.) *fabricant bijoutier*, rue du Temple, 104.

CAPENDU, *libraire-éditeur-commissionnaire*, pl. de l'Hôtel-de-Ville, 1.

CAPENDU (A.-M.-F.-A.), *mercier passementier*, rue Montmartre, 160.

CAPET (J.-E.), *marchand d'huile en gros*, rue de la Verrerie, 61.

CAPGRAND-MOTHES (B.), *pharmacien*, r. Jean-Jacques-Rousseau, 68.

CAPIOMONT (E.-J.-B.), *imprimeur*, rue des Poitevins, 6.

CAPLAIN (E.), *affineur, marchand d'or*, rue Michel-le-Comte, 28.

CAPRON (E.-H.), *droguiste*, rue François-Miron, 68.

CAPRON (E.), *fabt. d'instruments de chirurgie*, boul. St-Germain, 104.

CARAVILLOT (J.-E.-L.), *menuisier*, rue de Sambre-et-Meuse, 9.

CARDIN (L.), *fabricant de chapeaux de paille*, rue d'Aboukir, 119.

CARLHIAN (A.), *commissionnaire*, rue Beaurepaire, 30.

CARNAUD (J.-J.), *fers blancs*, avenue de la République, 18.

CARON (J.-A.), *apprêteur d'étoffes*, Arcueil.

CARON (S.-H.-C.), *épicier*, rue de la Bourse, 8.

CARPENTIER (A.-C.), *marchand de fers galvanisés*, r. des Marais, 40.

CARPENTIER (C.), *conserves alimentaires*, rue Ducouëdic, 25.

CARPENTIER. *doreur*, rue Fontaine, 16 *bis*.

CARPENTIER (L.), *marchand drapier*, rue de Richelieu, 78.

CARRÉ (C.-R.), *négociant en eaux-de-vie*, boul. Richard-Lenoir, 95.

CARTIER (C.-H.), *filateur*, rue de Flandre, 78, à Pantin.

CARTIER (L.-F.), *joaillier*, boulevard des Italiens, 7 et 9.

CARTIER (P.-L.), *fabricant d'horlogerie*, rue Pastourelle, 4.

CARTON (É.-L.), *marchand de bois à ouvrer*, quai de la Gare, 6.

CARUE (P.-J.-B.), *corderie et gymnastique*, rue Saint-Denis, 269.

CARUEL (L.), *chapeaux de paille en gros*, rue du Sentier, 24.

CARVAILLO (A.-A.), *négt commissionnaire*, rue de l'Echiquier, 34.

CASSEDANNE (A.-L.), *fabt de faïence*, rue du Liégat, 27, à Ivry.

CASSIGNEUL (M.-D.), *imprimeur*, rue Lafayette, 61.

CATELAIN (J.-B.), *vins en gros et restaurateur*, pl. de la Bourse, 12.

CATALA (J.), *mercerie*, rue Saint-Denis, 141.

CAUCURTE (P.-P.), *vins*, rue Gallois, 16.

CAUVAIN (H.) *tanneur*, boulevard Arago, 23.

CAUVET (Louis-Edgard), *miroitier et ameublements*, rue du Faubourg-Saint-Antoine, 109.

CAUVIN (E.), *fabrique de bâches*, rue Neuve-Popincourt, 17.

CAVAILLÉ-COLL (Aristide), *facteur d'orgues*, avenue du Maine, 13-15.

CAVAILLÈS (J.-P.), *pharmacien*, rue du Quatre-Septembre, 9.

CÉLERIER (L.-M.), *négociant en vins*, rue du Mont-Thabor, 15.

CELLIÈRE, *peintre céramte et négt en porcel.*, rue de la Sorbonne, 20.

CERF (A.-H.), *négociant en cuirs*, rue Française, 8.

CERF (E.), *fabricant de toiles cirées*, boulevard de Sébastopol, 59.

CERF (E.-C.), *fabt de maroquins*, rue des Golelins, 21.

CHABERT (P.-A.-C.), *agent de change*, rue de Moulins, 20.

CHABRIÉ (P.-V.), *fabricant d'appareils à gaz*, rue des Martys, 52.

CHACHOIN (P.), *bronzes d'ameublement*, rue Saint-Gilles, 12.

CHAFFIOT (L.), *fabricant de chapeaux de paille*, rue d'Aboukir, 71.

CHAGOT (L.), *directr des mines de Blanzy*, boulevard Haussmann, 69.

CHAILLOT (P.), *machines et outils*, rue Mathis, 16.

CHAINTRON (A.-D.), *distillateur*, route d'Orléans, 77, à Montrouge .

CHAISE (A.), *fabricant joaillier-bijoutier*, rue de la Paix, 24.

CHAIX (A.), *dir. de l'imprim. et lib. des chem. de fer*, r. Bergère, 20.

CHALAMEL (B.), *teinturier*, rue Saint-Denis, 16, à Puteaux.

CHALIGNY (G.-J.), *ingénieur-mécanicien*, rue Philippe-de-Girard, 54.

CHALLAMEL (P.) aîné, *libraire-éditeur-commissionnaire*, rue Jacob, 5.

CHALMANDRIER (Henri), *quincaillier*, rue du Pont-Neuf, 9.

CHALMEL (G.), *vernis et alcools*, boulevard Richard-Lenoir, 108.

CHALUMEAUX (Ch.), *bijouterie, fabricant de chaînes d'argent*, rue des Fontaines-du-Temple, 13.

CHAMBRON (A.-J.), *marchand de bois*, quai de la Râpée, 60.

CHAMEROT (G.), *imprimeur*, rue des Saints-Pères, 19.

CHAMOUILLET (L.), *miroitier*, boulevard de la Madeleine, 17.

CHAMPENOIS (F.-A.), *imprimeur-éditeur*, boulevard Saint-Michel, 66.

CHAMPIGNY (A.-F.-A.), *pharmacien*, rue de Clichy, 39.

CHAMPION (J.-E.-A.), *courtier-gourmet*, av. de la Marne, 20, à Créteil.

CHAN, *vêtements confectionnés en gros*, r. Croix-des-Petits-Champs, 45.

CHANDELET (E.), *fleurs*, rue Thévenot, 6.

CHANÉE (Louis-Victor-Léon), *étoffes p^r ameublements*, rue de Cléry, 25.

CHANTON (A.-A.), *articles de Chine*, rue du Quatre-Septembre, 18.

CHANTREL (A.-N.), *distillateur en gros*, rue Saint-Merri, 31.

CHANTRIER (L.-L.), *droguiste en gros*, rue des Lombards, 33.

CHANU (C.-L.), *courtier d'assurances*, rue Vivienne, 34.

CHAPARD (Charles), *serrurier*, rue Gerbillon, 9.

CHAPELLE (H.-V.), *entrepreneur de maçonnerie*, rue Decamps, 46.

CHAPON (C.-N.), *toiles en gros*, rue Bertin-Poirée, 17.

CHAPON (N.-A.), *fabricant de bâches*, rue du Temple, 13.

CHAPPAT (L.), *teinturier*, rue Fournier, 6, à Clichy.

CHAPPOTTEAU (C.), *négociant en vins*, rue Cuvier, 14.

CHAPU (P.-A.), *pâtes alimentaires*, rue de la Tacherie, 5.

CHAPUIS (François-L.) fils, *vins en gros*, quai de Bercy, 49.

CHAPUIS (P.), *marchand de charbons*, boulevard Magenta, 148.

CHARAIRE (M.), *imprimeur typographe*, à Sceaux.

CHARBONNÉ (A.-C.), *commission^{re}-exportat^r*, r. N.-D.-des-Victoires, 30.

CHARBONNEL (É.), *md de bois en gros*, quai de Seine, 10, à Courbevoie.

CHARDON (C.-A.), *imprimeur en taille-douce*, rue de l'Abbaye, 10.

CHARDON (L.), *épicier*, rue Coquillière, 45.

CHARLOT (J.-B.), *fabricant de caoutchouc*, rue Saint-Ambroise, 25.

CHARMET (P.-M.), *vins en gros*, rue de Châteaudun, 22.

CHARNELET (A.-J.), *apprêteur d'étoffes*, rue Oberkampf, 98.

CHARPENTIER (A.), *fabricant de cartonnages*, rue du Temple, 39.

CHARPENTIER (A.-E.), *bijoutier*, rue des Pyramides, 21.

CHARPENTIER (G.-A.), *libraire-éditeur*, rue de Grenelle, 13.

CHARPENTIER (J.-P.), *vins et spiritueux*, à Charenton.

CHARPENTIER-PHILIPPOT, *boulanger*, rue de Grétry.

CHARTIER (A.), *marchand de rouennerie*, rue Saint-Martin, 176.

CHARTIER (Ch.-I.), *négociant en soierie*, rue de Cléry, 13.

CHARTON (R.-S), *restaurateur*, chaussée de la Muette, 2.

CHARTRON (C.), *charpentier*, rue Cler, 54.

CHARVET (L.-A.), *teinturier*, quai de Billancourt, 10, Boulogne.

CHASSEVANT (J.-A.), *produits chimiques*, rue Dauphine, 8.

CHASSIN (H.), *entrepreneur de travaux publics*, rue des Lyannes, 8.

CHATÉ (É.), *horticulteur*, rue Sibuet, 62.

CHATEAU (S.) *entrepreneur de maçonnerie*, rue Nicole.

CHATELAINE (E.-G.), *fabt de porte-bouteilles en fer*, rue Lafayette, 67.

CHATON (L.-J)., *marchand de charbon de bois*, rue de Charenton, 178.

CHAUCHARD (A.-H.), *marchand de nouveautés*, rue de Rivoli, 164.

CHAUCHEFOIN (A.-A.), *vins en gros*, parc Nicolaï, Charenton,

CHAUDRON (A.), *vins en gros*, quai d'Austerlitz, 1.

CHAUFIER (C.) *mercerie et rubans*, rue Montmartre, 131.

CHAUFFOUR (M.-F.-J.-A.), *toiles peintes*, rue du Sentier, 33.

CHAUMONOT (L.-J.), *fabt de chapeaux de paille*, rue Montmartre, 138.

CHAUVEAU (A.-P.), *entrepr de couvertures*, r. du Faub.-St-Denis, 178.

CHAUVIÈRE (É.), *marchand de jouets*, boulevard des Capucines, 27.

CHAUVOT (L.-F.), *fabricant d'armes*, rue d'Enghien, 12.

CHAVETON (Rufin-Nicolas-Désiré), *fabricant bijoutier-joaillier, spécialité de boutons d'oreilles, bagues et pierres de couleur*, boulevard Sébastopol, 98.

CHEDEVILLE (J.-M.), *entreprenr de serrurerie*, r. Tocqueville, 103-105.

CHENAILLIER (H.-N.), *fabt de couverts d'arg. et cout. ric.*, r. Turbigo, 89

CHENAILLIER (P.-C.), *constructeur-mécanicien*, av. de Bouvinues, 5.

CHENEVIÈRE (C.-L.-V.), *fabt de passem. p. ameub.*, pass. du Ponceau.

CHENU (P.), *confiseur*, boulevard Sébastopol, 16.

CHENUE (L.), *layetier-emballeur*, rue Croix-des-Petits-Champs, 24.

CHEROUVRIER (A.), *entrepreneur de charpentes*, rue Saint-Blaise, 62.

CHETELAT (A.-I.) *fabricant de parfumerie*, rue Saint-Martin, 71.

CHEVALIER (E.-P.), *passementerie*, rue d'Aboukir, 49.

CHEVALIER (P.-E.), *constructeur de wagons*, quai de Grenelle, 65.

CHEVALIER-APPERT (Alfred-Auguste), *fabricant de conserves alimentaires*, rue de la Mare, 30, à Ménilmontant.

CHEVASSU (J.-F.-D.), *distillateur*, rue de la Reynie, 20.

CHEVET (F.-J.), *marchand de comestibles*, gal. de Chartres (Palais-Royal)

CHEVILLE-LODDE (A.), *fabricant de brosserie*, rue Elzévir, 2.

CHEVILLOT (A.), de la maison CHEVILLOT frères, *chemisier*, boulevard Saint-Martin, 21.

CHEVRET (V.-É.), *tulles et dentelles en gros*, rue de Cléry, 44.

CHEVRIER, *courtier en vins*, préau de l'Entrepôt.

CHIRADE (Armand-Simon), *beurre, œufs et fromages en gros*, rue de Marivaux, 11.

CHIVERT (Alfred), *courtier gourmet*, rue de Mâcon, 20 (Bercy).

CHOINET (G.-H.), *Dr de la Soc. de l'Annuaire Bottin*, rue Jacob, 54.

CHOISEL (N.-F.), *teinturier-dégraisseur*, boulevard Barbès, 64.

CHOPIN (J.-F.), *négociant en vins*, quai de Bercy, 50.

CHOPIN (Marius-Étienne), successeur de BARBAN-DUPONT, *marchand de meubles neufs et d'occasion, tapisserie, achat de mobiliers*, rue Meslay, 17.

CHOQUART (L.-E.), *fabricant de chocolats*, rue de Rivoli, 182.

CHOQUET (Louis-Auguste), *fabricant de taillanderie, quincaillerie*, rue Corbeau, 19 (près le faubourg du Temple).

CHOUANARD (J.), *quincaillier*, rue Saint-Denis, 3.

CHOVEAUX (E.-L.), *fabricant de chocolats*, boulevard Ornano, 196.

CHRÉTIEN (Nicolas-François), *vins fins étrangers, spiritueux*, quai Saint-Bernard; — Magasin des eaux-de-vie : 35 et 40, à l'Entrepôt général des Liquides.

CHRISTOPHLE (A.), *gouvern^r du Crédit foncier*, r. Nve-des-Capucines.

CICILE (C.-E.), *produits chimiques*, rue des Francs-Bourgeois, 26.

CIVET (F.), *maître carrier*, rue Maubeuge, 75.

CLAPARÈDE (F.-M.), *construct^r-mécanicien*, quai de Seine, à St-Denis.

CLAUDE-LAFONTAINE (L.), *banquier*, rue de Trévise, 32.

CLAUDIN (D.-H.), *armurier*, boulevard des Italiens, 38.

CLAUDON (Gustave), *vins et spiritueux*, place Jussieu, 1.

CLAUSS (Eugène-Marx), *fabricant de porcelaines*, rue Pierre-Levée, 8.

CLÉMENT (Jean-Pierre), *sellier-harnacheur*, boulevard Haussmann, 126.

CLÉMENT (L.-J.-E.), *marchand d'estampes*, rue des Saints-Pères, 3.

CLIN (E.-M.), *produits pharmaceutiques*, rue Mazarine, 9.

CLOLUS (C.-V.), *prod. chim.*, r. du Vieux-Pont-de-Sèvres 52, (Billanc.).

CLOQUEMIN (P.-T.), *directeur de la Paternelle, incendie*, r. Ménars, 4.

COCHIN (Joseph-Aimé) *entrepreneur de maçonnerie*, rue Doudeauville, 38.

COCHIN (N.-V.), *fabricant de literie*, r. du Faubourg-Saint-Antoine, 35.

COCHOT (P.-A.), *mécanicien*, avenue Ledru-Rollin, 36,

COCK (A.-H.), *imprimeur typographe*, rue de Rivoli, 144.

COCQUELET (É.-A.), *pharmacien*, rue Ordener, 1.

CODUR (J.-B.), *trav. publics*, r. de Corneilles, 80 bis, Levallois-Perret.

COELIER (Théophile), *vins en gros*, rue Suger, 8, à Saint-Denis.

COENON (P.-T.), *verrerie pour parfumerie*, rue de la Perle, 7.

CŒURÉ (A.-C.), *commissionnaire-exportateur*, rue de Saintonge, 10.

CŒURÉ (É.-J.), *bijoutier-joaillier*, rue des Bons-Enfants. 27.

COFFIN (J.-P.), *marchand de tapis*, rue Caumartin, 2.

COGET (C.-L.), *apprêteur d'étoffes*, rue Salneuve, 15.

COGNACQ (Théodore-Ernest), *marchand de nouveautés*, rue du Pont-Neuf, 1.

COHEN (F.-M.-L.), *exportateur et importateur*, rue Martel, 6.

COHN (H.), *commissionnaire en tissus*, rue Cadet, 18.

COIGNET (François), *produits chimiques*, rue Lafayette, 130.

COINDRE-GILLAIN (P.-V.) *graines, farines*, r. Pr.St-Germ.-l'Auxer., 23

COLIN (A.-J.), *charbons de terre*, quai de la Marne, 14.

COLIN (A.-A.), *libraire-éditeur*, rue Mézières, 1 à 5.

COLLESSON (C.), *scierie mécanique*, quai de la Loire, 24.

COLLET (A.), *entrepreneur de charpentes*, rue des Acacias, 9 bis.

COLLET (C.-J.), *fabricant de tissus de laine*, rue du Mail, 31.

COLLET (J.-C.), *meubles et tapisserie*, rue Le Peletier, 29.

COLLET (M.-É.), *fabricant de porcelaines*, r. de Paradis-Poissonnière, 6.

COLLETTE (A.-F.), *cotons et laines filés*, rue Saint-Denis, 52.

COLLIARD (C.-L.), *commissionnaire en marchandises*, rue Drouot, 4.

COLLIGNON (L.-V.-G.), *droguiste*, rue des Quatre-Fils, 9.

COLLIN (François), *vins en gros et spiritueux*, route d'Orléans, 35, à Arcueil.

COLLIN (Armand-François), *horlogerie mécanique et électrique*, rue Montmartre, 118.

COLLIN (A.-P.-U.-L.), *instr. de chirurgie*, r. de l'École-de-Médecine, 6.

COLLIN (C.-P.). *produits chimiques*, rue Quincampoix, 15.

COLLIN (J.-A.), *marchand de verrerie*, rue de Rivoli, 90.

COLLIN (L.-M.), *marchand tailleur*, rue Jean-Jacques-Rousseau, 53.

COLLINOT (E.-V.), *fabricant de faïence d'art*, rue Royale, 9.

COLLOT, (J.-C.), *corroyeur*, rue Montorgueil 25.

COLOMBIER (F.-J.), *éditeur de musique*, rue Vivienne, 6.

COMPÈRE (E.-E.-T.), *d^r du Compt^r V^o Lyon-Alemand*, r. Quincampoix, 79

CONORT (Julien-Jean-Antoine), *teinturier en plumes*, rue du Vertbois, 5.

CONQUET (L.-A), *libraire*, rue Drouot, 5.

COPEAU (V.-J.), *quincaillier*, rue du Faubourg-Saint-Denis, 83.

COQUEREAU (C.-C.), *négociant en toiles*, rue Saint-Martin, 138.

CORBEL (Auguste), *draperies*, rue d'Aboukir, 25.

CORBERY (J.), *courtier-gourmet*, rue de Nuits, 7.

CORBIÈRE (F.-I.), *tissus anglais*, rue des Jeûneurs, 27.

CORDIER (F.), *fumiste*, rue du Chemin-Vert, 100.

CORDIER (N.),, *banquier*, rue de Provence, 62.

CORICON (L.), *fabt de confitures*, r. de Villiers, 52, à Levallois-Perret.

CORLIEU (Émile-Victor) fils, A la Providence, *fabricant potier d'étain*, ancienne maison Corlieu-Antheaume, rue François-Miron, 10.

CORNELY (M.), *négociant, commissionnaire*, rue d'Hauteville, 21.

CORNET (C.), *entrepreneur de peinture*, rue d'Assas, 16.

CORPET (A.-J-A.), *soies teintes et écrues*, boulevard Sébastopol, 88.

CORPET (C.-J.-L.), *constructeur-mécanic.*, av. Philippe-Auguste, 119.

CORTIER (A.-C.), *laines et literie en gros*, r. du Faubourg-St-Denis, 79.

CORTOT (E.-J.), *vins en gros*, rue de la Côte-d'Or, 37, à l'Entrepôt.

COSSON aîné (L.-J.-B.). *fabricant de chaussures*, rue de Dunkerque, 65.

COTILLON (B.), *vins en gros*, cour Barsac, 31, quai de Bercy.

COTINAUD (C.), *commission en tableaux modernes*, rue Laffitte, 49.

COTTÉ (A.), *dir. de la Soc. des gros cam. de Paris*, rue Boucry, 16.

COTTIN (A.), *vins en gros*, boulevard Saint-Germain, 14.

COUDERC, *fourneaux et matériel de ch. de fer*, av. Parment. 39, 41, 43.

COUDRAY (E·-P.-C.), *fabricant de parfumerie*. rue d'Enghien, 13,

COUDRET (J.-P.), *tissus, nouveautés*, rue du Sentier, 26.

COURBARIEN (F,-A.), *entrepren^r de maçonnerie*, av. Victor Hugo, 74.

COURCAULT (Georges), *vins et spiritueux en gros*, rue de Paris, 104, à Saint-Denis.

COURCEL (P.), *fabricant de boutons*, passage Parmentier, 7.

COURET-PLÉVILLE (G.), *agent de change*, boulevard Haussmann, 28.

COURIOT (E.), *droguiste en gros*, rue des Juifs, 16.

COURTIN (E.), *marchand de bois*, rue de Ménilmontant, 11.

COURTOIS (A-J.-F.), *entrepreneur de couvertures*, rue Lebrun, 5 et 7

COURTOIS (A.), *mercerie en gros*, boulevard Sébastopol, 24.

COUSART, TAMARE-COLLIGNON successeur, *sellier, sellerie d'occasions et harnais*, rue Rodier, 8.

COUSIN (J.) et fils, *ameublements*, rue Lafayette, 100.

COUSIN (P.-H.), *draperie*, rue Baillif, 1 *bis*.

COUSTEAU (A.-F.), *chaussons de lisière et de laine*, rue Vauvilliers 9.

COUTANT)E.), *entreprneur de peinture et papiers peints*, rue Molière, 5.

COUTELIER (Edmond-Jules-Victor), *fabricant d'ornements en zinc et en plomb*, boulevard Richard-Lenoir, 52.

COUTURAT (E.-A.-L.), *bonneterie*, rue de Rivoli, 118.

COUVREUR (V.C.), *bouteilles en gros*, quai de la Marne, 10.

COUVREUX (Louis), *vins et spiritueux*, route de la Révolte, 142, à Saint-Ouen (Seine).

COVILLARD (C.), *châles imprimés*, rue d'Aboukir, 47.

CREMNITZ (Max) ✳,✙, *fabricant de tableaux, annonces artistiques sur tôles vernies*, avenue Victor-Hugo, 19.

CREPEY (L,-E.), *agent de change*, rue du Quatre-Septembre, 19.

CRESPIN (A.-A.), *ingénieur-mécanicien*, avenue Parmentier, 23.

CRESPIN (P.-É.), *fabricant de chaussures*, rue Meslay, 37.

CRINON (C.-J.-V.), *pharmacien*, rue Turenne, 45.

CROTEL (Émile), *marchand-tailleur*, rue des Petits-Champs, 18,

CROUÉ (H.-A.), *fabricant de soieries*, rue de la Grange-Batelière, 15.

CROUX (G.-L.), *horticulteur-pépiniériste*, vallée d'Aulnay, à Châtenay.

CRUCHET (C.-P.-A.), *fabricant de carton-pierre*, rue Pétrelle 20.

CRUSSOL (E.), *fabricant de chapeaux de laine*, rue Martel, 6.

CUAU (Eugène), *appareils de chauffage*, rue du Débarcadère, 8.

CUAU (H.), *fumiste*, boulevard de Courcelles, 88.

CUEL (Gilbert), *ameublement, fournisseur de Sa Majesté le roi d'Espagne*, rue des Capucines, 20, en face le Crédit foncier.

CURTET (J.-A.), *entrepreneur de pavage*, rue de la Harpe, 26.

CUSENIER (E.-P.), *distillateur*, boulevard Voltaire, 226.

CUSINBERCHE (J.-E.), *stéar. et savonn* chemin de halage, 3, à Clichy.

CUVELIER (A.), *vins et spiritueux*, quai de Bercy, à Charenton.

CUVILLIER (H.) et frères, *vins, maisons à Bordeaux, Reims et Saint-Pétersbourg*, rue de la Paix, 16.

D

DABERT (H.), *manufacturier*, rue des Poissonniers, 2, à Saint-Denis.

DACHÈS (A.-A.-H.), *fabricant de châles*, rue d'Aboukir, 39.

DAILLY (G.-A.), *fabricant de fécules*, rue Pigalle, 69.

DAINE (L.), *mercerie en gros*, rue Michel-le-Comte, 21.

DALLEMAGNE (A.-J.), *entrepreneur de maçonnerie*, rue de Condé, 20.

DALLEMAGNE (C.-J.), *tréfileur*, rue Grange-aux-Belles, 59.

DALLOZ, *direct^r de la Soc. des public. périodiques*, quai Voltaire, 13.

DALMONT (J.-C.-A.), *pharmacien*, rue du Faubourg-Saint-Denis, 80.

DALSACE (G.), *produits chimiques*, rue Rougemont, 6.

DAMBRUN (A.-S.), *tissus, nouveautés*, rue de Cléry, 13.

DAMMIEN (E.), *exportateur*, rue du Faubourg-Poissonnière, 32.

DANDRE (E.), *fabricant de chaussures*, rue des Halles, 12.

DANIEL (E.-G.-J.), *éditeur d'estampes religieuses*, rue Bonaparte, 76.

DANOUX (V.-H.), *bijoutier*, galerie de Valois, 112.

DANRÉ (M.-J.-G.-T.), *marchand de bois*, rue Moreau, 7, à Saint-Denis.

DARCHE (É.), *bijoutier-joaillier*, boulevard des Capucines, 5.

DARCY (A.-L.), *marchand de papiers en gros*, rue Christine, 3.

DARGOUGE (É.), *fabricant de boutons*, rue Ménilmontant, 83.

DARLOT (A.), *optique pour la photographie*, boulevard Voltaire, 125.

DARRAS (Adrien-Heumann), *fabricant de registres perfectionnés, spécialité de livres d'échantillons pour étoffes, reliure mobile brevetée s. g. d. g., gravure et impression de factures*, rue d'Aboukir, 17.

DASSON (Henri), *fabricant de bronzes*, rue Vieille-du-Temple, 106.

DAUDIN (L.-P.-C.), *fromages de gruyère en gros*, rue Nicolaï, 43.

DAUGUET (V.-J.-M.), *comestibles et salaisons*, rue du Renard, 11.

DAUMAIN (.P-A.), *orfèvre*, rue Réaumur, 22.

DAVASSE (J.-É.-C.), *chap. de paille*, rue Neuve-des-Petits-Champs, ·13.

DAVID (B.), *droguiste*, rue Simon-le-Franc, 21.

DAVID, *matériel de chem. de fer*, route des Petits-Ponts, 37, à Pantin.

DAVID-MENNET (L.-F.), *marchand de tissus brodés*, rue du Sentier, 27.

DAVILLIER (M.), *banquier*, rue du Quatre-Septembre, 12.

DAVOUST (L.-E.), *fabt de toiles cirées*, boulevard Sébastopol, 65.

DAVRIL (P.-A.), *marchd de bois de sciage*, quai de la Gare, 34, à Ivry.

DAWANT (C.-L.), *tissus pour chaussures*, rue Coq-Héron, 7.

DEBACQ (F.-P.), *fabricant bijoutier*, rue Réaumur, 41.

DE BAEQUE fils (G,-P.-B.), *banquier*, rue du Faubourg-Poissonnière, 9.

DEBADIER C.-S.), *mercier en gros*, rue Saint-Denis, 58.

DEBAIN (J.-É.), *fabricant d'orgues et pianos*, rue Lafayette, 116-118.

DE BANGE, *directeur général des établissem. Cail*, quai de Grenelle, 15.

DEBELLE (J.-B.-J.), *négociant-droguiste*, rue du Chaume, 5.

DE BOSREDON (P.-M.), *Cie d'assur. gén. sur la vie*, rue Richelieu, 87.

DEBOUSQUET, *Cie d'assurances* la Providence, rue de Grammont, 12.

DEBRISE (J.-P.), *distillateur*, rue de La Chapelle, 107.

DECHANAUX, *entrep^r de maçonnerie*, rue du Faubourg-St-Honoré, 252.

DECHAUNY (É.), *négociant en tissus*, rue du Sentier, 8.

DECHAVANNES (J.-B.), *vins et spiritueux*, boulevard St-Germain, 32.

DECK, (J.-T.), *fabt dr faïences artistiques*, passage des Favorites, 20.

DECLOUX (É.), *entrepreneur de pavage*, rue d'Offémont, 23.

DECOUR (É.), *tapissier*, rue d'Astorg, 9.

DECOURCELLE (É.-L.), *négociant en tissus*, rue des Jeûneurs, 27.

DECOURDEMANCHE (L.-L.-A), *fabt de gutta-percha,*, à Choisy-le-Roi.

DECUGIS (J.-B.), *march d'oranges et fruits secs*, rue Pierre-Lescot, 6.

DEFERT (Édouard-Edme), *vins en gros*, rue Murillo, 4.

DEFERT (J.-G.-A.), *négociant en vins*, rue des Tournelles, 62.

DEFOLY (C.-É.), *carrossier*, rue de Flandre, 123.

DÉFORGE (C.-R.), *fabt de passementeries*, place des Victoires, 5.

DEFOSSE-BRAQUENIÉ (E-.E.), *fabricant de tapis*, rue Vivienne, 16.

DEGALLE (J.-L.), *tissus, articles de Roubaix*, rue du Mail, 20, 22 et 24.

DEGAS (C.-E.), *quincaillier*, rue de Sèvres, 28.

DEGAUCHY)E.-O.), *drogueries*, rue Saint-Merri, 40.

DÉGÉ (B.), *entrepreneur de maçonnerie*, avenue Gourgaud, 5.

DE GOURCUFF (A.) *dir. de la Cie d'ass. g^{le} Incendie*, r. de Richelieu, 87.

DEGOURCURFF (H.), *dir. de l'Internationale marit.*, r. de Richelieu, 85.

DEGOUSSE (Pierre-Émile), *batteur d'or*, rue du Terrage, 7.

DEGREMONT (A.-M.), *tailleur*, boulevard des Italiens, 9.

DEGRÉTEAU (J.-H.), *dir. de la Cie d'assur. l'Éole*, pl. de la Bourse, 12.

DEHAYNIN (C.-A.), *entrepreneur de travaux publics*, r. de la Victoire, 70.

DEHAYNIN *négt en charbons de terre*, r. du Faub.-Saint-Martin, 186.

DEHAYNIN, *banquier*, rue du Faubourg-Saint-Honoré, 76.

DEHERPE (P.-L.-A.), *négociant en vins et spiritueux*, rue de Cambrai, 4.

DEHESDIN (M.-A.-É.), *chemises et gilets*, rue Montmartre, 52.

DEHOLLAIN (É.-H.), *négociant en tissus*, rue du Mail, 29.

DEHORS (A.-A.), *fabricant de jouets*, rue des Vieilles-Haudriettes, 8.

DELABY (A.), *fabricant de mérinos en gros*, rue du Sentier, 22,

DELACOMMUNE (Ernest-Adolphe-L.-J.), de la maison E. DELAROCHE et ses neveux, *constructeur d'appareils de chauffage, fabricant de baignoires*, rue Bertrand, 22.

DELACRE (E.-A.), *commissionnaire-exportateur*, rue de Paradis, 32.

DELAFFOND (J.-M.-C.), *vins et spiritueux*, quai de Bercy, 43.

DELAFOLLIE (F.-A.), *appareils à gaz*, rue Martel, 6.
DELAFONTAINE (A.-M.), *fabricant de bronzes*, rue de l'Université, 10.
DELAGRAVE (C.-M.-E.), *libraire-éditeur*, rue Soufflot, 15.
DELAITRE (É.), *dir. de la Compagnie de l'Ouest*, r. Saint-Lazare, 110.
DELALAIN (H.), *imprimeur-libraire*, rue des Écoles, 56.
DELALIAU (L.-J.), *tissus*, rue de Richelieu, 49.
DE LA MARTELLIÈRE, *dir. des Forges de Montataire*, r. Béranger, 21.
DELAMOTTE (R.), *banquier*, rue des Petites-Écuries, 56.
DELANOUE (E.-L.), *vins en gros*, à L'Hay.
DELAPORTE (Georges-Arm.-Gustave), ✳, *installation de gaz*, rue des Bourdonnais, 33, et 30, quai du Louvre.
DELAROCHE (É.-J.-B.), *négociant en charbons*, quai de la Marne, 34.
DELAROCHE (P.-C.-A.), *chapellerie*, rue Barbette, 11.
DELARUE (J.-B.-F.), *éditeur d'estampes*, rue Jean-Jacques-Rousseau, 68.
DELASSUS (L.-H.), *expéditeur-emballeur*, rue Neuve-Saint-Augustin, 6.
DELATRE (Louis-Justin), *fabricant bijoutier-joaillier*, rue Croix-des-Petits-Champs, 33.
DELATTRE (A.), *soieries et draperies*, rue Vivienne, 31.
DELAUNAY (A.), *entrepreneur de menuiserie*, boul. de Strasbourg, 48.
DELAUNAY (Ernest), *commissionnaire en marchandises*, rue des Petits-Hôtels, 23.
DELAUNAY (Jean-François), *galvanoplastie*, rue Saint-Gilles, 12.
DE LAUNAY (P.-A.), *entrepreneur de trav. publ.*, r. du Mont-Dore, 9.
DELAUNAY, (P.-J.), *quincaillier*, boulevard Richard-Lenoir, 49.
DELAUNE (Jacques-Benjamin), *commissionnaire en quincaillerie*, rue Payenne, 4.
DELAVIGNE (E.), *peaussier*, rue Michel-le-Comte, 28.
DE L'ÉCLUSE (C.-L.-M.), *plaqué pour voitures*, rue du Rocher, 46.
DELEUIL (J.-A.), *fabricant d'instruments d'optique*, rue des Fourneaux, 42.
DELGOBE (L.-E.), *ingénieur-constructeur*, rue Amelot, 16.
DELINIÈRES (L.), *négociant-commissionnaire*, rue Richer, 34.
DELIZY (Simon-Clovis), *distillateur, fabricant d'alcools*, Grande Rue, 95, et 12, rue de l'Egypte, à Pantin.
DELMART (E.-H.), *fabricant de plumes*, rue Vivienne, 2.
DELMAS (J.-F.), *mercier en gros*, rue Chapon, 26.
DELORT (E.), *produits chimiques*, rue Marché-des-Blancs-Manteaux, 2.
DELORE (N.-E.), *banquier*, rue La Boëtie, 33.
DELPECH (P.-É.), *pharmacien*, rue du Bac, 23.
DEMACHY (C.), *banquier*, rue de Provence, 58.
DEMAGNEZ (Eugène), *vins, maison à Pontanevaux (Saône-et-Loire)*, rue Gallois, 5, Entrepôt de Bercy.
DEMALLE (C.-F.), *marchand de métaux*, rue du Mont-Thabor, 24.

DEMARTIAL (J.-F.), *vins et spiritueux*, rte de la Reine, 130, à Boulogne.

DEMAY (L.-J.-F.), *faïences et verrerie*, rue Saint-Antoine, 119-121.

DEMAY (V.-G.), *entrepreneur de serrurerie*, rue Duperré, 10.

DE MAZADE (A.-L.), *ganses et guipures*, boulevard de Sébastopol, 71.

DEMELLE (J.-B.), *confections*, rue du Faubourg-Saint-Honoré, 9.

DENANT (C.-A.-A.), *fabricant de cuirs vernis*, à la Briche.

DE NEUFVILLE (S.-D.-G.), *banquier*, rue Halévy, 6.

DENFERT-ROCHEREAU, *dir. du compt. d'Esc. de Paris*, r. Bergère, 14.

DENION DU PIN, *administ. dél. à la dir. des Mess. marit.*, r. Paradis. 51.

DENIS (C.-L.), *fabricant vitrier*, quai de l'Hôtel-de-Ville, 72.

DENIS (Eugène), *marchand d'aciers, limes et tôles d'acier*, rue Amelot, 90.

DENISANE (A.), *commissionnaire en marchandises*, rue Chauchat, 20.

DENNERY (M.), *meubles, sièges et fantaisie*, r. du Faub.-St-Antoine, 64.

DENOLLE, GIOT (Hippolyte), successeur, *peintre en bâtiments*, boulevard Saint-Germain, 17.

DENONVILLIERS (L.-C.), *marchand de fontes de fer*, r. de Lafayette, 174.

DENTU (H.-J.-É.), *libraire-éditeur*, galerie d'Orléans, 19.

DENY (L.), *constructeur-mécanicien*, rue Saint-Sabin, 58.

DEPARIS (A.-H.), *négociant en liquides*, route de la Révolte, 126, à Clichy.

DEPASSE (A.-L.-W.-M.), *fabricant de bonnetterie*, r. des Bourdonnais, 34.

DEPIERRE (A.-A.-M.-C.), *rubans, soierie*, rue du Quatre-Septembre, 7.

DÉPINAY (G.), *commission^re en huiles*, rue des Prêtres-St-Germain, 21.

DEPRET (C.-F.), *libraire-éditeur*, rue Jacob, 26.

DEQUEN (T.-É.), *fabricant de chaussures*, rue du Chaudron, 16.

DERODE (L.), *cafés et thés*, boulevard Sébastopol, 8.

DE ROHDEN (C.-É.), *fabricant d'articles pour pianos*, r. St-Maur, 185.

DEROSSY (J.-É.), *fabricant de chocolat*, rue de La Chapelle, 125.

DE ROTHSCHILD (L.-A.), *banquier*, rue Laffitte, 21.

DEROY (F.-A.), *brocheur*, rue de Fleurus, 39.

DE SAINT-DENIS (P.-A.), *libraire*, quai Voltaire, 27.

DE SAINT-FERRÉOL (F.-J.-R.), *manuf. de caoutchouc*, r. Montholon, 34.

DE SAINT-JEAN (A.-F.), *corroyeur*, rue Meslay, 55.

DESAUBLIAUX (H.-C.), *marchand de fer*, rue Dauphine, 41.

DESBANS (Auguste), *fabricant de sellerie civile et militaire*, rue Montmartre, 15.

DESBOIS (Nicolas-Étienne), de la maison LENOUVEL, *fabricant de pipes*, place de la Bourse, 1 et 3.

DESBORDES (L.-F.), *fabt d'instrum. de mathém.*, rue Saintonge, 64.

DESCAMPS, CHAMBOLLE successeur, *peintre en lettres*, rue de la Monnaie, 11.

DESCHAMPS (J.-A.), *fabricant de chaux*, route des Moulineaux, 23, à Issy.

DESCHAMPS (L.), *châles*, rue d'Aboukir, 38.

DESCHAUX (J.), *entrepreneur de fumisterie*, rue d'Argenteuil, 55.

DESCHIENS (E.), *opticien*, boulevard Saint-Michel, 123.

DESCLERCS (J.-C.-E.), *fabricant d'orfèvrerie*, rue des Marais, 66.

D'ESCRIVAN (G.-G.), *banquier*, rue de Nesle, 8.

DESÉGLISE (C.-A.), *mat. prem. pour la bross.*, r. Geoffroy-l'Angevin, 17.

DÉSEILLIGNY (F.-G.-P.), *maître de forges*, rue de Provence, 43.

DESELLE (C.-M.), *crist. porcel. et fontes émail.*, r. des Petites-Écuries, 7.

DESFONTAINES (J.-A.), *bijoutier*, galerie Montpensier, 19 et 20.

DESFOSSÉ (J.), *fabt de papiers peints*, r. du Faub.-Saint-Antoine, 223.

DES FOSSEZ (H.-C.), *libraire-éditeur*, rue Bonaparte, 13.

DESGODETS (L.), *éditeur d'estampes*, rue du Vieux-Colombier, 10.

DESGRAIS (G.-L.), *marchand de bois à ouvrer*, quai de la Loire, 30.

DESGRANDCHAMP (A.-H.), *fabt de chap. de soie*, r. des Billettes, 12.

DESHAYES (J.-B.), *épicier en détail*, boulevard Voltaire, 71.

DESHAYES (P.-A.), *fabt de plumes pour parures*, boul. des Italiens, 27.

DESLANDES (J.-A.), *vins en gros*, boulevard Beaumarchais, 38.

DESLANDRES (E.-L.-M.), *entrep. de marb.*, av. du Cimetière-d-Nord, 18.

DESNOIX (C.-J.), *pharmacien*, rue Vielle-du-Temple, 17.

DESOUCHES (C.), *marchand de charbon*, rue Geoffroy-Lasnier, 30.

DESOUCHES (E.), *filateur*, à Gravelle-Saint-Maurice.

DESPAGNAT, (A.), *entrepreneur de maçonnerie*, rue de Lévis, 96.

DESPLANCHES, *papiers peints*, boulevard Magenta, 78.

DESPRES (A.-C.-F.), *impr. chromo-lith.-éditeur*, rue Nicolas-Flamel, 3.

DESPREZ (A.-H.), *dir. du Comptoir maritime*, place de la Bourse, 6.

DESPREZ (A.), *commission^{re} en marchandises*, rue de l'Échiquier, 17.

DESPREZ (F.-P.), *dir. de la Sécurité (assur. marit.)*, pl. de la Bourse, 6.

DESROQUES (Pierre-Hippolyte), *entrepreneur de travaux publics*, boulevard Saint-Germain, 142.

DESVIGNES (Philibert-César-Albert), *négociant en vins*, Grande-Rue, 41, à Saint-Maurice. Charenton (Seine).

DESVOUGES (A.-H.-E.), *négt en cuirs pour sell.*, rue Saint-Sauveur, 74.

D'ETCHEVERRY (P.-E.) *négociant en flanelles*, rue de Cléry, 8.

DETHAN (A.-H.-A.), *pharmacien*, rue de Strasbourg, 10.

DETOUCHE (L.-C.), *horloger-bijoutier*, rue Saint-Martin, 228-230.

DEUTSCH (Alexandre), *fabricant et épurateur d'huiles, raffineur de pétrole*, rue Saint-Georges, 20.

DEUX (A.), *distillateur*, rue Guichard, 5.

DEVAUX (H.-E.), *vins*, rue des Petits-Carreaux, 12.

DEVAUX (V.-P.-C.), *courtier-gourmet*, rue de Lyon, 41.

DEVENNE, *md. de dr. et soier. p. voit.*, r. Joquelet, 5, et r. Montmartre, 111.

DEVÈS (T.), *exportateur*, rue du Bouloi, 4.

DEVILLE (Charles), *tapissier*, rue Gaillon, 10.

DEVISMES (J.-A.), *march. d'éponges en gros*, r. du Faub.-St-Denis, 130.

DE VRAINVILLE (Léon-Paul-Alexis), *imprimeur-lithographe, fabricant de cartonnages de fantaisie, spécialité pour confiseurs, parfumeurs*, rue Charlot, 9.

DEYROLLE fils (É.-G.), *naturaliste*, rue de la Monnaie, 23.

DEZAUX (P.-J.), *fabricant de tissus*, rue du Sentier, 18.

D'HUIT (Lucien-Auguste), *maître d'hôtel*, rue Lulli, 3.

DIDIER (A.-A.), *entrep. de menuiserie*, rue St-Germain-l'Auxerrois, 66.

DIDOT (A.-F.), *imprimeur*, rue Jacob, 56.

DIEUTEGARD (E.), *fabricant de passementerie*, rue du Mail, 11.

DIEZ (M.-F.-G.), *marchand de bois*, rue Amelot, 24.

DITELY (Édouard-Michel), *vins médicinaux, vin tonique de Bagnols Saint-Jean*, rue des Ecoles, 18.

DOGNIN (É.), *fabricant de dentelles*, rue du Sentier, 37 *bis*.

DOLÉANT (A.), *fabricant de cuirs*, rue des Bernardins, 13.

DOLLFUS (E.), *agent de change*, rue Favart, 6.

DOMANGE (C.-D.-E.), *fabricant de bronzes*, rue de Bretagne, 55.

DOMANGE (L.-H.-J.-A.), *fabricant de courroies*, boulevard Voltaire, 74.

DONDEL (T.-J.-M.-J.), *toiles métalliques*, rue Saint-Maur, 99.

DONON (A.-P.), *banquier*, boulevard de la Madeleine, 9.

DOPFELD (J.-N.), *marchand de métaux*, rue de Châteaudun, 39.

DORANGE (Placide), *marchand de meubles*, passage Choiseul, 52-54-56, et rue Sainte-Anne, 57-59.

DORÉ (Prosper-Charles-Marie), ✳, ✠, *peintre décorateur, médaille d'or*, boulevard Saint-Michel, 30.

DORMEUIL (J.-A.), *marchand de nouveautés en gros*, rue Vivienne, 4.

DOSSEUR (R.-T.-H.), *banquier*, rue de Lille, 5.

DOUCET (U.-É.), *chemisier*, rue de la Paix, 21.

DOUILLET (C.), *boucher*, rue d'Allemagne, 154.

DOUILLET (É.), *boucher*, rue de Vigny, 7.

DOUSSAMY (V.-A.), *entrepreneur de maçonnerie*, imp. du Maine, 1 *bis*.

DOUTRE-ROUSSEL (E.), *fabricant orfèvre*, r. Vieille-du-Temple, 118.

DREUX (E.), *agent de change*, rue du Quatre-Septembre, 10.

DREUX (E.), *entrep. de peinture*, rue Notre-Dame-de-Nazareth, 38.

DREYER (J.-B.), *pharmacien*, rue des Deux-Ponts, 11.

DREYFUS (A.), *négociant-commissionnaire*, boulevard Hausmann, 21.

DREYFUS (Édouard), de la maison DREYFUS et NOMENHEIM, *fabricant de chaussures*, rue Folie-Méricourt, 108.

DREYFUS (L.-L.), *grains et farines*, avenue de l'Opéra, 11 et 13.

DRILLIEN (E.-J.-B.-A.), *cartonnage de luxe*, rue Beaubourg, 42.

DROUARD (L.-A.), *quincaillier*, rue de Passy, 50.

DROUET (L.-J.), *marbrier*, rue Folie-Méricourt, 24.

DRU (L.-V.-E.), *foreur de puits artésiens*, rue Rochechouart, 69.

DUBIEF (J.-G.), *charpentier*, rue de Vaugirard, 178.

DUBOÉ (J.-M.-A.), *fabricant d'extraits pharmaceutiques*, rue Aubriot, 4.

DUBOIS (C.-P.), *fabricant de cartons*, rue de Paris, 135, à Saint-Denis.

DUBOIS (J.-F.), *huiles*, rue de Rivoli, 70.

DUBOIS (J.), *boulanger*, rue de Richelieu, 92.

DUBOIS (R.-A.), *stéarinier*, rue de la Verrerie, 91.

DUBOIS-CAPLAIN (H.-A.), *fabr. de prod. chim.*, r. des Entrepreneurs, 34.

DUBONNET, veuve DUBONNET, ✳, ✚, et fils successeurs *entrepôt général des produits de la Grande-Chartreuse et de la |Côte-Saint-André*, rue Sainte-Anne, 49 bis et 51, et rue du Hâvre, 7.

DUBOS (T.), *vins*, quai de Bercy, 31.

DUBOSC (E.-P.), *vinaigrier*, rue de la Verrerie, 79.

DUBOSCQ (L.-V.), *commissionnaire-peaussier*, rue Tiquetonne, 15.

DUBOSCQ (L.-J.), *instruments de physique*, rue de l'Odéon, 21.

DU BOURDIEU, (P.-C.), *dir. de la Cⁱᵉ l'Aigle (Vie)*, r. de Châteaudun, 44.

DUBOURG (Jean), *entrepreneur de travaux publics*, place des Pyrénées, 2.

DUBOURGUET, *encr. et fourn. de bur.* b. Magenta, 33 bis, cité Magenta, 4.

DUBREUIL (E.), *négociant en draperie*, rue des Bons-Enfants, 23.

DUBUISSON (É.-J.-B.), *imprimeur-typographe*, rue Coq-Héron, 5.

DUBUS (T.), *chasublier*, rue Bonaparte, 82.

DUCHÉ (P.-F.), *négociant en châles*, rue des Petits-Pères, 1.

DUCHER (É.-C.), *libraire-éditeur*, rue des Écoles, 51.

DUCHER (Hippolyte-Joseph), *tailleur, spécialité d'uniformes pour les armées*, rue de Richelieu, 42-44-46.

DUCHESNE (C.-F.), *fabricant de peaux*, r. des Cordelières-St-Marcel, 23.

DUCHESNE (J.-P.), *marbrier*, rue Pérignon, 7.

DUCOING (J.), *banquier*, rue de Douai, 12.

DUCRAY (A.-C.), *opticien*, rue Chapon, 19.

DUCRET (J.-B.-L.), *éditeur d'estampes*, rue de Turbigo, 87.

DUCRETET (E.-A.), *fabr. d'inst. pour les sciences*, r. Claude-Bernard, 75.

DUCROCQ (P.-F.), *libraire-éditeur*, rue de Seine, 55.

DUCROS (L.-J.), *serrurier*, rue des Boulets, 45.

DUCRUIX (A.-F.-E.), *vins en gros*, boulevard Saint-Germain, 129.

DUCRUIX, (L.-E.), *vins*, quai Saint-Michel, 23.

DUDRUT (E.), *entrepreneur de maçonnerie*, avenue du Maine, 63.

DUFLOT (C.-P.), *teinturier en plumes*, boul. des Écoles, Nog.-s.-Marne.

DUFORT (J.-H.), *mégissier*, rue Saint-Charles, 77.

DUFRESNE (P.-C.), *confiseur*, rue Saint-Martin, 69.

DUFRIEN (C.), *corderie*, rue de la Ferronnerie, 21.

DUGOUJON (J.), *fabricant de scies*, rue de Lyon, 37.

DUGOUR (P.-P.), *bout. et équipements militaires*, faub. St-Martin, 162.

DUJARDIN (P.-J.-R.), *graveur héliographe*, rue Vavin, 28.

DUJAT (L.-D.), *fabrique de nécessaires*, galerie Montpensier, 7.

DULAC (E.-C.), *distillateur*, rue Saint-Merri, 5.

DULAC (F.), *soies teintes et écrues*, boulevard Sébastopol, 107.

DUMAS (P.-A.), ancienne maison BARBEDIENNE, *peinture, fabrique de papiers peints, décoration d'appartements, envoi d'albums d'échantillons*, rue Notre-Dame-des-Victoires, 24-26.

DUMAS (E.), *entrepreneur de charpentes*, quai de la Râpée, 20.

DUMÉNIL (L.-J.), *maître de forges*, quai de la Marne, 30.

DUMESNIL (C.-A.), *fabt de peaux p^r chauss.*, r. du Canal-St-Martin, 13.

DUMESNIL (G.-M. F.-A.), *brasseur*, rue Duméril, 1 à 9.

DUMONT (C.-H.), *entrepreneur de roulage*, rue du Maroc, 30.

DUMONT (L.), *direct^r des papeteries du Marais*, r. du Pont-de-Lodi, 3.

DUMONT (Louis-François), *constructeur-mécanicien, pompes centrifuges*, rue Sedaine, 55.

DUMONT (P.-L.), *quincaillier*, rue du Faubourg-Saint-Honoré, 160.

DUMONTIER (Émile), *vins et eaux-de-vie*, port de Bercy, 58.

DUMORET (Jean-Alexis-Hippolyte), *bijoutier-joaillier*, rue de la Paix, 5.

DUMOULIN (L.-E.), *soies teintes et écrues*, rue du Caire, 2.

DUMOULIN-FROMENT (P.-F.), *instr. précis.*, r. N.-D.-des-Champs, 85.

DUMOUSTIER DE FRÉDILLY (Étienne), *directeur de la Compagnie La Foncière (Vie)*, place Ventadour, 2.

DUNAND (L.-L.) *entrepreneur de travaux publics*, rue de Monceau, 6.

DUNOD (P.-C.), *libraire-éditeur*, quai des Grands-Augustins, 49.

DUPETITBOSCQ (J.-A.), *chapellerie en détail*, rue Montpensier, 6.

DUPIN (J.-J.), *courtier en marchandises*, rue de la Bourse, 11.

DUPIN-VARENNE (F.-E.), *fabt d'horlogerie, bronzes*, boul. Voltaire, 7.

DUPLAN (J.-F.), *négociant en tissus*, rue de Richelieu, 75.

DUPONT (E.), *négociant en rubans*, rue Notre-Dame-des-Victoires, 28.

DUPONT, de la Maison MANTIN Jeune et DUPONT, *chaussures cousues et clouées*, rue Meslay, 61.

DUPONT (G.-E.), *fabricant-bijoutier*, rue Montesquieu, 2.

DUPONT (L.), *marchand de tissus en gros*, rue d'Aboukir, 6.

DUPONT (P.-É.), *fleurs et feuillages*, rue Saint-Denis, 224.

DUPUCH (A.-G.), *fondeur en cuivre*, rue Claude-Vellefaux.

DUPUIDS (A.-C.), *rubans et mercerie*, rue du Bac, 34.

DUPUIS (H.), *fabricant d'huiles*, boulevard d'Italie, 113.

DUPUIS-PUTOIS (N.-F.), *rouenneries en gros*, rue Saint-Martin, 139.

DUPUY (F.-J.), *sculpteur ornemaniste*, rue de Rocroi, 5.

DUPUY (J.-T.), *imprimeur-lithographe*, rue des Petits-Hôtels, 22.

DUQUÉNOIS (André), CORRÈZE, successeur, *quincaillier*, rue du Temple, 17.

DURAFORT (J.-M.), *fabt d'eaux gazeuses*, boulevard Voltaire, 162.
DURAND (A.-J.), *tanneur*, rue des Cordelières, 31.
DURAND (A.-F.-É.), *corroyeur*, rue Scipion, 16-18.
DURAND (A.), *héliographe*, rue du Cardinal-Lemoine, 69.
DURAND (E.-J.), *bijoutier-joaillier*, rue Montesquieu, 4.
DURAND (Gustave-Albert), *entrepreneur de travaux de gaz*, rue de Trévise, 38.
DURAND (H.), *entrepreneur de maçonnerie*, rue Miroménil, 46.
DURAND (H.), *cuirs*, rue de l'Entrepôt, 20, au Marais.
DURAND (Jacques-Prosper), *fabricant de couvertures*, rue des Bourdonnais, 33.
DURAND (L.-L.), *négociant en fourrages*, place d'Aligre, 12.
DURAND-VOSSY (A.-L.-A.), *marbrier*, boulevard Edgar-Quinet, 51.
DURANT (A.-L.), *banquier*, rue Sainte-Anne, 46.
DURENNE (A.-A.), *marchand de fontes*, rue de la Verrerie, 30.
DURENNE (J.-F.), *constructeur-mécanicien*, quai de Seine, 7, Courbevoie.
DURET (A.-J.), *tissus en gros*, rue Saint-Martin, 171-173.
DURET fils (J-B.-J.), *fabricant de couleurs fines*, rue Oberkampf, 123.
DURIEZ (E.-A.), *papetier*, rue Monsieur-le-Prince, 55.
DUROUCHOUX (M.-L.), *vins et spiritueux*, rue du Bac, 94.
DUROZIEZ (M.-É.-A.), *pharmacien*, boulevard Saint-Michel, 58.
DURRIEU (Henri), *président du Crédit Industriel et Commercial*, rue de la Chaussée-d'Antin, 66.
DURUY (É.-V.-C.), *imprimeur*, rue Dussoubs, 22.
DUSAUTOY (J.), *tailleur*, boulevard des Capucines, 8.
DUTARTRE (A.-B.), *constructeur de presses*, avenue de Saxe, 60.
DUTEIL (L.-P.-A.), *entrepren^r de maçonnerie*, pass. des Favorites, 30.
DUTILLEUL (C.-E.), *agent de change*, rue du Helder, 3.
DUTILLOY (A.-E.), *marchand de literie*, rue du Four-St-Germain, 37.
DUVAL (G.-A.), *fabt de confitures*, rue Ste-Croix-de-la-Bretonnerie, 38.
DUVAL (J.-C.), *distillateur*, rue Montmartre, 30.
DUVAL (Jules-François), *ameublements*, boulevard de la Madeleine, 13-15.
DUVAL (L.), *entrepreneur de maçonnerie*, avenue de Breteuil, 56.
DUVAL fils (L.), *négociant en faïences*, rue de Paradis-Poissonnière, 56.
DUVELLEROY (G.-L.), *éventails*, passage des Panoramas, 17.
DUVERGER (L.), *agent de change*, avenue de l'Opéra, 27.

E

ÉBERLIN (J.-P.), *batteur d'or*, rue du Caire, 43.
ÉDARD (N.-A.), *bouteilles et bouchons*, rue du Dragon, 26.

ÉDOUX (F.-L.), *machines hydrauliques*, rue Lecourbe, 76.

EIFFEL (G.-A.), *charpentes en fer*, rue Fouquet, 12, à Levallois-Perret.

ELLISSEN (A.), *banquier*, boulevard Haussmann, 41.

ÉMERY (J.-H.-O.), *quincaillier*, rue Saint-Antoine, 159.

ENAULT (A.-P.), *marchand corroyeur*, rue de Vaugirard, 236.

ENFER (A.), *fabricant de soufflets*, rue du Buisson, 16.

ENGEL (J.), *relieur*, rue du Cherche-Midi, 91.

ENGELMAN |(R.), *imprimeur-lithographe*, rue de l'Abbaye, 12.

EON (Jean-Victor), *fondeur en caractères*, boulevard Edgar-Quinet, 53.

EHRARD (C.-N.), *facteur aux halles*, avenue Victoria, 16.

ERLANGER (M.), *art. de Paris, export.* p^r *l'Orient*, place des Vosges, 9.

ERNIE (C.-H.), *marchand de porcelaines*, rue de Paradis, 20.

ESCANDE (A.-M.-L.), *entrepreneur de serrurerie.* r. de Vaugirard, 177.

ESCHGER (L.-G.), de la Maison ESCHGER ✳, GULSQUIÈRE ✳ et Ce, *métaux*, rue Saint-Paul, 28.

ESNAULT-PELTERIE (A.-H.), *calicots, doublures*, rue Saint-Fiacre, 5.

ESPIRAT (A.-M.), *vins en gros*, port de Bercy, 33.

ESSERTIER (J.-F.), *papiers en gros*, rue d'Orléans-Saint-Honoré, 17.

ESTIEU (J.-A.-M.), *cafés en gros*, rue Aubriot, 5.

ESTIVALET (A.-H.), *jouets en gros*, rue des ₳rchives, 22.

ÉTIENNE (H.-.A), *marchand de papiers*, rue de l'Échiquier, 12.

ÉTIENNE (É.), *produits de terre cuite*, Grande-Rue, 13, à Issy.

ETTLINGER (A.-A.), *tabletterie*, rue du Temple, 103.

EVETTE (C.-M.), *fabricant d'éventails*, boulevard Montmartre, 14.

ÉVRARD (J.-J.), *agent de change*, rue d'Uzès, 8.

F

FABRE (Alphonse-Lucien-Victor), *vins en gros et commissionnaire*, rue Linné, 12.

FABRE (F.), *droguiste*, rue de la Verrerie, 15.

FABRE (J.-B.), *nouveautés*, rue du Faubourg-Saint-Denis, 91 et 93.

FABREGUETTES (E.-A.), *négociant en tissus*, boulev. Poissonnière, 17.

FAGUER (C.-H.), *pharmacien*, rue Jacob, 45.

FALCK (J.-N.), *scierie de bois*, quai Jemmapes, 200.

FANIEN (A.), *fabricant de chaussures*, rue de Chabrol, 30-32.

FANNIÈRE (F.-A.), *bijoutier*, rue de Vaugirard, 53.

FANO (E.-G.), *papiers en gros*, rue du Grand-Prieuré, 27.

FANO (J.-A.), *négociant en diamants*, rue Laffitte, 46.

FANO (P.), *fabricant de registres*, rue du Grand-Prieuré, 16.

FANTAUZZI (G.), *banquier*, rue Lafayette, 62.

FARCOT (J.-J.-L.), *constr. de machines*, r. Croix-Blanche, 1, St-Ouen.

FARCY (Louis-Eugène), *fabricant de corsets*, rue des Petits-Hôtels, 13.

FAUCHAUT (J.-M.), *nouveautés*, Grande-Rue, 59, à Boulogne.

FAUCONNIER (G.-A.), *commiss. en marchandises*, rue de Chabrol, 42.

FAURE (É.-H.), *armurier*, rue Richelieu, 8.

FAURE (François), *entrepreneur de couvertures*, rue du Faubourg-Poissonnière, 171-173.

FAURE-BEAULIEU (Guillaume-Édouard), *fabricant d'ouate et cotons cardés en tous genres; force motrice et ateliers à louer de 1 à 20 chevaux; s'adresser : 20, rue de Tanger, à M. Faure-Beaulieu*, rue de Tanger, 18 et 20.

FAUVAGE (H.-P.), *entrepreneur de menuiserie*, rue des Fourneaux, 55.

FAUVEAU (Louis-Arthur), *épurateur d'huiles*, rue de La Chapelle, 112.

FAVIER (J.-D.-A.), *fabricant de fleurs*, rue Montmartre, 160.

FAYAUD (J.-A.), *fabricant de caoutchouc*, rue Saint-Denis, 76.

FÉLIX (P.-L.), *boulanger*, rue Sainte-Anne, 34.

FENAILLE (A.), *fabricant d'huiles minérales*, rue Bergère, 30.

FENARD (E.-L.), *bois à brûler*, quai de la Râpée, 80.

FÉRET (A.-A.-O.). *marchand papetier*, rue Étienne-Marcel, 16.

FERGEAU (Charles-Joseph), *entrepreneur de couverture et plomberie*, rue des Mathurins, 49.

FERRÉ (J.), *pharmacien*, rue de Richelieu, 102.

FERRÉ (T.-C.), *graveur estampeur*, rue du Perche, 11.

FERRET (J.-D.), *vins et spiritueux*, quai de Béthune, 18.

FERRET-DOLLÉ (A.), *cuirs en gros*, rue Marie-Stuart, 8.

FERROUELLE (L.-A.-J.), *négociant en mousselines*, rue du Sentier, 8.

FESSARD (E.-A.), *agent de change*, rue du Quatre-Septembre, 8.

FESTUGIÈRES (J.-E.), *maître de forges*, rue du Terrage, 4.

FEUTRY (B.-A.), *fabricant de bonneterie*, rue Saint-Denis, 98.

FEUTRY (J.-B.-G.), *marchand de bois*, rue de Crimée, 169.

FIEVET (Édouard), *brasseur*, rue des Lyonnais, 3 et 5.

FIGAROL (J.-A.), *pharmacien*, rue des Lombards, 24.

FILLIEUX (L.-M.), *boisselier en gros*, r. Ste-Croix-de-la-Bretonnerie, 6.

FILON (P.-H.), *fabricant de chaînes en or*, rue Turbigo, 38.

FILON-DOMANGE (Eugène-Gabriel), *fabricant joaillier, orfèvrerie, horlogerie, bijouterie, |pièces montées sur commande*, boulevard Montmartre, 3.

FIOT-DIDRON (E.-A.), *fabricant de vitraux*, boul. d'Enfer prolongé, 6.

FLAMENT (E.-A.), *entrepreneur de menuiserie*, quai Jemmapes, 140.

FLANDIN (C.), *articles de voyage*, rue Michel-le-Comte, 23.

FLAXLAND (É.-E.), *mercier*, rue Thévenot, 9.

FLÈCHE (Étienne-Charles-Barthélemy), *layetier emballeur, commissionnaire en marchandises, ferblantier*, rue du Faubourg-Saint-Denis, 12, passage du Bois-de-Boulogne.

FLECK (J.-E.), *nouveautés*, rue du Faubourg-Saint-Martin, 67.

FLEIG (Gustave-Émile), de la maison FLEIG et BROCA, *farines et huiles en gros*, rue Saint-Honoré, 173.

FLEUROT (J.-E.), *marchand de vins*, rue de Mâcon, 8.

FLEURY (A.-T.), *charbons et bois*, rive de la Seine, 5, à Issy.

FLEURY (A.), *vins*, boulevard de Grenelle, 8.

FLEURY (C.-A.), *fabricant de colles et vernis*, rue de Charonne, 30.

FLICOTEAUX (A.-A.), *plomberie*, r. de Grenelle-St-Germain, 59.

FLOBERT (G.-H.), *quincaillier*, rue des Filles-du-Calvaire, 1.

FLOQUET (C.-A.), *mégissier*, rue de Paris, 110, à Saint-Denis.

FLOUEST (E.), Cie *d'assurances la France (Vie)*, r. de Grammont, 14.

FLURY-HERARD (P.-L.-H.), *banquier*, rue Saint-Honoré, 372.

FŒLLMÉ (J.-J.), *cols, cravates en gros*, rue Saint-Denis, 116.

FOIX (G.), *négociant en confections*, rue du Faub.-Saint-Honoré, 9.

FOLLOT (P.-F.), *fabricant de papiers peints*, rue Beccaria, 10.

FONADE (A.), *négociant en vins*, rue Drouot, 8.

FONTAINE (Achille-Louis), *fabricant de gants*, rue Etienne-Marcel, 42.

FONTANA (C.), *bijoutier-joaillier*, Palais-Royal, 98.

FONTOYNONT (A.-L.), *pharmacien*, rue de Lévis, 9.

FOREAU (J.-S-C.), *cravates et foulards*, rue d'Aboukir, 47.

FORTEAU (H.-J.), *bonneterie en gros*, rue Bertin-Poirée, 13.

FORTIN dit DAMIENS (C.-R.), *md papetier*, rue des Petits-Champs, 59.

FORTIN-HERMANN (L.-A.), *entrepreneur de travaux*, boul. d'Enfer, 11.

FOUCART (C.-L.), *usines à gaz*, rue du Rocher, 58.

FOUCAULT (J.-É.), *draperies et nouveautés*, rue d'Argout, 16.

FOUCHÉ (F.-H.-F.), *chaudronnerie mécanique*, rue des Écluses, 38.

FOUCHER (P.-É.), *fabricant de glucose*, à la Briche, près Saint-Denis.

FOUCHER (T.-A.), *essences et parfums*, rue Neuve-Saint-Merri, 16.

FOUCHET (L.-A.-É.), *banquier*, rue du Faubourg-Poîssonnière, 7.

FOUET (L.-A.-B.), *négociant en fruits secs*, rue Neuve-Saint-Merri, 44.

FOUINAT (C.), *marchand de tuiles*, quai Jemmapes, 170.

FOULD (L.), *commiss. en marchandises*, rue du Faub.-Poissonnière, 30.

FOULLON (C.-M.-R.), *confiserie*, rue de la Réunion, 33.

FOUQUET-GUEUDET, *bijoutier-joaillier, orfèvre, corail*, rue de la Chaussée-d'Antin, 18.

FOUQUET (J.-A.), *joaillier*, avenue de l'Opéra, 35.

FOURAUT (C.-D.), *libraire-éditeur*, boulevard Saint-Germain, 129.

FOURCADE (J.-B.-A.), *banquier-armateur*, rue Amelot, 138.

FOURDINOIS (H.-A.), *fabricant de meubles*, rue Amelot, 46.

FOURET (E.-R.), *libraire*, boulevard Saint-Germain, 77.

FOURIER (É.-L.), *tissus et nouveautés*, rue du Sentier, 31.

FOURNIER (É.), *combustibles*, rue de Clignancourt, 6.

FOURRIER (Cadet-Claude), *vins en gros et spiritueux*, boulevard Beaumarchais, 1.

FOUSSIER (Joseph-Achille), *vins en gros à Mâcon et à Bercy*, entrepôt, 11, rue de Nuits, 110, rue de Bercy; écrire boulevard Beaumarchais, 1.

FRAILLERY (E.), *imprimeur-lithographe*, rue de Cluny, 3.

FRANCASTEL (É.), *entrepreneur de travaux publics*, boul. Voltaire, 200.

FRANCFORT (C.), *dentelles*, rue du Sentier, 10.

FRANCILLON (Ernest), *teinturier*, quai National, 2, à Puteaux (Seine).

FRANÇOIS (E.-J.-B.), *marchand de comestibles*, rue Montmartre, 26.

FRANÇOIS (É.-S.), *fabricant d'eaux gazeuses*, boul. Voltaire, 210.

FRAPPART (P.-J.-B.), *loueur de voitures*, rue Basse-du-Rempart, 48.

FRASSY (M.-N.), *passementier*, boulevard Sébastopol, 42.

FRAY (P.), *orfèvre*, rue Pastourel, 34.

FREDET (J.-É.), *carrossier*, avenue des Champs-Élysées, 55.

FREMEAUX (V.-A.), *entrepreneur de maçonnerie*, rue de Monceau, 10.

FREMIER (P.), *commissionnaire en cuirs*, rue Dieu, 9.

FRÉMINET (P.-A.), *vins et spiritueux*, rue de Montreuil, 125.

FRÉMONT (L.-J.), *banquier*, rue Bertin-Poirée, 14.

FRÈRE (V.-F.), *marchand de grains et fourrages*, rue de Reuilly, 38.

FRÉROT (E.), *parcheminier*, rue Saint-Bon, 5.

FRÉVILLE (E.-E.-A.-A.), *négociant en tissus*, rue de Cléry, 16 et 18.

FRIBOURG (Garçon-Aron), *fabricant de chaînes en or*, rue Turbigo, 78.

FRICK (A.-P.-M.), *miroitier*, boulevard de la Contrescarpe, 42.

FROC-ROBERT (L.-D.), *sculpteur-ornemaniste*, rue Bonaparte, 38.

FROGER (J.), *corroyeur*, rue Château-Landon, 24.

FROIS (A.), *négociant en tissus*, rue des Jeûneurs, 23.

FROMENT (J.-F.-A.), *entrepreneur de bains*, rue Racine, 5.

FROMENT (J.), *vins et spiritueux*, quai des Carrières, 62, à Charenton.

FROMENT-MEURICE (É.), *orfèvre-joaill.-bijoutier*, r. St-Honoré, 372.

FROMENTEAU (E.-A.), *boulanger*, rue Saint-Lazare, 18.

FROPO (A.), *épicier en gros*, boulevard Bineau, 32, à Levallois-Perret.

FROPO (J.-G.), *produits chimiques*, rue du Renard, 7.

FROSSARD (G.), *manufacture de cols-cravates*, rue des Jeûneurs, 36.

FUMOUZE (V.), *produits pharmaceutiques*, r. du Faub.-Saint-Denis, 78.

G

GABRIEL (L.-F.), *vins*, rue de Mâcon, 2.

GACHELIN (J.-J.), *tulles et dentelles*, rue des Jeuneurs, 6.

GADALA (T.-A.-C.), *agent de change*, boulevard Poissonnière, 21.

GADALA-SAINT-ANDRÉ (J.), *affin* de mét. préc.*, b. de Sébastopol, 26.

4

GADENNE (Désiré) jeune, *tapisserie, ameublement de style*, rue du Conservatoire, 1.

GAGÉ (S.), *pâtissier*, rue de Presbourg, 11.

GAGELIN (E.-C.), *comm^re-exportateur*, rue du Faub.-Poissonnière, 29.

GAGET (J.-B.-É.), *entrepreneur de plomberie*, rue de Chazelles, 25.

GAGNEAU (G.-F.-É.), *fabricant de lampes*, rue Lafayette, 115-117.

GAGNET (O.-L.), *marchand de soieries*, rue Montmartre, 126.

GAIFFE (L.-A.), *fabt d'appareils électriques*, r. St-André-des-Arts, 40.

GAILLARD (E.-A.), *fabricant-bijoutier*, rue du Temple, 101.

GAILLET (A.), *entrepreneur de pavage*, rue de la Glacière, 10.

GAILLIARD (É.-J.), *soies et cotons pour parapluies*, rue Thévenot, 24.

GALANTE (H.), *fabt d'inst. de chirurgie*, rue de l'École-de-Médecine, 2.

GALAS (F.-P.) *commissionnaire en marchandises*, rue d'Hauteville, 17.

GALICHER (J.-V.), *relieur doreur*, boulevard du Montparnasse, 81.

GALICHER (P.-V.), *relieur doreur*, rue du Château, 19-21.

GALICHON (Georges-Mathurin-Ant.), de la maison GALICHON fils, *vins en gros*, rue de Tournon, 6.

GALICHON (L.-P.), *agent de change*, rue Laffitte, 1.

GALLAIS (C.-A.), *fabricant de clous dorés*, boulev. Richard-Lenoir, 79.

GALLÉE (É.), *porcelaines et cristaux*, rue Bonaparte, 43.

GALLERAND (J.-B.-J.), *orfèvre-bijoutier*, rue Montmorency, 40.

GALLET (F.-T.-M.), *négociant en indigos*, rue de Bondy, 60.

GALLET (I.), *fabricant de mélasses*, boulevard Haussmann, 135.

GALLOIS, *vins en gros*, rue de Nuits, 2.

GALLOT (A.-J.), *épicier en gros*, rue Martre, 104, à Clichy.

GALOPIN (François), *vins et spiritueux*, quai de Bercy, 31, et 18, rue de Rivoli.

GAMAS (L.), *chemiserie*, boulevard de Sébastopol, 102.

GAND (Charles-Nicolas-Eugène), et BERNARDEL frères, *luthier, instruments de musique, fournisseur de l'Opéra et du Conservatoire*, passage Saulnier, 4.

GARANGER (E.), *bijoutier*, boulevard Voltaire, 47.

GARCE (G.-V.), *comm^re en bij. et art. de Paris*, r. des Filles-du-Calvaire, 14.

GARCELON (E.-V.), *commissionnaire en farines*, rue Oblin, 6.

GARCIN (E.), *dragueur entrepreneur*, rue de Joinville, 2.

GARNIER (Charles-François), *loueur de voitures et marchand de chevaux*, boulevard Malesherbes, 21.

GARNIER (F.-E.), *négociant en bronze*, boulevard Voltaire, 63.

GARNIER (F.-H.), *libraire-éditeur*, rue des Saints-Pères, 6.

GARNIER (H.-L.-A.), *entrepreneur de plomberie*, avenue Daumesnil, 127.

GARNIER (L.), *vins*, rue de Bercy, 61.

GARNIER (M.-E.), *droguiste*, rue des Francs-Bourgeois, 56.

GARNIER (M.), *fabt de machines à coudre*, rue Denfert-Rochereau, 108.

GARNIER (P.-C.), *fabricant d'horlogerie*, rue Taitbout, 6.

GARNOT (P.-E.), *banquier*, rue du Faubourg-Poissonnière, 59.

GARNOT (O.), *cols et manchettes en gros*, rue Beauregard, 9.

GARVIN (G.), *fondeur en fer*, rue Saint-Ambroise, 29.

GASNE (L.-A.), *tôles et fers*, rue du Faubourg-du-Temple, 83,

GASTEAU (E.-F.-J.), *mercier en gros*, rue Saint-Denis, 72.

GASTINE-RENETTE (J.-F.), *armurier*, avenue d'Antin, 39.

GATECLOUT (E.-H.-J.), *salaisons*, avenue du Maine, 116.

GATINE (L.-É.-C.), *produits chimiques*, rue des Rosiers, 23.

GAUBERT (F.), *marchand de papier*, rue du Jour, 1.

GAUCHE, veuve E. GAUCHE et Neveu successeurs, *papetier*, rue de Provence, 7.

GAULIER (J.-C.), *entrepreneur de carrelages*, rue d'Arcet, 5.

GAULON (C.-G.-R.), *libraire commissionnaire*, rue Serpente, 37.

GAULTIER, *fabricant de porcelaines*, r. des Épinettes, 19, à St-Maurice.

GAUPILLAT (V.-E.), *fabricant d'amorces*, rue des Petites-Écuries, 54.

GAUTHIER (D.-A.), *fabricant de chaussures*, rue Charlot, 83.

GAUTHIER-LATHUILLE (Alexandre), *restaurateur, au Père-Lathuille*, avenue de Clichy, 7.

GAUTHIER-VILLARS (J.-A.), *impr.-libr.*, quai des Grands-Augustins, 55.

GAUTIER (C.-É.-J.-É.) *Soc. des Dép. et Compt. cour.*, place de l'Opéra, 2.

GAUTIER (H.), *éditeur*, quai des Grands-Augustins, 55.

GAUTIER (L.), *fabricant de taillanderie*, rue du Temple, 20.

GAUTIER (L.-F.-X.-A.), *agent de change*, rue de Provence, 60.

GAUTREAU (P.-L.), *négt import. et export.*, rue Saint-Lazare, 94.

GAUVAIN (L.-F.), *fabricant de plâtre*, rue de Paris, 2, à Romainville.

GAVEAU (J.-G.), *facteur de pianos*, boulevard Montmartre, 14.

GAVEAU (L.-É.), *fabricant de boulons*, rue de Crimée, 144.

GAY (É.), *commissionnaire en marchandises*, rue Béranger, 5.

GAYRARD (L.-D.-R.-G.), *dir. du chem. de fer de Ceinture*, r. de Berlin, 33.

GAYTTE (J.-A.-F.), *banquier*, rue Montmartre, 131.

GEBELIN (L.-M.), *vêtements pour hommes*, rue Meyerbeer, 3.

GEIBEL (Louis-Alfred), *carrosserie et voitures*, rue de Milan, 14.

GÉLINEAU (A.), *menuisier*, boulevard Voltaire, 233.

GÉLIS (Alfred), de la maison A. GÉLIS et Cie, *fabricant de produits chimiques*, à Villeneuve-la-Garenne, près Saint-Denis, boulevard d'Asnières, 5 (Seine).

GELLÉE (V.-A.), *gainier garnisseur*, rue Barbette, 11 bis.

GENDRON (G.), *pharmacien*, boulevard Beaumarchais, 38 bis.

GENESTE (P.-E.), *appareils de chauffage*, rue du Chemin-Vert, 42.

GENET (L.), *entrepreneur de charpente*, avenue Gourgaud, 7.

GENEVOIX (F.-É.), *dir. de la pharmacie cent. de France*, r. de Jouy, 7.

GEOFFROY (É.-H.), *fabricant de passementerie*, rue de l'Ermitage, 50.

GEOFFROY (L.-J.-S.), *serrurier*, rue de Verneuil, 56.

GEORGE (L.-J.-B.), *tissus*, rue de Bruxelles, 25,

GEORGES (P.-C.-A.-P.), *nouveautés*, place de la République, 13.

GEORGES (P.-J.), *charpentier*, place Cambronne, 19.

GÉRARD (É.-F.), *cuirs*, rue Henri-Chevreau, 12-14.

GÉRARD (É.-H.-A,), *éditeur de musique*, rue Scribe, 2.

GÉRARD (P.), *constructeur-mécanicien*, place Daumesnil, 3.

GÉRAULT (A.-J.), *fabricant d'étoffes*, rue Saint-Sulpice, 27.

GÉRAULT fils, (F.-H.), *fabricant de registres*, rue Montmorency, 10.

GERMAIN (J.), *fabricant de produits chimiques*, rue de Lévis, 36.

GERMAIN (L.-P.), *commissionnaire en soies*, rue de l'Échiquier, 32.

GERVAISE (C.), *menuisier*, rue de Wattignies, 37.

GÉVELOT (J.-F.), *armes et amorces*, rue Notre-Dame-des-Victoires, 30.

GEVIN (P.-A.), *vins en gros*, rue Caumartin, 23.

GIBERT (H.-B.), *march. de bois à brûler et charbons*, av. de Breteuil, 46.

GIBERT (M.-J.-A.), *huiles en gros*, rue Charles-V, 10.

GIBORY (Élysée-Romain), *tailleur*, rue Sainte-Anne, 53.

GIERCKENS (A.-F.), *teinturier en peaux*, rue des Cordelières, 21.

GIFFAUT (L.-G.), *couvreur-plombier*, boulevard Montparnasse, 60.

GIGNOU (F.-E.), *entrepr. de serrurerie*, r. St-Ferdinand-des-Ternes, 5.

GIGUET (J.), *huiles à graisser*, quai de Javel, 43.

GILBERT (E.-A.), *marchand de vins en gros*, quai de Bercy, 14.

GILBERT (F.), *fabt de métaux*, rue Ste-Croix-de-la-Bretonnerie, 20.

GILBERT (F.-A.-G.), *sculpteur-décorateur*, boulevard de Clichy, 60.

GILIS (É.), *draperies*, rue Neuve-Saint-Augustin, 8.

GILLET (B.-M.), *banquier*, quai de Béthune, 18.

GILLET (É.-L.), *entrepreneur de travaux publics*, rue d'Ulm, 40.

GILLET (E.), *courtier en produits chimiques*, rue Payenne, 4.

GILLET (L.), *teinturier*, rue Saint-Charles, 81.

GILLOT (C.-F.), *graveur-lithographe*, rue Madame, 79.

GILLOU (J.-B.-P.), *fabrt de papiers peints*, passage Vaucanson, 5.

GILON (Adolphe-Pierre), *serrurier*, rue du Départ, 11 et 13.

GILOT (É.-X.-D.), *épicerie*, rue Neuve-des-Petits-Champs, 87.

GIRANDIER (J.-M.-B.), *carrier*, place de l'Église, 10, à Bagneux.

GIRARD (E.), *fabricant de filets*, rue Montmartre, 85.

GIRARD (J.), *commissionnaire en laines*, rue de Lancry, 14.

GIRARD (J.), *cafés en gros*, rue du Cloître-Saint-Merri, 14.

GIRARD (L.-F.), *négociant en sels*, rue Geoffroy-Lasnier, 52.

GIRARD (Ste-C.-L.), *menuisier*, impasse de la Défense, 15.

GIRARDOT (E.-V.), *bois des îles et indigènes*, rue Saint-Nicolas, 10.

GIRAUD (J.-B.), *tailleur*, rue Neuve-des-Petits-Champs, 61.

GIRAUD (J.-P.-S.), *maroquinier*, rue du Fer-à-Moulin, 46.

GIRAUD (Pierre), *entrepreneur de maçonnerie*, avenue de Villiers, 11.

GIRAUD (Simon-Godefroy), *manufacture de maroquins*, rue Saint-Maur-Popincourt, 93.

GIRAUX (H.-É.-J.-M.), *bois de sciage*, quai Jemmapes, 44.

GIRERD (E.-A.-J.), *négociant en soieries*, rue d'Aboukir, 6.

GIRERD (P.), *entrepreneur de menuiserie*, rue Ordener, 38-40.

GIRER (E.), *tanneur*, rue du Fer-à-Moulin, 36.

GIROD (P.-F.-G.), *banquier*, rue Lafayette, 31.

GIROT (A.-A.), *quincaillier*, quai de la Mégisserie, 8.

GIVRY (J.-T.-L.), *métallurgiste*, boulevard de Sébastopol, 56.

GLAENZER (J.-H.), *exportateur*, boulevard de Strasbourg, 35.

GLAIVE (P.-I.), *fabricant d'appareils à gaz*, rue du Parc-Royal, 4.

GLORIAN (F.-J.-D.), *libraire-éditeur*, quai des Grands-Augustins, 35.

GOBERT (C.), *plumes brutes pour plumassier*, rue Notre-Dame-de-Nazareth, 77.

GODART (A.-J.), *distillateur*, rue Montorgueil, 32.

GODCHAUX (A.), *imprimeur-éditeur*, rue de la Douane, 10.

GODET (L.-E.), *entrepreneur de serrurerie*, rue Chapon, 62.

GOELZER (Achille), *lustres et appareils à gaz, plomberie et canalisation pour le gaz et les eaux*, rue Lafayette, 182.

GOGUEL (C.-F.-G.), *banquier*, rue Le Peletier, 14.

GOMBAULT (I.), *entrepreneur de charpente*, rue des Alouettes, 30.

GOMBRICH fils (A.), *négt en soieries et étoffes*, boulev. Saint-Denis, 19.

GONTHIER-DREYFUS (G.), *négt en papiers*, boulevard Magenta, 41.

GONTIER (A.), *grainier-fleuriste*, quai de Gesvres, 6.

GOSSARD (C.-L.), *entrepreneur de maçonnerie*, rue Roger, 19.

GOSSEIN (A.-L.), *négociant confectionneur*, boulevard Haussmann, 37.

GOSSELIN (Charles-Alphonse), *entrepreneur de menuiserie d'art*, avenue Duquesne, 31.

GOSSELIN (C.-L.-A.), *banquier*, place des Victoires, 12.

GOSSIOME (B.-F.), *commissionn. en mercerie*, rue Étienne-Marcel, 46.

GOUDARD (E.), *lapidaire*, boulevard Sébastopol.

GOUDCHAUX (C.), *banquier*, rue de la Banque, 16.

GOUDCHAUX (H.), *armateur*, boulevard Haussmann, 45.

GOUGY (F.-E.), *constructeur-mécanicien*, rue N.-D.-des-Champs, 98.

GOUIN (J.), *directeur de la Cie des Batignolles*, avenue de Clichy, 176.

GOUJON (M.-P.), *étoff. pour ameubl.*, rue du Faubourg-St-Antoine, 20.

GOULARD (L.-H.), *quincaillerie et métaux*, rue d'Aval, 17.

GOULETTE (E.), *passementerie pour dames*, rue de la Reynie, 26.

GOUMAS (J.-P.), *fabt d'instruments à vent*, passage du Grand-Cerf, 22.

GOUMONT (C.), *bois à ouvrer*, rue de Lyon, 49.

GOUNIN (É.), *marchand de nouveautés*, avenue d'Orléans, 54.

GOUNY (Pierre), *vins en gros*, avenue Alphand, 8, à Saint-Mandé, et rue Léopold, 22, à Bercy.

GOUPIL (J.-B.-M.-A.), *marchand d'estampes*, rue Chaptal, 9.

GOURDAULT (Jean-Marie-Maurice), *vins et spiritueux*, rue Poirier, 5, à Saint-Mandé, rue de Bordeaux, 17 et 19, à Bercy.

GOUSSARD, *couleurs et vernis*, rue de la République, 68, à Montreuil.

GOUVERNEUR (M.), *gaînier*, quai de l'Horloge, 37.

GOUTTIÈRE (E.-L.-H.), *facteur de pianos*, rue de Babylone, 47.

GOY (A.-F.), *marchand de plumes brutes*, rue Saint-Sauveur, 4 *bis*.

GOYARD (E.-F.), *entrepreneur de maçonnerie*, boulevard Voltaire, 65.

GRAND (P.), *vins en gros*, boulevard de Bercy, 8.

GRANDGEORGE (G.), *filat. et tiss. de laines peignées*, rue des Jeûneurs, 23.

GRANDIN (F.-M.), *grains et fourrages*, rue Frémicourt, 10.

GRANDIN (P.-F.), *vins en gros*, boulevard des Invalides, 22.

GRANDRÉMY, *imprim. lithograph. et typograp.*, quai de la Râpée, 28.

GRANGER (T.) *vins en gros*, rue de Nuits, 22.

GRANGE DE RANCY (de), Henri-Charles-Raoul-Edmond), *directeur de la Compagnie d'assurances contre l'incendie* le Soleil, rue de Châteaudun, 44.

GRAS (A.-G.), *fumiste*, rue Casimir-Delavigne, 5.

GRATIOT (Georges), *marchand de papiers en gros*, rue du Mail, 1.

GRAUX (J.-H.), *fabricant de bronzes*, quai Jemmapes, 64.

GRAVADE, *marchand papetier*, rue du Faubourg-Saint-Honoré, 30.

GREBERT-BORGNIS (J.-B.), *pelleteries*, rue de l'Arbre-Sec, 48.

GRÉGOIRE, *marchand de nouveautés*, rue du Faubourg St-Antoine, 7.

GRELET, *entrepreneur de peinture*, rue du Faubourg Saint-Honoré, 115.

GRELLIER, *entrepren* de maçonnerie*, rue du Faubourg-St.Martin, 173.

GRELLOU (A.-H.), *marchand de mercerie*, boulevard de Sébastopol, 43.

GRENIER (G.-A.), *peintre en bâtiments*, rue Legendre, 3.

GRESLAND (C.), *filature de coton*, place d'Aligre, 2.

GREUSSET (M.-J.), *peintre en bâtiments*, boulevard de Strasbourg, 18.

GRIGNON (A.-É.), *pharmacien*, rue Duphot, 2.

GRIMAUD (B.-P.), *fabricant de cartes*, rue de Lancry, 54.

GRIMAULT (A.), *quincaillier*, quai Jemmapes, 66.

GRIME, *alcools, sucres, mélasses*, rue Notre-Dame-des-Victoires, 42.

GRIVOT (F.-E.-A.), *vins et spiritueux*, quai de Bercy, 5.

GROHÉ (G.), *ébéniste*, avenue de Villars, 4.

GROMBACH (A.), *jouets d'enfants*, rue du Temple, 145.

GRONDARD (C.), *chocolatier*, rue de l'Odéon, 1.

GROSCLAUDE (J.-B.), *entreprenᵣ de démolitions*, boulevard Diderot, 59.

GROSS (A.), *fabricant de bijouterie*, rue du Temple, 79.

GROSSETÊTE (J.), *restaurateur*, rue Neuve-Saint-Augustin, 30.

GROULT (C.-C.), *pâtes alimentaires*, rue Sainte-Apolline, 12.

GRUEL (L.-P.-J.-), *relieur-libraire*, rue Saint-Honoré, 418.

GRUYER(A.-A.), *parapluies*, à Bagneux.

GUEIT (J.-M.-Th.), *commissionnaire en peausserie*, rue Mauconseil, 27.

GUÉNOT (H.), *laines, soies, cotons*, rue Saint-Denis, 183.

GUÉRET (J.), *ébéniste*, rue Lafayette, 220.

GUÉRET, (L.-J.), *fabt d'eaux gazeuses*, passage Saint-Sébastien, 13.

GUÉRIN (A.-L.), *confiseur*, rue des Saints-Pères, 19.

GUÉRIN (E.-P.), *peaussier*, rue Portalis, 2.

GUÉRIN (Édouard-Antoine), de la maison E. GUÉRIN et LEFRANÇOIS, *marchand de chevaux*, rue des Ecluses-Saint-Martin, 8.

GUÉRIN (Gustave-Pierre), *libraire-commissionnaire*, rue des Boulangers, 22.

GUÉRIN (L.-C.), *tissus de laine*, rue Vivienne, 18.

GUÉRIN (M.-L.-É.), *chocolatier*, boulevard Poissonnière, 27.

GUERLAIN (A.), *parfumeur*, rue de la Paix, 15.

GUERRE (C.), *pâtissier*, rue de Castiglione, 2.

GUESNU (C-F.), *bimbelotier*, rue Dupetit-Thouars, 16.

GUIBERT, (P.-É), *fabricant de bouteilles*, quai des Célestins, 38.

GUIBOUT (Paul-Auguste), *passementerie or et argent, équipements militaires, ornements d'église*, boulevard Sébastopol, 44.

GUICHETEAU (P.), *commissionnaire en bestiaux*, rue d'Allemagne, 188.

GUIDON (F.-V.), *fabt de cannes et fouets*, boulevard Sébastopol, 34.

GUIET (M.-J.-A.), *carrossier*, avenue Montaigne, 95.

GUILBERT (A.), *filateur de lin*, rue du Faubourg-Saint-Martin, 55.

GUILBERT (C.-L.), *bois des îles*, boulevard Voltaire, 149.

GUILBERT-MARTIN, chim., *fabt. d'émaux*, av. de Paris, 275, à St-Denis.

GUILHEN-PUYLAGARDE (B.-A.-A.), *menuisier*, bd. Montparnasse, 13.

GUILLARD F(.-E.), *vins*, rue Monge, 62.

GUILLARD (P.-L.), *libraire-éditeur*, rue Saint-André-des-Arts, 47.

GUILLAUME, *imprimeur sur étoffes*, rue de Strasbourg, 15, à St-Denis.

GUILLAUMET (A.), *teinturier*, quai National, à Suresnes.

GUILLET (L.-E.), *négociant en rubans de soie*, rue Montmartre, 111.

GUILLET (S.), *facteur au beurre*, rue de Rambuteau, 76.

GUILLIER, *entrepositaire de vins*, rue de la Côte-d'Or, 26, à l'Entrepôt.

GUILLOU (M.-E.), *négociant en peaux*, rue Saint-Martin, 241.

GUILLOUT (Edme), *fabricant de biscuits*, rue de Rambuteau, 116.

GUIMBELLOT (A.-.A), *mercerie*, rue Lamartine, 64.

GUISSEZ (É.-A.), *marchand de charbons*, quai de Seine, 61.

GUITTARD (T.), *bois de sciage*, quai de la Râpée, 70.

GUTH (Philippe-Léonard), *vins et spiritueux en gros*, quai de Béthune, 14, et rue de Graves, 48, halle aux vins.

GUTIG (Frédéric), *fabricant de produits bitumeux*, rue du Château-des-Rentiers, 92.

GUY (A.-P.-P*entrepreneur de travaux publics*, boulevard Voltaire, 202.

GUY (L.), *distillateur*, quai Valmy, 29.

GUYARD (Jean-Alfred-Henri), de la maison GUYARD et Cⁱᵉ (maison OUDOT) ✳, *toiles, lingeries et trousseaux*, rue Saint-Jacques, 184.

GUYON (R.-E.), *fabricant de couvertures*, rue des Bourdonnais, 31.

H

HAAS (B.), *fabricant d'horlogerie*, boulevard Sébastopol, 104.

HAAS (J.), *fabricant de chapeaux*, rue du Temple, 71.

HACHE (P.-A.), *fabricant de porcelaines*, r. de Paradis-Poissonnière, 24.

HADAMARD (D.), *pierres fines*, rue Chauchat, 9.

HADENGUE (E.-T), *équipements militaires*, rue de Lancry, 16.

HAILLOT (I.), *constructeur d'appareils de chauffage*, r. de l'Aqueduc, 11.

HALLEY-DESFONTAINES (G.-E.), *horloger*, gal. Montpensier, 13 et 15.

HALLOT (A.-H.), *ferblantier*, rue Chapon, 14.

HALLOT (C.-C.), *ferblantier*, rue des Vinaigriers, 11.

HALOUZE (C.-A.), *négociant en grains et fourrages*, rue Secrétant, 1.

HALPHEN (A.), *joaillerie et pierres précieuses*, rue Lafayette, 18.

HALPHEN (J.), *courtier de marchandises*, rue Saint-Marc, 17.

HAMEL (H.-P.), *soieries et dentelles*, rue du Sentier, 26.

HAMELLE (H.), *commissionnaire en marchandises*, quai Jemmapes, 74.

HAMET (C.-C.), *constructeur-serrurier*, rue de Miromesnil, 49.

HANTIN (J.-O.), *fondeur*, rue du Chemin-de-Fer, 13, Saint-Denis.

HANNOYER, *ressorts et essieux*, r. des Récollets, 11, et r. des Vinaigriers, 36.

HARANGER (I.-F.-X.), *négociant en bonneterie*, rue du Temple, 181.

HARANT (Emile-Numa-Philippe-Auguste), maison TOY, *négociant en porcelaines et cristaux*, rue Halévy, 6.

HARDUIN (C.), *marchand de draps*, rue Saint-Antoine, 82.

HARDY (É.), *ingénieur-mécanicien*, avenue de Lamothe-Piquet, 16.

HARDY (E.-C.-P.), *fabricant de couleurs*, rue Barbette, 3.

HARET (C.), *menuisier*, rue de Bruxelles, 16.

HARIEL (F.-M.), *entrepreneur de menuiserie*, r. de la Butte-Chaumont, 28.

HARO (É.-F.), *marchand de couleurs*, rue Bonaparte, 20.

HART (A.-F.), *agent de change*, rue Le Peletier, 24.

HARTMANN (J.), *blanc*, rue de Cléry, 13.

HARTOG (J.), *fabricant de boutons*, boulevard Poissonnière, 14 *bis*.

HATET (A.), *marchand de draps*, rue d'Aboukir, 2.

HATTAT (F.), *fabricant de chaussures*, passage des Petites-Ecuries. 18.

HATTON (E.), *produits chimiques*, rue des Gravilliers, 55.

HAUDUCŒUR (P.), *papiers en gros*, rue des Archives, 13.

HAYEM (S.), *chemisier*, rue du Sentier, 38.

HÉBERT fils (E.), *toile, coton, lingerie*, boulevard de Sébastopol, 41.

HÉBERT (P.), *agent de change*, rue Notre-Dame-des-Victoires, 14.

HECHT (E.), *commiss. importateur*, rue Le Peletier, 19.

HECHT (M.), *négociant en matières premières*, rue de la Vietoire, 60.

HEGTOR (J.-F.-V.), *menuisier,* rue Pierre-Levée, 12.

HEINE (Michel), *banquier*, rue Bergère, 22.

HELBRONNER (Alphonse), *équipements militaires*, place Lévis, 7.

HELBRONNER (G.), *fabricant de tapisseries*, rue des Petits-Champs, 36.

HELBRONNER (M.), *fabricant de fleurs*, rue de Cléry, 9.

HEMERDINGER (Émile-Michel), *négociant en métaux, cuivres de Rugles*, rue du Faubourg-du-Temple, 16.

HÉMON (A.-V.), *bijoutier en doublé*, rue du Temple, 134.

HÉNIN (L.-A, *bijoutier-joaillier*, rue des Archives, 33.

HENNAPE (A.-J),, *marhand de draps*, place de Valois, 3.

HENNECART (J.-J.), *fabricant de papiers*, quai de la Mégisserie, 16.

HENNET (H.-G.), *banquier*, rue du Faubourg-Poissonnière, 35.

HENNUYER (A.), *imprimeur typographe*, rue d'Arcet, 7.

HÉNON (C.-V.), *courtier de commeree*, rue de Rivoli, 122.

HÉNON (D.), *commiss. exportateur*, passage Saulnier, 19.

HENRIET (J-P.), *fabricant de chaussures*, rue Mercœur, 10.

HENRY (A.-C.), *marchand mercier*, rue du Faubourg-St-Honoré, 12.

HENRY (Louis-Georges), de la maison CAWLEY et HENRY, *papiers à cigarettes*, rue Béranger, 17.

HENRY-LEPAUTE (A.-M.), *horloger*, rue Lafayette, 6.

HENRY-LEPAUTE (É.-L.),*constr ͬ de phares électr.*,rue de Vaugirard,139.

HERBAULT (É.-N.), *agent de change*, rue Gaillon, 5.

HERBERT,*fabricant de chaussures*, r. de Rivoli, 144, usine à Charenton.

HERBOT (P.-J.), *négociant en épiceries*, rue Vicq-d'Azir, 2.

HÉRICÉ (J.-J.), *fabricant bijoutier*, rue du-Parc-Royal, 12.

HÉRICOURT (O.), *quincaillerie en gros*, rue du Temple, 197.

HERMANN (H.), *commissionnaire en marchandises*, r. de l'Échiquier, 12

HERMENT (D.), *tailleur*, rue Caumartin, 24.

HERMET (D.-F.), *imprimeur-lithographe*, passage Dauphine, 4.

HERSANT (C.-E.), *commissionnaire de transports*, rue Bouret, 2.

HERSENT (H.-P.), *entrepreneur de trav. publics*, rue de Londres, 60.

HERVIEU (J.-A.), *flanelles et confections*, rue du Sentier, 43.

HESSE (A.), *négociant en soies*, rue d'Enghien, 30.

HESSE (I.), *banquier*, boulevard de Sébastopol, 44.

HEUDEBERT (F.-M.), *entrepreneur de pavage*, rue de Ponthieu, 53.

HEUGEL (J.), *éditeur de musique*, rue Vivienne, 2 *bis*.

HILD (J.-G.), *fabt de cartes porcelaine*, rue des Boulets, 68, 70, 72.

HIRSCH (E.-F.), *commissionnaire en marchandises*, rue des Marais. 50.

HIRSCH H.-G.), *négociant en métaux*, rue Richelieu, 99.

HIVERT (J.-B.-A.), *marchand-papetier*, rue d'Aguesseau, 1.

HOCHARD (A.-F.), *marchand de fontes*, rue de la Roquette, 96.

HOCHE (A.), *draperies*, rue Colbert, 2.

HOLLANDE (J.-H.), *bois des îles*, rue Charenton, 51.

HOLLANDER (J.), *banquier*, rue de Provence, 8.

HOTTINGUER (R.), *banquier*, rue de Provence, 38.

HOUCKE (A.-C.-J.), *toiles et confections*, rue Saint-Martin, 160.

HOUDAILLE (Charles-Marie), de la Maison A. LANDIER et HOUDAILLE, *cristalleries de Sèvres et de Clichy réunies*, rue de Paradis, 24.

HOUDART (E.-M.-A.), *vins et spiritueux*, rue de Belleville, 134.

HOUDEBINE (C.-H.-A.), *fabricant de bronzes*, rue de Turenne, 64.

HOUET (P.-G.), *fabt de couleurs et vernis*, rue du Coq-Saint-Jean, 8.

HOULLIER (Jacques-Hippolyte), *arquebusier*, rue de Cléry, 36-38.

HOUPPE (F.-X.), *entrepren. de peintures*, r. de la Chaussée-d'Antin, 31.

HOURY (C.), *fabricant de faïence d'art*, cité du Trône, 9.

HOURY (J.), *fabricant de faïence d'art*, rue du Faubourg-Poissonn., 50.

HOUYVET (P.-L.-E.), *produits pharmaceutiques*, rue des Lombards, 44.

HOUZÉ (M.-V.), *fabricant de parapluies et cannes*, rue St-Denis, 218.

HOVYN (L.-J.-B.), *fabricant de toiles*, rue du Sentier, 35.

HUART (L.-F.), *fabricant de chaussures*, rue de Valois, 8.

HUBIN (F.), *négociant en métaux*, rue de Turenne, 14.

HUBLOT (E.), *marchand de chevaux*, avenue Malakoff, 107.

HUBNER (É.-A.), *courtier en métaux*, boulevard du Temple, 35.

HUBNER (É.), *filateur de soies*, rue des Vinaigriers, 47.

HUET, (B.-J.), *fabricant d'articles en acier poli*, rue de Turenne, 118.

HUET, *produits réfractaires*, *entr. de travaux publics*, av. de Choisy, 172.

HUGO (E.-A.), *fabt de cuirs vernis*, ch. de la Haie-Coq, Aubervilliers.

HUGON (G.-M.), *fabricant de chocolats*, rue des Saints-Pères, 30.

HUGOT (C.-V.), *fabricant d'éventails*, boulevard de Strasbourg, 30.

HUGUET, *entrep. de trav. publics*, route de la Reine, 15, à Boulogne.

HUILLARD (S.-A.), *courtier en marchandises*, boul. Beaumarchais, 62.

HULOT (L.-A.), *teinturier*, quai National, 25, à Puteaux.

HUNEBELLE (Alfred-Louis-Clément), ✳, *entrepreneur de travaux publics*, rue Nicole, 6.

HUOT (J.-A.), *tissus*, rue d'Aboukir, 14.

HURET (N.), *fabricant de voitures*, avenue des Champs-Élysées, 24.

HURTU (J.), *fabricant de machines à coudre*, rue Saint-Maur, 54.

HUSSENET (A.-M.), *miroitier*, rue de Dunkerque, 23.

HUSSENOT-DESENONGES, *négt en châles et tissus*, rue du Mail, 16, usine rue Folie-Régnault, 40.

HUSSON (François), ✳, *serrurier constructeur, charpente en fer, exposition universelle 1878, 3 médailles, or, argent, bronze*, rue Saint-Honoré, 269.

HUTEAU (L.-P.), *mercier*, rue Montmartre, 33.

I

ISRAEL (A.), *couvreur, plombier*, rue Folie-Méricourt, 62.

ISRAEL (L.), *négociant-commissionnaire*, rue d'Aboukir, 50.

IZAMBERT (A.), *serrurier*, boulevard Diderot, 9.

J

JACOB (A.), *entrepreneur de travaux publics*, avenue de Saxe, 11.

JACOB (J.), *cuirs et peaux pour l'exportation*, rue Martel, 8 bis.

JACOB (P.-A.), *agent de change*, rue Drouot, 18.

JACOT (G.-F.), *banquier*, boulevard Magenta, 2.

JACQMIN (F.-P.), *direct. du chemin de fer de l'Est*, r. de Strasbourg, 10.

JACQUEL (L.), *dir. de la Cⁱᵉ d'assurances la Vigie*, pl. de la Bourse, 6.

JACQUEMART (I.), *pharmacien*, rue Beaubourg, 12.

JACQUEMIN (L.-J.-B.), *couvertures et plomberie*, rue des Écoles, 38.

JACQUES (É.-L.), *distillateur*, rue du Château-du-Maine, 133.

JACQUES (Jules), *spiritueux et vins fins en gros*, port de Bercy, 56, et rue de Mâcon, 17.

JACQUESSON (M.), *sels en gros*, rue d'Hauteville, 49.

JACQUIN (H.-G.-J.), *confiseur*, rue Pernelle, 10.

JACQUOT (A.-F.), *fabricant de cirages*, rue Pernelle, 2.

JAHIET (F.), *marchand de fers*, rue de Turenne, 53.

JALUZOT (J.), *marchand de nouveautés*, boulevard Haussmann, 70.

JAMETEL (A.), *banquier*, rue Vivienne, 51.

JANETS (Charles.-Frédéric), de la Maison JANETS fils et FAILLE, *vins et spiritueux en gros*, rue de Paris, 18, à Vincennes.

JANIOT (J.-B.), *constructeur-mécanicien*, rue de Vaugirard, 131.

JANNET (N.), *teinturier*, rue Cauchy, 4, à Arcueil.

JANNON (A.-S.-M.), *chemises en gros*, rue de Lancry, 17.

JARRIANT (B.), *appareils électriques*, rue Pierre-Charron, 25.

JARRY (É.-J.), *négociant en vins*, quai d'Austerlitz, 23.

JEANIN (A.-A.-N.), *agent de change*, rue de Richelieu, 102.

JEANSELME (L.-C.), *md de bois d'ébénisterie*, rue de Charenton, 103.

JEANSON (L.-B.), *fabricant de moulures*, rue de Bondy, 34.

JEANTAUD (J.-B.-Ch.-C.), *carrossier*, rue du Temple, 135.

JEANTI (L.-H.-A.), *grains et graines*, rue J.-J.-Rousseau, 23.

JESSON (H.), *fabricant d'acier poli*, rue Rampon, 3.

JESSON (L.-F.), *fabricant de fonte malléable*, rue Rampon, 3.

JEUNET (Z.), *confections pour dames*, boulevard des Italiens, 15.

JOANNE (E.), *distillation, spécialité d'absinthe*, quai de la Tournelle, 55-57.

JODON (C.-A.), *marchand de nouveautés*, boulevard des Italiens, 34.

JODOT (J.-G.), *négociant en cuirs*, rue Château-Landon, 23.

JOHANNEAU (P.-F.), *banquier*, rue des Bons-Enfants, 21.

JOLLY (Amédée), *teintures des robes de soies* (breveté s. g. d. g.), rue de Rohan, 3. Usine, rue des Bois, 30, Paris-Belleville.

JOLLY (L.-G.), *confiseur*, boulevard de la Madeleine, 17.

JOLY (R.), *parfumeur*, à Puteaux.

JONQUIÈRE (G.-J.), *Société foncière Lyonnaise*, rue de Grammont, 23.

JORET (P.-F.-H.), *constructeur en fer*, rue Taitbout, 80.

JORIAUX (E.-L.), *négociant en tissus*, rue du Sentier, 39.

JOSSE (G.), *papiers peints*, rue de Charonne, 163.

JOUANIN (C.-V.), *graveur sur pierres fines*, rue Turbigo, 56.

JOUANNY (G.-P.-E.), *fabt de papiers*, rue du Faub.-du-Temple, 70-72.

JOUAUST (D.), *imprimeur-typographe*, rue Saint-Honoré, 338.

JOUDRAIN (L.-P.), *fabt de colles fortes*, r. du Château-des-Rentiers, 112.

JOULIE, *dir. de la Soc. de prod. chim. agric.* r. du Faub.-St-Denis, 191.

JOURDAIN (Louis-Paul), *apprêts de tissus, décatisseur*, rue Aubriot, 7 et 9.

JOURNÉ (A.), *négociant en calicots*, rue du Sentier, 26.

JOURNÉ (P.), *négociant en étoffes pour doublures*, rue d'Uzès, 7.

JOUVE (André-Barthélemy), *exportateur*, rue de Turenne, 129.

JOUVET (J.-B.-A.), *libraire-éditeur*, rue Palatine, 5.

JUGAND (André-Victor-Frédéric), *entrepreneur de menuiserie*, rue Ganneron, 23.

JUGE (C.-J.), *artic. de distillation et de drogueries*, r. Saint-Merri, 36.

JUGLAR (J.-A.), *charbons*, boulevard Montparnasse, 94.

JUILLARD (J.-B.-E.), *négociant en vins*, port de Bercy, 1.

JULIEN (P.), *teinturier*, rue de Paris, 85, à Pantin.

JULLEMIER (H.), *négociant en grains*, avenue d'Orléans, 113.

JULLIARD (J.-B.-L.-A.), *pharmacien*, rue Montmartre, 72.

JULLIEN (A.-G.), *marchand de porcelaines*, r. du Faub.-Poissonnière, 63.

JUMEAU (J.-M.), *quincaillier*, rue Linné, 45.

JUMEL (J.), *huiles et chicorées*, rue du Renard-Saint-Merri, 25 et 27.

JUNQUET (Jean-Basile) de la maison JUNQUET et BOUIS, *étoffes pour ameublements, tapis d'appartements*, rue du Mail, 7 et 9.

K

KAAN (A.), *imprimeur, libraire, éditeur*, rue Soufflot, 11.

KAEUFFER (J.-F.), *marchand de draps*, rue Vivienne, 8.

KAHN (A.), *confections pour dames*, rue du Faub.-Poissonnière, 9.

KAHN dit CAHN (H.), *banquier*, boulevard Bonne-Nouvelle, 34.

KAMPMANN (F.-A.-É.), *commissionnaire exportateur*, rue Richer, 13.

KARCHER (Charles), *commissionnaire en marchandises*, rue d'Hauteville, 84.

KARRER-COMBRUN (É.), 🐝, *vins en gros*, cours Benoist, 4, à Saint-Denis.

KAULEK (A.), *produits chimiques*, quai National, 41, à Puteaux.

KESZLER (J.-V.-G.), *tailleur*, rue du Quatre-Septembre, 19.

KINSBOURG (P.), *commissionnaire exportateur*, rue de Cléry, 5.

KLEIN (C.), *marchand d'articles de voyage*, rue des Vinaigriers, 63.

KLIN (M.), *draperies noires*, rue d'Aboukir, 2.

KLINCKSIECK (Frédéric-Charles-Henri), *libraire*, rue de Lille, 11.

KLOTZ (E.), *négociant en soieries*, place des Victoires, 2.

KLOTZ (J.), *porcelaines en gros*, rue de Paradis-Poissonnière, 22.

KOHN, *banquier*, rue de la Bourse, 4.

KOLLER (J.-E.), *agent de change*, rue Le Peletier, 29.

KRANTZ (C.-D.), *fabricant de papiers*, rue Dauphine, 31.

KRIEGELSTEIN (C.-A.), *fabricant de pianos*, rue Meyerbeer, 3.

L

LABADIE (J.-B.-L.), *négociant en vins*, à l'Entrepôt général des vins.

LABATY (Pierre), *vins et spiritueux en gros*, rue Neuve-des-Carrières, 25, à Charenton.

LABÉLONYE (C.-J.), *pharmacien*, rue d'Aboukir, 99.

LABOULAYE (C.-P.), *libraire-éditeur*, rue de Rennes, 109.

LABOURIAU (C.), *fabricant bijoutier-joaillier*, rue de Turenne, 119.

LACARNOY (H.-J.), *épurateur d'huiles*, chaussée du Maine, 152.

LACHNITT (A.), *articles de bureau*, rue des Francs-Bourgeois, 26.

LACHNITT (Alfred), *fourrures*, rue Saint-Honoré, 165.

LACOMBE (E.), *négociant en vins*, rue Montmartre, 159.

LACOSTE (D.), *vins en gros*, rue de Mâcon, 53.

LACOUR (C.-F.), *marchand de nouveautés*, boul. de la Madeleine, 21.

LACOUR (Louis-Désiré), *jalousies et stores en fer, fermetures*, passage du Génie, 22, Faubourg Saint-Antoine, 246.

LACROIX (A.), *chimiste*, avenue Parmentier, 184-186.

LACROIX (A.-C.), *entrepreneur de maçonnerie*, rue Violet, 46.

LACROIX (J.-A.), *marchand de papiers en gros*, rue Mazarine, 60.

LACROIX (J.-C.), *courtier en vins*, quai de Bercy, 36.

LAEDLEIN (André), de la maison A. LAEDLEIN et SIMONOT, *articles de Paris et bimbeloterie, fabricant de grosse brosserie*, rue Saint-Denis, 30.

LAFARGE (F.), *marchand de nouveautés*, avenue d'Orléans, 54.

LAFITTE (Jean-E)ugène, *fabricant de modes*, rue Meslay, 21.

LAFLÈCHE (J.-A.), *fabt de tissus élastiques*, boulevard Sébastopol, 48.

LAFOND (C.), *vins en gros*, rue Mâcon, 9.

LAFONTAINE (J.), *fabricant de boutons*, rue Moret, 30.

LAFORGE (A.-T.-C.-A.), *marchand de couleurs*, rue Saint-Séverin, 7.

LAGARDE (J.), *entrepreneur de maçonnerie*, rue Gay-Lussac, 30.

LAGÈZE (J.-A.), *produits chimiques*, rue du Temple, 32.

LAHURE (A.-É.), *imprimeur typographe*, rue de Fleurus, 9.

LAILLARD aîné (J.-J.-A.), *épurateur d'huiles*, rue de Villedo, 4.

LAINÉ, ✳, *teinturerie et nettoyage, médailles aux Expositions de Paris 1855, 1867, 1878*, A. FLEURY, successeur, rue de Jussieu, 41. (Voir la liste professionnelle pour les adresses des dépôts.)

LAINÉ (Théodore-Henri-Georges), *nouveautés*, boulevard de Sébastopol, 9.

LAINEY (A.), *dir. de la Soc. des Grands Moul. de Corbeil*, r. du Louvre, 6.

LAIR (Ernest, *papiers en gros*, rue Saint-André-des-Arts, 60.

LAIR (J.-A.), *dir. de la Cⁱᵉ des entˢ. et mag. gén. de Paris*, b. de la Villette, 204.

LAISNÉ (Pierre), de la maison P. LAISNÉ et L. PLAINCHAMP, L. PLAINCHAMP et fils successeurs, *fabricant de couleurs et vernis*, boulevard de Strasbourg, 35 bis.

LAISSEMENT (A.), *planches à graver la musique*, rue de Maubeuge, 22.

LALANDE (A.-J.), *fabricant de couvertures*, rue des Déchargeurs, 9.

LALANDE (A.-É.), *fabricant de meubles*, rue de Charenton, 57.

LALOUETTE (F.-G.-A.), *fabt de couleurs*, boulevard de Charonne, 141.

LALOUE (A.-L.), *plumes pour parures*, rue Neuve-Bourg-l'Abbé, 4.

LAMBERT (C.-J.), *imprimeur-typographe*, rue de Paris, 17, à St-Denis.

LAMBERT (Emmanuel-Victor), *vins en gros et spiritueux*, rue de l'Alouette, 5, à Saint-Mandé et rue de Champagne, 31, à l'Entrepôt général.

LAMBERT (S.), *fabricant d'étain en feuilles*, rue Borda, 1.

LAMY (J.-L.), *draperies nouveautés*, rue Croix-des-Petits-Champs, 30.

LANDAIS (L.), *directeur de la Cie la Prévoyance*, place de la Bourse, 6.

LANDAIS (L.-L.-M.), *vins et spiritueux*, rue Matignon, 14.

LANDOUZIERS (F.-V.), *porcelaines en gros*, r. du Faub.-St.-Denis, 76.

LANDRY (L.-M.), *serrurier, charpentes en fer*, rue Rochechouart, 66.

LANÉE (E.-C.-A.), *éditeur-géographe*, rue de la Paix, 8.

LANEYRIE (B.), LANEYRIE fils successeur, *vins et spiritueux en gros*, rue des Quatre-Vents, 24, à Charenton-le-Pont.

LANGLADE (E.-H.), *marchand de papiers en gros*, rue Bertin-Poiré,e 9.

LANGLOIS (A.), *entrepreneur de maçonnerie*, rue de Flandre, 28-30.

LANGLOIS (A.), *directeur de la Compagnie l'Abeille*, rue Taitbout, 57.

LANGLOIS (E.), *fabricant de gants*, rue de la Tour-d'Auvergne, 30.

LANGLOIS (L.), *fabricant de passementerie*, rue de Louvois, 7.

LANGLOIS (L.), *fumiste*, rue de l'Aqueduc, 3.

LANGOIT (T.), *marchand de verres à vitres*, rue Bleue, 15.

LANGUEREAU (J.), *fabricant de bronzes*, boulevard Beaumarchais, 23.

LANGUET (Pierre-François), de la maison LANGUET père et fils, *loueur de chevaux et de voitures*, rue de la Chaussée-d'Antin, 49.

LANIER (F.-A.), *vins*, route départementale, 59, à Vitry.

LANIER (J.-D.), *grains et farines*, rue de Marengo, 6.

LANNES (M.), *commissionnaire en marchandises*, rue Auber, 12.

LANTIN (C.-A.), *tissus de laine*, rue des Jeûneurs, 40.

LAPAR (L.), *orfèvre*, rue de Choiseul, 25.

LAPAREILLÉ (L.-C.), *fabricant de limes*, quai Valmy, 5.

LAPLACE (J.-P.-H.-G.), *libraire-éditeur*, rue Séguier, 3.

LAPOSTOLET (A.-L.), *grains, graines, légumes secs*, rue Oblin, 3 et 4.

LARCHER (J.-A.), *fabricant de chapeaux*, rue de la Banque, 20.

LARDIT (L.-H.), *quincaillier*, rue du Pont-Neuf, 23.

LARESCHE (A.), *passementier*, rue Étienne-Marcel, 23.

LAROCHE-JOUBERT (J.-A.), *fabricant de papiers*, avenue Victoria, 22.

LAROSE (Louis-Émile), de la maison L. LAROSE et FORCEL, *libraire-éditeur*, rue Soufflot, 22.

LARREY (L.), *vins en gros*, rue Léopold, 7.

LARRIEU (E.-A.), *épicier*, rue d'Arcole, 11.

LARRIVE (E.), *boutons de métal*, rue de Rambuteau, 65.

LARROZE (J.-A.), *commissionn^{re} en bijouterie*, boul. de Sébastopol, 96.

LARUE (J.-F.), *marchand de nouveautés*, rue de Rivoli, 16-18.

LARUE (N.-P.), *entrepreneur de sculpture*, rue des Batignolles, 47.

LASNES (Charles-Jean), *directeur de la Société des couverts Alfénide* rue Rossini, 3.

LASSON (É.), *march. de fers et aciers*, r. du Faubourg-Saint-Martin, 14,

LATERRIÈRE (Jean de), *fabricant de meubles en bois, spécialité du piton pin, lits en fer, literie et sommiers Tucker*, rue Doudeauville, 33.

LATRY (C.-F.-A.), *fabricant de blanc de zinc*, rue du Théâtre, 93.

LAUNEY (E.-L.-H.), *entrepreneur de menuiserie*, rue Guyot, 32.

LAUR (H.), *confections pour dames*, rue Saint-Joseph, 4.

LAURE (R.-H.), *négociant-commissionnaire*, r. du Faub.-St-Denis, 132.

LAUREILHE (L.-J.), *entrepreneur de charpente*, quai Jemmapes, 196.

LAURENT (A.-H.), *vins en gros*, rue des Fossés-Saint-Bernard, 32.

LAURENT (A.-E.), *miroitier*, rue Oberkampf, 98.

LAURENT (C.-A.), *agent de change*, rue du Quatre-Septembre, 9.

LAURENT (L.-E.), *fabricant de cannes*, boulevard de la Madeleine, 17.

LAURENT (P.-É.), *brasseur*, route des Moulineaux, 25, à Issy.

LAURET (A.), *fabricant de gants en gros*, rue Grenéta, 39.

LAURETTE (H.-É.), *commiss^re-export.*, rue du Faub.-Poissonnière, 36.

LAVALETTE (P.), *entrepreneur de maçonnerie*, place de la Nation, 26.

LAVEISSIÈRE (J.-J.), *négociant en métaux*, rue de la Verrerie, 58.

LAVELLE (A.), *fabricant de vernis*, rue Aubriot, 3.

LAVEUR (L.-A.), *négociant en vins*, aux Carrières-Charenton, 118.

LAZARD (É.), *commissionnaire-exportateur*, rue Sainte-Cécile, 10.

LAZIÈS (P.), *entrepreneur de travaux publics*, avenue d'Orléans, 52.

LÉAUTEY (E.-G.), *imprimeur-typographe*, rue Saint-Guillaume, 24.

LEBAS-GAYE (L.-L.), *produits pharmaceutiques*, rue de Grenelle, 9.

LEBAUDY (J.), *raffineur*, rue de Flandre, 19.

LEBEAUD (J.-M.-L.), *négociant-exportateur*, place du Théâtre-Français.

LEBEAULT (P.), *produits pharmaceutiques*, rue de Palestro, 29.

LEBESGUE (L.-C.-E.), *quincaillier*, rue du Faubourg-Saint-Antoine, 97

LEBLANC (A.-J.), *construct.-mécanicien*, rue du Rendez-Vous, 52.

LEBLANC (C.), *verreries*, rue du Faubourg-Saint-Denis, 102.

LEBLANC (E.), *fabricant de bijoux et d'armes*, boulevard Magenta, 10.

LEBLANC (L.-C.), *maréchal-ferrant*, r. du Faub.-Poissonnière, 19.

LEBLANC (S.-A.), *grains et farines*, avenue de l'Opéra, 4.

LEBLOND (Auguste-Louis), *couverture et plomberie*, rue Turgot, 3.

LEBON (E.-A.), *usines à gaz*, rue de Londres, 26.

LEBON (L.-G.-A.), *vins*, à l'Entrepôt, rue du Languedoc, 11.

LEBRETON (L.-F.), *vins en gros*, quai de Bercy, 5.

LEBRUN de SESSEVALLE, *Soc. de Comm.-Fourchamb*. pl. Vendôme, 16.

LECAPÉ (C.), *chaussures*, rue de l'Arcade, 36.

LECARON (J.-E.), *parfumeur*, rue d'Argout, 35.

LECARON (M.-A.), *grainier-fleuriste*, quai de la Mégisserie, 20.

LECERF (J.), *agent de change*, rue Taitbout, 13.

LECHEVALIER (Jacques-Antoine), *libraire*, rue Racine, 23.

LECLAIRE (J.-L.), *fabricant plâtrier*, r. des Carrières, Montreuil-s-Bois.

LECLERC (A.), *marchand de bois*, avenue de Versailles, 41.

LECLERC (H.), menuisier, rue Jacquemont, 13.

LECLERC (P.), draperie, rue d'Aboukir, 7.

LECLERCQ (É.), bijoutier-joaillier, rue de la Paix, 18.

LECLÈRE (L.-G.), entrepreneur de serrurerie, avenue de Saxe, 37.

LÉCLUSE (Auguste-Charles), de la maison LÉCLUSE et OGER, confections en gros pour dames, médaille d'argent Exposition universelle 1878, rue Montmartre, 128.

LECOCQ (J.), négociant en vins en bouteilles, rue Taitbout, 30.

LECOCQ (L.-F.), toiles en gros, rue d'Uzès, 5.

LECOCQ (L.-F,), march. de bois à brûler, quai National, 28, à Puteaux.

LECŒUR (J.), marchand de bois, boulevard de la Contrescarpe, 8.

LECOFFRE (V.-A.-L.), libraire-éditeur, rue Bonaparte, 90.

LECOINTE (E.-G.), marbrier-sculpteur, av. du Cimetière-du-Nord, 4-6.

LECOLANT (A.-C.), vins et spiritueux, rue de la Recette, 16, à Créteil.

LECOMTE (A.-Z.), fabricant d'instruments en cuivre, r. Saint-Gilles, 12.

LECOMTE (C.), fabricant de dentelles, rue d'Uzès, 3.

LECOMTE (L.-E.), agent de change, rue Laffitte, 12.

LECOMTE (V.-A.), marchand de nouveautés, boulevard Saint-Michel, 22.

LECONTE (H.-J.), entrepreneur de trav. publics, avenue du Maine, 32.

LE COUPPEY (J.-A.), produits pharmaceutiques, rue des Écouffes, 23.

LECOUTEUX (N.-H.), mécanicien, rue Oberkampf, 74.

LECROSNIER G.-A.-A.), fabricant de toiles cirées, au Bourget.

LECROSNIER (Émile-François), libraire-éditeur, rue de l'École-de-Médecine, 23.

LECUYER (C.-H.-A.), marbres, quai Jemmapes, 164.

LECUYER (Jean-François), banquier, rue de la Banque, 17.

LEDELLÉ (J.-N.), négociant en farines, rue d'Orléans-Saint-Honoré, 17.

LEDOUX (C.), négociant en cafés, rue Saint-Denis, 24.

LEDOUX (C.-L.), agent de change, rue de Louvois, 10.

LEDUC (A.), éditeur de musique, rue de Grammont, 3.

LEDUC (P.-M.-X.), marchand de rouennerie, rue Saint-Martin, 194.

LEDUC (Rieul), fournitures de chapellerie, rue du Faubourg-Poissonnière, 5 et 7.

LEDUC-MOURCEAUX (É.), fabt de tissus pr ameublement, r. d'Uzès, 12.

LEFAURE (Jacques), entrepreneur de maçonnerie, rue Dussoubs, 22 (ancienne rue des Deux-Portes-Saint-Sauveur, 22).

LEFAURICHON (A.), entrepreneur de bâtiments, avenue Daumesnil, 24.

LEFÉBURE, entrepreneur de menuiserie, travaux de la Ville de Paris, édifices religieux, Chambre des Députés, rue Maître-Albert, 1, 3, 4, 5 (quai de la Tournelle, 75).

LEFÉBURE (E.), marchand de dentelles, boulevard Poissonnière, 15.

LEFÉBURE (P.), vins, avenue des Batignolles, 117, à Saint-Ouen.

LEFÉBURE (V.), fabricant de bronzes, rue Caumartin, 17.

LEFEBVRE (A.), *rouennerie en gros*, rue Saint-Martin, 201.

LEFEBVRE (C.-É.), *fabt de couleurs et vernis*, rue de la Cerisaie, 13.

LEFEBVRE (E.-F.), *joaillerie, horlogerie, orfévrerie*, r. de Rivoli, 106.

LEFEBVRE (J.), *vins en gros*, route de Châtillon, 30, à Vanves.

LEFÈVRE (B.-C.), *marchand de couleurs et vernis*, rue Elzévir, 6.

LEFÈVRE (C.-A.), *dentelles*, rue Saint-Fiacre, 4.

LEFÈVRE (C.-F.), *distillateur*, rue Dauphine, 26.

LEFÈVRE (J.-F.), *bonneterie en gros*, rue de Rivoli, 82.

LEFÈVRE (J.-J.-B.), *graines et fourrages*, r. Lambrecht, 16, Courbevoie.

LEFÈVRE (L.-A.), *fabricant bijoutier*, rue des Archives, 13.

LEFÈVRE (T.-A.), *libraire-éditeur*, rue des Poitevins, 2.

LEFOURNIER (L.), *quincaillier*, boulevard Sébastopol, 24.

LEGENDRE (E.-H.), *fabt de carton en feuilles*, r. St-André-des-Arts, 49.

LEGENDRE (L.-A.-A.), *guipures d'art, rideaux*, rue d'Uzès, 9.

LEGENDRE (O.), *corroyeur*, rue Tiquetonne, 64.

LEGENISEL (E.-J.), *fond. de fonte et d'acier*, pass. Vaucouleurs, 28 *bis*.

LEGER (É.-A.), *fabricant de meubles*, rue Amelot, 64.

LÉGER (E.-H.), *directeur de la Réunion*, place de la Bourse, 10.

LEGOUEY (Jules-Prosper) de la Maison LEGOUEY et DELBERGUE, *fabricant distillateur*, rue Thévenot, 15.

LEGRAND (A.), *march. de bois et charb.*, r. du Faub.-Poissonnière, 117.

LEGRAND (É.), *travaux publics*, boulevard Haussmann, 110.

LEGRAND (L.), *tissus écrus*, rue des Jeûneurs, 38.

LEGRAND (L.-G.), *fabt d'appareils à gaz*, rue Sainte-Anne, 73.

LEGRAND (W.-D.-V.), *produits chimiques*, rue des Lombards, 23.

LEGRIEL (C.), *tapissier*, rue de Bellechasse, 50.

LEHIDEUX (E.-J.), *banquier*, rue Drouot, 3.

LEHMANN (C.), *rubans, soieries, dentelles*, rue du Quatre-Septembre.

LEHOUSSEL (E.-A.), *tissus*, rue Auber, 1.

LELEU (A.-A.), *fabricant de chocolats*, rue de Rivoli, 91.

LELEU (E.-J.-A.), *chemisier*, rue de la Paix, 20.

LELEUX (G.-A.), *marchand confectionneur*, rue Saint-Martin, 203.

LELIÈVRE (J.-T.), *marchand quincaillier*, rue de La Chapelle, 59.

LELOGEAIS (Alphonse), *vins en gros*, rue de Bordeaux, 13, à Bercy.

LELOGEAIS (Victor-Jean-Baptiste), *couverture et plomberie, entrepreneur de la Préfecture de police, constructeur des appareils de secours aux noyés fonctionnant sur les berges de la Seine et du canal Saint-Martin, et divers appareils spéciaux fonctionnant au Laboratoire municipal*, rue de Belleyme, 5.

LELUBEZ (G.-B.), *constructeur en fer*, rue des Trois-Couronnes, 50.

LEMAIGRE (G.-N.), *fabricant de meules*, rue de Birague, 14.

LEMAIRE (Armand), *opticien, fabricant de lorgnettes jumelles*, rue Oberkampf, 22.

LE MARDELÉ (F.-J.-L.), *papiers peints*, r. du Faub.-St-Antoine, 115.

LEMARÉCHAL (L.), *lamineur de métaux*, rue Chapon, 3.

LEMARIEY (O.-A.-L.), *commissionn. en march.*, boul. de Strasbourg, 13.

LEMARINIER (É.), *négt en laines*, r. Valence, 9, et r. Feuillantines, 93.

LEMARINIER (J.-L.), *négociant en laines*, rue de Buffon, 15.

LEMBERT (F.), *marchand de bois des îles*, r. du Faub.-St-Antoine, 21.

LEMERCIER (J.-R.), *imprimeur-lithographe*, rue de Seine, 57.

LEMERLE (J.-A.), *fabricant de bronzes*, boulevard Haussmann, 69.

LEMERLE (L.-P.), *fabt de pap. et toil. à polir*, r. de la Voyette, 25 (Ivry).

LEMERRE (A.-P.), *libraire-éditeur*, passage Choiseul, 27, 29, 31.

LEMESLE (F.-J.-C.), *fabricant de boutons*, rue des Gravilliers, 69.

LEMOIGNE (A.-A.), *libraire-commissionnaire*, rue des Beaux-Arts, 11.

LEMOINE (A.-P.), *éditeur de musique*, rue Pigalle, 17!

LEMOINE (A.-A.), *bijoutier*, rue Saint-Honoré, 356.

LEMOINE (H.-A.), *marchand de meubles*, rue des Tournelles, 17.

LEMOINE (J.-A.), *fabt d'essieux et ressorts pour voitures*, r. de Lappe, 21.

LEMONNIER (C.-É.), *fabt de papiers de fantaisie*, rue Galande, 11.

LEMONON (É.-F.), *fabricant de lampes*, rue Vivienne, 4.

LEMONTRÉER (Yves), *jouets en gros*, rue du Château-d'Eau, 27.

LEMOUX (Arthur-Sylvain), *entrepreneur général de maçonnerie*, rue de Rome, 155. Bureaux, 74, rue Dulong.

LENAIN (A.), *chapeaux de paille en gros*, r. du Quatre-Septembre, 20.

LENÈGRE (L.-A.), *relieur et maroquinier*, rue Bonaparte, 35.

LENEUF (E.), *boulanger*, rue de Grenelle, 37.

LENGELÉ, *cylind. en verre, verrer. et porcel.*, r. N.-D.-de-Nazareth, 31.

LENOEL (V.-J.), *bougies et savons*, av. de Paris, 106, à Saint-Denis.

LENOIR (Henri-François), *entrepreneur de peinture*, rue de la Tour-des-Dames, 14 et 16.

LÉON (A.), *tissus de coton*, rue du Sentier, 32.

LEPEL-COINTET (M.-G.-A.), *agent de change*, rue Vivienne, 22.

LEPELTIER (E.-A.), *négociant en dentelles*, rue de Cléry, 25.

LEPETIT (L.-J.), *lingerie en gros*, rue du Sentier, 10.

LE PRÉVOST (C.-P.), *fabt de cravates*, rue de Mulhouse, 2.

LEPRINCE (D.-A.), *fabt de boutons*, boulevard de Sébastopol, 82.

LEQUEU (A.-J.), *hôtel meublé des Deux-Mondes*, avenue de l'Opéra, 22.

LERCHENTHAL (H.), *négociant en écaille et ivoire*, r. Montmorency, 16.

LEROLLE (C.), *fabt de bronzes*, rue du Foin, 1.

LEROSEY (Charles-François), *porcelaines et cristaux*, rue de la Paix, 11.

LEROUX (A.-F.), *fabt de literie*, rue Montmartre, 80.

LE ROY (C.-É.), *agent de change*, rue des Moulins, 21.

LEROY (Frédéric), *miroiterie, verres à vitres et dorures*, rue du Bac, 93 et 122.

LEROY (L.-I.), *fabt de papiers peints*, rue Château-Landon, 11.

LEROY (P.), *grav. en impressions sur étoffes*, impasse des Couronnes, 8.

LEROY (H.), *vins et spiritueux*, quai de la Tournelle, 37.

LEROY-DESCLOSAGES, *fabt de chaux grasse*, à Champigny-s.-Marne.

LEROY-DUPRÉ (A.), *banquier*, rue du Faubourg-Saint-Antoine, 74.

LESAGE (A.-A.-É.), *matières prem. pr la chapel.* r. Folie-Regnault, 48.

LESAGE (L.-A.), *fabt de confitures*, rue du Figuier, 1.

LE SAULNIER (J.-L.), *tanneur*, rue Censier, 31.

LESAULT (P.-J.), *droguiste*, rue des Blancs-Manteaux, 22.

LESEUR (F.-E.), *bois à ouvrer*, avenue de Versailles, 21.

LESIEUR (H.-M.), *entrepreneur de pavage*, boulevard Magenta, 116.

LE SOUDIER (H.), *commissionnaire en librairie*, boul. St-Germain, 178.

LESOUPLE (E.), *entrepreneur de maçonnerie*, rue Lamandé, 3.

LESPÉRUT (É.-B.), *commissionnaire en marchandises*, r. d'Enghien, 8.

LESSERTISSEUX (P.-J.), *commiss. en vins*, Grande-Rue, 19, St-Maurice.

LETALLE (A.), *fabt de briques*, rue Saint-Fargeau, 46 et 48.

LETALLE (Sosthène), *produits en terre cuite pour bâtiments*, rue Pelleport, 96 à 102.

LETANG (T.-J.-B.), *ferblantier*, rue de Montmorency, 44.

LETELLIER (V.-M.), *carrier-plâtrier*, quai de Valmy, 123.

LETERTRE (L.), *épicerie*, rue du Faubourg-Saint-Honoré, 61.

LETESTU (M.-A.-É.), *fabricant de pompes*, rue du Temple, 118.

LETOURNEL (E.-F.), *cheveux en gros*, rue Turbigo, 28.

LETOURNEUR (É.-G.), *courtier*, rue de la Victoire, 54.

LETOURNEUR (G.-V.), *fabricant de literie*, rue des Arquebusiers, 11.

LÉTRANGE (A.-L.-J.), *sellier*, rue du Buisson-Saint-Louis, 11.

LÉTRANGE (F.), *sellier*, rue Caumartin, 30.

LÉTRANGE, *manufacturier en métaux*, rue des Vieilles-Haudriettes, 1.

LETUR (C.), *entrepreneur de maçonnerie*, rue d'Alésia, 93.

LETURGEON (F.-É.), *entrepreneur de maçonnerie*, rue Taitbout, 24.

LEVALLOIS (P.-E.), *fabricant de mérinos*, rue du Sentier, 24.

LEVASSEUR (A.-L.), *libraire-éditeur*, rue de Fleurus, 33.

LEVASSEUR, *bois de construction*, rue Paris, 94, à Charenton-le-Pont.

LEVAVASSEUR (H.), *fabricant lampiste*, rue Montmorency, 18.

LEVEILLÉ-NIZEROLLE (L.-C.-É.), *bois et charbons*, rue Jules-César, 18.

LEVEL, *chem. de fer d'Enghien à Montmorency*, r. de Dunkerque, 18.

LEVEN (L.), *corroyeur*, rue de Trévise, 35.

LÉVÊQUE DE VILMORIN (A.-L.-M.), *grains*, quai de la Mégisserie, 4.

LEVERBE (Jean-Hilaire-Eugène), *fondeur en cuivre*, rue Pierre-Levée, 10.

LEVERGEOIS (E.), *couleurs et vernis*, rue de la Pépinière, 12.

LEVESQUE (F.-C.), *négociant en tissus*, rue du Sentier, 10.

LEVIVIER (A.), *draps*, rue Neuve-des-Petits-Champs, 6.

LEVOT (L.-L.), *agent de change*, rue Saint-Marc, 36.

LÉVY (C.), *libraire-éditeur*, rue Auber, 3.

LÉVY (É.-P.), *décorateur sur porcelaine*, rue Vieille-du-Temple, 128.

LÉVY (E.-G.), *cuirs en gros*, rue Grenéta, 43.

LÉVY (I.-G.), *photographe-éditeur*, boulevard Sébastopol, 113.

LÉVY (Jules, dit Maurice), *restaurateur*, avenue Saint-Mandé, 40.

LÉVY (L.), *commissionnaire en marchandises*, rue des Jeûneurs, 46.

LEXCELLENT (É.), *fabricant de meubles*, rue Bréguet, 8.

LEYS (Ernest-Stanislas), ✳, C. ✚, O. ✳ ✳, *tapissier, décorateur, ébénisterie*, place de la Madeleine, 3.

LHERBETTE (C.-V.), *banquier*, rue Scribe, 19.

LHERMINIER (L.-A.), *miroitier*, boulevard Beaumarchais, 93.

LHERMITTE Louis-Toussaint), ancienne maison POTEL et CHABOT, *comestibles*, rue Vivienne, 28 et boulevard des Italiens, 25.

LHEUREUX (A.-F.), *chemises en gros*, rue de Tracy, 5.

LHOMME (L.-M.-V.), *vins en gros*, place de la Madeleine, 17.

LHOPITAL (G.), *directeur de la* Nationale (Vie), rue de Grammont, 13.

LHOSTE (J.), *fabricant de meubles*, passage Saint-Pierre-Amelot, 4.

LIBRON (C.), *fabricant de corsets sans couture, buscs pour corsets*, rue de Rambuteau, 57.

LICHTENFELDER, *entrepr de serrurerie*, av. de la Grande-Armée, 41.

LIÉVIN (Auguste-Edmond), *agent de change*, rue Saint-Augustin, 10.

LIEZ (A.-T.), *chapeaux de fantaisie*, rue des Petits-Champs, 83.

LIGNEAU (Charles-Frédéric), *vins et spiritueux*, rue du Port-de-Bercy, 14 à 22.

LIMAL-BOUTRON (J.-B.-H.), *chasublier-brodeur*, rue St-Sulpice, 27.

LIMAUX (É.-F.), *marchand de bois*, rue Érard, 29.

LIMOUSIN (E.-A.-A.), *pharmacien*, rue Blanche, 2 *bis*.

LIMOZIN, *commissionnaire en marchandises*, rue des Petits-Hôtels, 16.

LINZELER (J.-F.-E.), *bijoutier-joaillier*, boulevd de la Madeleine, 17.

LION (A.), *boucher en gros*, rue de Jouy, 21.

LION (A.-C.), *fabricant de bijoux en or*, rue des Archives, 23.

LIONNET (Joseph-Michel, *vins et eaux-de-vie en gros*, rue de La Villette, 20, à Pantin.

LIORÉ (G.-S.), *couleurs*, rue Ménilmontant, 44.

LIPPMANN (É.), *entrepreneur de forages*, rue de Chabrol, 36.

LIPS (H.-A.), *papiers en gros*, rue Nicolas-Flamel, 5.

LISSAUTE (A.-B.), *fabricant de verrerie*, rue Martel, 12.

LIZOT (M.-G.), *négociant en châles*, rue de Mulhouse, 13.

LOCHET (Jean-Julien), de la maison LOCHET et DEBERTRAND, *manufacture de colliers pour chiens*, rue Saint-Maur, 192.

LŒBNITZ (J.-P.), *fabt de poêles en faïence*, rue Pierre-Levée, 4.

LOHSE (S.-É.), *fabt de bronzes d'art*, rue Vieille-du-Temple, 121.

LOICHEMOLLE (A.), *négociant marbrier*, rue Saint-Sabin, 68.

LOIRE (J.-B.-A.), *beurre en gros*, rue Coquillière, 10.

LOISEAU (L.-A.), *tulles et dentelles*, rue d'Aboukir, 37.

LOISEAU (Pierre-Paul), *vins en gros*, rue Linné, 4, et rue des Épaves, 32 et 34, à l'Entrepôt général.

LOMBART (Jules-François), ✳, *chocolatier*, boulevard des Italiens, 11.

LONDE (P.), *négociant en soieries*, place des Victoires, 3.

LONGUET (J.-A.-A.), *quincaillier*, rue Bonaparte, 47.

LOONEN (F.-H.), *fabricant de brosserie fine*, rue Neuve-Bourg-l'Abbé, 8.

LORENZ, *libraire-commissionn. et éditeur*, rue des Beaux-Arts, 3 *bis*.

LORILLEUX (C.-R.), *fabt d'encres d'imprimerie*, rue Suger, 16.

LORON (P.-G.), *vins*, rue de Bordeaux, 10, à l'Entrepôt.

LOROUE (A.-A.), *chemisier*, place de l'Opéra, 1.

LORTIC (P.-M.), *relieur-doreur*, rue de la Monnaie, 11.

LOUAP (F.), *entrepreneur de fumisterie*, boulevard Voltaire, 145.

LOUBIER (J.-B.), *tissus pour ameublement*, rue Saint-Joseph, 6.

LOUIS (C.-J.), *fabricant de crics*, boulevard Saint-Michel, 111.

LOUSSEL (C.-A.), *mercier en gros*, boulevard de Sébastopol, 50.

LOUVET (A.-A.), *passementier*, rue des Bons-Enfants, 27.

LOUVET (Eugène), *soieries en gros, gazes et lainages en gros*, rue Vivienne, 10.

LOUVET (H.-C.), *tissus pour ameublement*, rue du Sentier, 26.

LOYER (P.-É.), *fabricant de crins*, rue Petit, 8, à Saint-Denis.

LUCHAIRE (L.-H.-V.), *fabt d'appareils d'éclairage*, rue Érard, 27.

LUCOT, *entrepreneur de maçonnerie*, rue de Créteil, à Joinville-le-Pont.

LUCY (P.), *bijoutier-joaillier*, rue Pastourelle, 32.

LUSSIGNY (H.-A.), *négociant en batistes*, rue de Cléry, 13.

LUTZ (G.-B.), *fabricant d'outils pour tanneurs*, rue Beaurepaire, 16.

M

MABILLE (P.-F.), *plâtrier*, aux Carrières de Montreuil.

MABIRE, *Cie d'assur. maritimes* la Sphère *et* la Mer, rue Vivienne, 35.

MACHIN (Auguste), *boulangerie et pâtisserie*, rue de Turenne, 90.

MACKER (L.), *bois à ouvrer*, quai de la Loire, 40 à 44.

MAES (G.-L.), *fabricant de cristaux*, cour des Petites-Écuries, 9.

MAGNIADAS (F.-J.), *bijoutier-graveur*, rue des Archives, 23.

MAGNIEN (F.-Z.), *chapelier*, rue Saint-Florentin, 17.

MAGNIER (A.-A.), *sucres et cafés*, rue de la Verrerie, 36.

MAGNIER (C.-D.), *relieur-doreur*, rue de la Vieille-Estrapade, 7.

MAGNIER (J.-M.), *entrepren* de serrurerie, rue de la Charbonnière, 40.

MAGNIN (P.-J.), *gouverneur de la Banque*, rue de la Vrillière.

MAHLER (A.), *soieries*, rue Dupuis, 7.

MAIGNAND, *soieries teintes et écrues*, boulevard de Sébastopol, 47.

MAILLEFER (A.-H.), *marchand de flanelles*, rue du Mail, 5.

MAILLOCHON (F.), *charpentier*, place d'Alleray, 2 et 4.

MAILLOT (P.-C.), *marchd de bois à brûler*, boulevard St-Germain, 20.

MAIRE (X.), *peinture, tenture et vitrerie*, rue du Mail, 6.

MALCOTTE (M.-L.), *fabricant de meubles*, rue Saint-Sabin, 38.

MALDAN (M.-P.), *calicots*, rue d'Uzès, 5.

MALDANT (L.-C.), *appareils à gaz*, rue d'Armaillé, 21.

MALDINÉ (H.), *fabt d'appar. pour eaux gazeuses*, rue St-Anastase, 9.

MALHARBET (G.-B.), *serrurier*, rue du Faubourg-Saint-Denis, 56.

MALHERBES (H.), *chemisier*, rue d'Hauteville, 24.

MALLAT (Henri-Claude), *fabricant de plumes métalliques*, boulevard de Strasbourg, 30.

MALLET (E.), *banquier*, boulevard Malesherbes, 24.

MALLET (P.-A.), *fabt de produits chimiques*, boulevd de la Villette, 54.

MALLEVAL (J.-C.), *fabricant de vernis*, rue Bourtibourg, 16.

MALLIGAND (É.-P), *négociant en vins*, boulevard Saint-Michel, 8.

MALO (G.-V.), *fabricant de gants*, rue Turbigo, 19.

MANALT (É.), *négociant en toiles*, rue des Bourdonnais, 34.

MANCEAU (E.-P.-F.), *tôles et fontes*, rue Castex, 9.

MANCEAUX (P.-P.), *draperies*, place des Victoires, 12.

MANGO (P.-D.), *marchand de nouveautés*, rue de Rivoli, 88.

MANONCOURT (M.), *teinturier*, rue Poliveau, 34.

MANOURY (J.), *entrepreneur de pavage*, rue Roussin, 54.

MANSARD (A.-P.-G.), *fabricant de porcelaines*, rue de Paradis, 34.

MANTION (F.-H.-D.), *Cie du chemin de fer d'Orléans*, pl. Walhubert, 1.

MAQUET (H.-L.), *papetier*, rue de la Paix, 10.

MARAIS (C.-A.), *fabricant de papiers peints*, rue Morère, 24.

MARAIS (L.-J.), *soies et laines*, rue Réaumur, 76.

MARC (C.-É.), *agent de fabriques*, rue de l'Échiquier, 17.

MARC (J.-A.), *directeur de l'Illustration*, rue Saint-Georges, 13.

MARCAULT-DEVILLE (E.-G.), *fabt de gants en gr.*, b. Bonne-Nouvelle, 8.

MARCELOT (J.-B.-L.), *corroyeur*, rue Poliveau, 31.

MARCHAL (E.-L.-É.), *libraire-éditeur*, place Dauphine, 27.

MARCHAL (H.), *maître de forges*, route d'Aubervilliers, 56, à Pantin.

MARCHAND (J.-F.), *négociant en cafés*, rue Bourtibourg, 33.

MARCHAND (L.-M.), *négociant en cafés*, rue du Jour, 9 et 11.

MARCHAND (L.-G.), *marchand de fer en gros*, quai de la Râpée, 100.

MARCHAND (L.-L.), *fabricant de bronzes*, rue des Archives, 10.

MARCHAND (V.-J.-B.), *distillateur*, rue Saint-Antoine, 222.

MARCILHACY (H.), *nouveautés en détail*, avenue des Ternes, 8 et 10.

MARCILLY (É.-P.-A.), *libraire-éditeur*, rue Saint-Jacques, 10.

MARCOTTE (J.), *pharmacien*, rue du Faubourg-Saint-Honoré, 90.

MARCOU (E.), *confiseur*, rue Vivienne, 31.

MAREST (P.-C.), *mercier-passementier*, rue du Faub.-St-Honoré, 114.

MARGAINE (F.-A.), *fabricant d'horlogerie*, rue Béranger, 22.

MARGUERY (J.-N.), *restaurateur*, boulevard Bonne-Nouvelle, 36.

MARIA (J.), *passementerie*, rue du Quatre-Septembre, 14.

MARIAGE (A.-H.), *courtier de comm.*, r. des Prêt.-St-Germ.-l'Aux., 25.

MARIAGE (Henri-Charles), de la maison MARIAGE frères, *thés en gros, importation directe*, rue du Cloître-Saint-Merri, 4.

MARIAGE (P.-D.), *commissionnaire en huiles*, rue Saint-Martin, 9.

MARIE (Amable-François), de la maison MARIE frères, *fabricant de produits chimiques*, rue du Temple, 43.

MARIE (J.-C.), *imprimeur-lithographe*, rue du Faubourg-Saint-Denis, 83.

MARIENVAL (G.), *plumes et fleurs*, rue Saint-Denis, 208.

MARIN (A.-O.), *entrepreneur de maçonnerie*, rue d'Enghien, 40.

MARINONI (H.-A.), *constructeur de machines*, rue d'Assas, 96.

MARION (A.-L.), *papetier*, cité Bergère, 14.

MARIOTTE (V.), *gantier*, avenue des Gobelins, 44.

MARIUS-MICHEL (H.-F.-V.), *relieur-doreur*, r. du Four-St-Germain, 15.

MARLIN (J.-É.), *fabricant de bronzes*, rue Amelot, 26.

MARMUSE (C.-G.), *coutelier-orfèvre*, rue du Bac, 26.

MARNAY (P.-F.), *entrepreneur de pavage*, rue de Montreuil, 62.

MAROTTE (Auguste), de la maison MAROTTE frères, *négociant en grains*, quai d'Austerlitz, 13.

MARQUET DE VASSELOT (L.-M.), *négt en drog.*, r. Vieille-d-Temple, 15.

MARQUIS (P.), *fabricant de chocolats*, rue Vivienne, 44.

MARRET (F.-E.), *bijoutier-joaillier*, rue Vivienne, 16.

MARSOULAN (T.-H.), *fabt de pap. peints*, r. de Paris, 90-92, Charenton.

MARTIN (H.-F.), *constructeur en fer*, rue Chaptal, 10.

MARTIN (J.-B.), *grav. hérald. et fabt de bout. d'unif.*, r. de Rambuteau, 57.

MARTINCOURT (H.-É.), *joaillier-bijoutier*, rue de Turbigo, 8 bis.

MARTIN-LANDELLE (É.-A.), *négt en vins en gros*, r. de La Chapelle, 115.

MARTINET, *fabricant de bronzes*, rue Charlot, 71.

MARTINET (L.-J.), *fabricant de fers et aciers pour la carrosserie*, rue de Courcelles, 155 et 157.

MARX (I.), *fabricant d'horlogerie*, boulevard de Sébastopol, 48.

MASNOU (H.-F.-J.), *dir. de la Cⁱᵉ d'ass. c. l'inc., le Nord*, r. Le Peletier, 4.

MASQUILLIER (P.), *tailleur*, boulevard Haussmann, 47.

MASSACRIÉ-DURAND (M.-A.), *éditeur de musique*, rue de Berri, 50.

MASSÉ (A.), *boutons*, rue de la Feuillade, 3.

MASSELIN (A.), *ingénieur civil*, rue Croix-Nivert, 254.

MASSELIN (L.-O.), *entr. de maçonnerie*, avenue du Trocadéro, 178.

MASSIN (V.-L.) *négociant en fers et bois*, rue de Paris, 102, à Saint-Denis.

MASSIOT (J.-J.-F.), *fabricant cordier*, rue Montmartre, 98.

MASSON (A.), *serrurier*, rue du Faubourg-Saint-Martin, 122.

MASSON (A.), *quincaillier*, rue Réaumur, 33.

MASSON (G.), *libraire-éditeur*, boulevard Saint-Germain, 120.

MATAR (A.-E.), *loueur de voitures*, rue Saint-Lazare, 92.

MATHÉRION (Aristide-Claude), *entrepreneur de menuiserie*, rue Chaptal, 5.

MATHIAS (F.), *directeur de la Compagnie du Nord*, r. de Dunkerque, 20.

MATHIEU (C.-J.-B.), *menuisier*, rue de l'Université, 147.

MATHIEU (F.-C.), *bois et charbons*, rue Condorcet, 25.

MATHIEU (H.-V.), *fabt d'instr. de chirurgie*, boul. Saint-Germain, 113.

MATHIEU (H.), *bois à ouvrer*, quai de la Loire, 38.

MATHIEU (H.-L.-G.), de la maison MATHIEU et Cⁱᵉ, *commissionnaire en vins et spiritueux*, quai de Bercy, 68.

MATHIEU (L.), *banquier*, boulevard de Sébastopol, 52.

MATROT (P.-H.), *boucher en gros*, rue d'Allemagne, 154.

MAUCLERC (André-Eugène), *papetier*, rue de la Monnaie, 14.

MAUFROY (S.-C.), *chemisier*, rue du Faubourg-Montmartre, 28.

MAUGE (É.), *entrepreneur de peinture*, rue du Dragon, 20.

MAUGER (E.-T.), *articles de Reims et Roubaix*, rue du Mail, 14.

MAUGER (P.-H.), *fabt de porcelaines*, rue de Paradis-Poissonnière, 13.

MAUGIN (L.-V.), *constructeur d'appareils de chauffage*, rue Basfroi, 30.

MAUMY (J.), *tissus de laine*, rue Montmartre, 128.

MAUNY (C.-L.), *entrepreneur de peinture*, rue Baillet, 3.

MAUPATÉ (E.-A.-L.), *marchand de charbons*, quai de la Gare, 14.

MAUPOIS (Alexandre), *entrepreneur de pavage*, rue Oberkampf, 72.

MAUREY-DESCHAMPS (F.-A.), *brosserie*, rue de Turbigo, 65.

MAURUPT (G.), *marchand de cuirs*, rue Neuve-Saint-Merri, 5.

MAURY (A.-M.-H.), *négt en chap. de paille et fleurs*, rue du Caire, 44.

MAURY (G.), *vins*, rue de Cluny, 11.

MAUTIN (A.-L.), *court. d'ass. marit.*, r. Notre-Dame-des-Victoires, 46.

MAY (A.), *commissionnaire en marchandises*, rue Dieu, 19.

MAY (E.), *manufacture de boutons*, rue Thévenot, 14.

MAY (L.), *courtier assermenté*, rue Vivienne, 51.

MAY (P.), *sculpteur-ornemaniste*, rue Oberkampf, 87.

MAY (T.), *marchand de chevaux*, rue du Colysée, 3.

MAYARD (F.-J.-B.), *vins*, r. de l'Yonne, 31, parc de Bercy, à Charenton.

MAYEN (A.), *dir. de la Compagnie la Prévoyance*, rue de Londres, 23.

MAYER (É.-F.), *fabricant-bijoutier*, rue Vivienne, 53.

MAYER (Emmanuel), *commissionnaire en cuirs et peaux*, rue Thévenot, 17.

MAYER (E.), *négociant en diamants*, rue Lafayette, 18.

MAYET (H.-F.), *pharmacien*, rue Saint-Marc, 9.

MAYEUR (G.), *fondeur en caractères*, rue du Mont-Parnasse, 21.

MAZAROZ (J.-P.), *fabricant de meubles*, boulevard Richard-Lenoir, 94.

MAZET (L.-P.-M.), *entrepren. de maçonnerie*, rue de Châteaudun, 12.

MAZOYER (J.-P.), *entrepreneur de maçonnerie*, rue Claude-Bernard, 37.

MEDER (P.-A.), *marchand de bois*, quai de la Râpée, 48.

MÉLIÈS (L.-S.), *fabricant de chaussures*, rue Taylor, 3-5.

MELLERIO (J.-F.), *joaillier-bijoutier*, rue de la Paix, 9.

MELLIER (É.-A.-M.), *libraire-éditeur*, rue Séguier, 17.

MELLINET (Charles), PELLETIER père et fils successeurs, *vins et spiritueux en gros*, rue de Paris, 172, à Charenton-le-Pont.

MÉNARD (A.), *négociant en batistes*, rue du Sentier, 23.

MÉNARD (L.), *négociant en batistes*, rue du Sentier, 13.

MENTEL (F.-A.), *marchand boucher en gros*, rue de Flandre, 118.

MERCIER (N.-E.), *chemiserie, breveté s. g. d. g. aux Ciseaux d'argent,
médaille à l'Exposition universelle de 1878*, boulevard de Sébastopol, 4.

MERLIN (Honoré-Adolphe), *marchand de vins en gros*, rue de Paris,
106, à Pantin.

MESLANT (A.), *fabricant de maroquinerie*, rue Notre-Dame-de-Nazareth, 13.

MESLIER (F.-P.), *tissus de coton*, rue du Sentier, 19.

MESUREUR (J.), *entrepreneur de plomberie*, rue d'Argenteuil, 53.

MÉTAIS (A.), *dentelles, tulles*, rue du Sentier, 3.

MEUNIER et VIVIER, *ameublements de styles*, rue Chauchat, 13, et 20,
rue Le Peletier.

MEUNIER (A.-A.-H.), *confections pour dames*, rue Montmartre, 133.

MEUNIER (P.-R.), *soies*, boulevard de Sébastopol, 82.

MEUNIER-POUTHOT (A.), *teinturier*, r. du Roi-d-Suède, 4, à Suresnes.

MEYER (F.-X.-A.), *marchand de bouteilles*, quai de la Tournelle, 5.

MEYER (H.-S.), *bijoutier-joaillier*, rue de Châteaudun, 39.

MEYNARD (L.-G.), *ébéniste*, rue du Faubourg-Saint-Antoine, 50.

MEYRUEIS (A.), *négociant en bonneterie*, rue de Rivoli, 65.

MICHALON (F.-A.), *fabricant carrossier*, rue de l'Université, 96.

MICHAU (A.-A.), *carrier*, boulevard Saint-Michel, 93.

MICHAU (H.-L.), *entrep. de travaux publics*, r. Denfert-Rochereau, 47.

MICHAUD (E.-F.), *savonnerie*, rue de Pantin, 89, à Aubervilliers.

MICHAUD (Édouard-Claude), *entrepreneur de plomberie et couvertures*. rue de la Mare, 98.

MICHAUD (P.-C.), *fabricant de literie*, boulevard Saint-Michel, 59.

MICHAUX (A.-A.), *constructeur*, avenue de Courbevoie, 55, à Asnières.

MICHEL (A.-J.), *négociant en vins*, boulevard Beaumarchais, 20.

MICHEL (C.-É.-M.), *négociant en tissus*, rue de Cléry, 42.

MICHEL (Louis), *entrepreneur de subsistances militaires*, r. Lafayette, 18.

MICHEL (M.-M.), *entrepositaire*, rue de Flandre, 53.

MICHEL (Théodore-Amédée), *négociant en chiffons*, rue d'Allemagne. 15.

MICHEL (V.-A.), *électrotypeur-typographe*, rue Cassette, 10.

MICHELET (M.-F.), *fabricant d'ornements*, quai Jemmapes, 180.

MICHELET (M.-F.), *fabt de produits chimiques*, rue de Thionville, 6.

MICHEL-GREYVELDINGER, *comptrs pr eaux*, boul. de Vaugirard, 16.

MICHELIN-VERNIER, *agent commissionnaire de distillerie, alcools en gros*, place Jussieu, 3.

MICHELL (Charles-Adolphe), *entrepreneur de roulage*, impasse Gomboust, place du Marché-Saint-Honoré, 31.

MICHELOT (A.-C.-H.), *bijoux dorés*, rue Saint-Martin, 213.

MICHY (J.-E.), *vins*, rue de Languedoc, 15 et 30, à l'Entrepôt.

MIGNATON (G.-É.), *entrepreneur de maçonnerie*, boulevard Bourdon, 19.

MIGNÉ (T.-A.), *bijoutier-joaillier*, rue du Temple, 169.

MIGNOT (É.-D.), *soieries*, boulevard Sébastopol, 115.

MILHOMME (A.-J.), *fumiste*, rue de Sèvres, 74.

MILIUS (A.), *matières tinctoriales*, pass. Ste-Croix-de-la-Bretonnerie. 11.

MILL (L.-A.), *soieries en gros*, rue du Mail, 27.

MILLERAND (A.-S.), *commissionnaire en vins*, rue de la Santé, 83.

MILLET (A.), *corroyeur*, boulevard de Clichy, 20.

MILLET (L.-M.-A.), *agent de change*, rue de Provence, 21.

MILLET (Paul-Eugène-Marie), ancienne Maison A. LEBLOND et P. MILLET, *couverture, plomberie*, rue des Marais, 40.

MILLET (V.), *ouates et cotons*, rue Réaumur, 55.

MILLETTES (É.-É.), *nouv. pr deuil*, r. Ch.-d'Antin, 7, et Meyerbeer, 2.

MILLIARY (Jules-Isidore), *entrepreneur de menuiserie*, boulevard Arago. 106 et 108.

MILLOT (Théodore) *tapissier décorateur, meubles anciens et modernes*, rue du Faubourg-Saint-Honoré, 75.

MILOT (C.-A.), *fabricant de cartons*, rue Petit, 69.

MILOT (Ernest-Jacques), *grainetier*, rue Lafayette, 208.

MINARD (Émile-Louis), *vins en gros*, Grande-Rue, 157, à Nogent-sur-Marne.

MINDER (A.-T.), *entrepreneur de maçonnerie*, rue des Cordelières, 15.

MINET (C.-É.), *fabt de papiers peints*, boulevard des Capucines, 3.

MITHOUARD (C.-G.), *entrepreneur de serrurerie*, rue Éblé, 17.

MITON (A.-N.), *négociant en cylindres*, rue de Paradis-Poissonnière, 10.

MOCH (Camille), de la Maison MOCH frères, *négociants en dentelles, broderies*, rue d'Aboukir, 1.

MOGIS (C.-A.), *négociant en perles en gros*, rue Thévenot, 14.

MOINEAU (Auguste-Louis), *fonderie de fer*, rue Lacharrière, 10.

MOISANT (A.-O.), *serrurier*, boulevard de Vaugirard, 20.

MOISSON (F.-R.), *courtier d'assuranc. maritimes*, place de la Bourse, 2.

MOISY (E.-S.), *entrepreneur de menuiserie*, rue Miollis, 27.

MOLLARD (A.-P.), *bijoutier-joaillier*, place de la Bourse, 6.

MOLTENI (F.-M.-A.), *fabt d'instruments d'optique*, r. Château-d'Eau, 44.

MONDOLLOT (A.-A.), *fabt d'app. p^r eaux de seltz*, r. Château-d'Eau, 72.

MONGIN (J.-É.-E.), *fabricant de scies*, rue Sedaine, 8.

MONIN (Hector-Alexandre), de la Maison DORIN, *fabricant de rouge végétal, fards de toilette pour la ville et le théâtre*, rue Grenier-Saint-Lazare, 27.

MONMIREL (C.-A.), *tissus pour ameublements*, rue des Jeûneurs, 29.

MONNEROT (J.-F.-J.), *direct. la Nationale, incendie*, r. Grammont, 13.

MONNOT (P.-A.), *vêtements pour dames*, rue d'Aboukir, 10.

MONOT (E.-S.), *fabricant de cristaux*, rue de Paris, 84, à Pantin.

MONROCQ (J.-N.), *imprimeur-lithographe*, rue Suger, 3.

MONTALAND-BOUGLEUX, *commiss.-exportateur*, r. Petites-Écuries, 13.

MONTALANT (G.-M.), *distillateur*, rue de Paris, 23, à Saint-Denis.

MONTARIOL (A.-E.), *charpentes en bois et fer*, rue Jenner, 33.

MONTI (C.-F.), *fabt de claviers pour pianos*, rue Oberkampf, 127.

MONTJOIE, *entrepren. de maçonn.*, r. St-Paul, 43 et pass. St-Louis, 5.

MONTREUIL (M.-G.), *fabt de prod. chimiq.*, boul. National, 44, Clichy.

MORAND (A.), *soieries en gros*, rue Vivienne, 22.

MORAND (L.-F.), *marchand boucher*, rue Saint-Honoré, 40.

MORANE (F.), *mécanicien-constructeur*, rue Jenner, 23.

MORANE (F.-P.), *mécanicien-fondeur*, rue du Banquier, 10.

MOREAU (P.), *cafés en gros*, rue Neuve-Saint-Merri, 30.

MOREAU (S.), *entrepreneur de travaux publics*, rue Taitbout, 58.

MOREL (A.-J.-N.), *fabricant de plâtre*, rue de Paris, 114, à Montreuil.

MOREL (S.-B.), *constr. de voitures et wagons*, r. des Entrepreneurs, 19.

MORGAND (L.-D.), *libraire*, passage des Panoramas, 55.

MORICEAU (Ernest), de la Maison MORICEAU frères, G. MORICEAU *successeur, ustensiles de pêche et de chasse, pièges en tous genres, filets de faisanderie ; envoi du Catalogue sur demande affranchie*, rue de Rivoli, 82.

MORIN (É.-H.-L.), *plombier-couvreur*, rue du Rendez-Vous, 74.

MORIN (J.-B.), *grains et issues*, rue d'Allemagne, 157.

MORIN (J.-P.-A.), *entrepren. de charp.*, r. de Paris, 1, Joinville-le-Pont.

MORIN (L.-J.), *banquier*, rue Rossini, 3.

MORISOT (A.-C.), *fabricant de bronzes*, rue de Turenne, 76.

MORLAND (F.-V.-A.), *marchand tailleur*, rue Thérèse, 20.

MOROT (L.-J.-A.), *entrepreneur de couvertures*, rue des Sts-Pères, 62.

MORRIS (R.-J.-P.), *imprimeur*, rue Amelot, 64.

MORSALINES (J.-É.), *négociant en laines*, cour des Petites-Écuries, 22.

MORT (H.-J.), *charpentier*, boulevard Picpus, 63-65.

MOTTEROZ (C.), *direct[r] des Imprim. réunies*, r. Four-St-Germ., 54 *bis*.

MOUGENOT (L.-M.), *bois des Iles et placage*, rue de Charonne, 34.

MOUILLET (Alphonse-Pierre), Maison SUTTON, *vêtements pour hommes. spécialité pour livrées*, boulevard Haussmann, 134.

MOULINS (A.), *chiffons en gros*, rue de la Butte-Chamont, 67.

MOULLÉ (C.), *vins*, quai de Bercy, 67.

MOULUSSON (G.-A.-D.), *agent de change*, rue de Provence, 18.

MOUREAUX (A.), *distillat[r], march. de fruits en gros*, r. Bourdonnais, 37.

MOURGUE (E.), *commissionnaire en marchandises*, rue Roquépine, 12.

MOUSSARD (F.-A.), *entrepreneur de pavage*, rue Folie-Méricourt, 96.

MOUSSET (Alphonse), *cafés et sucres en gros*, rue Saint-Denis, 23 et 25.

MOUSSY (L.-L.), *négociant en grains*, rue de Charenton, 246.

MOUSSY (P.-A.), *grains, issues et fourrages*, rue d'Allemagne, 143.

MOUTARD (J.-V.), *courtier en marchandises*, rue de la Banque, 18.

MOYNE (Honoré-Joseph), *ferrures pour carrosserie*, rue Bayen, 27.

MOYSE (A.-G.), *agent de change*, rue de la Banque, 17.

MUHLBACHER (L.-G.), *carrossier*, avenue des-Champs-Élysées, 63.

MULLER (A.-A.-A.), *fondeur en cuivre*, r. du Faubourg-du-Temple, 59.

MULLER (C.-E.-É.), *fabt de prod. céramiques*, r. Nationale, 4 et 6, Ivry.

MULLER (V.-B.), *fabricant de meubles*, boulevard Malesherbes, 112.

MULOT (A.-F.), *entrepreneur de pavage*, rue des Boulets, 43.

MULOT (J.-B.), *libraire*, rue Saint-Jacques, 126.

MURAT (Charles-Bertrand), de la Maison MURAT et Ce, *fabricant-bijoutier*, rue des Archives, 6.

MUZARD (P.-E.), *libraire*, place Dauphine, 26.

N

NACHMANN (A.), *papetier-lithographe*, rue Montmartre, 39.

NATHAN (C.), *courtier de commerce*, rue Vivienne, 53.

NATHAN (É.), *agent de change*, rue du Quatre-Septembre, 11.

NATHAN (S.-J.), *chapeaux de feutre*, rue des Blancs-Manteaux, 38.

NAU (E.-H.), *selles et harnais*, rue Myrrha, 86.

NAUDE (D.-J.), *fabricant de tissus*, rue des Jeûneurs, 23.

NEURDEIN (É.), *photographe*, boulevard de Sébastopol, 28.

NEVEU (É.-F.), *fabricant de passementeries*, rue Saint-Denis, 227.

NEYRET (Jean-Christian), de la Maison C. NEYRET et Cᵉ, *ganterie, laine, fil, soie, et manufacture des tissus et vêtements Jerseys*, rue des Bourdonnais, 34.

NICLAUS (J.-F.-A.), *bois des Iles*, rue Popincourt, 47.

NICOLAS (L.-E.), *négociant en vins*, rue de Paradis-Poissonnière, 22.

NICOLAS (M.-G.-A.), *fabricant de compteurs à gaz*, rue Rodier, 53.

NIEL (P.-L.), *tissus de laine*, rue du Mail, 27.

NOAILLES (J.-E.), *commissionnaire*, passage Saulnier, 6.

NOBLEMAIRE (J.-P.-G.), *ch. de fer de Paris à Lyon*, rue St-Lazare, 88.

NOBLET (A.-B.-C.), *imprimeur typographe*, rue Cujas, 11-13.

NOÉ (A.-A.-J.), *vins et spiritueux*, rue de Paris, 4, à Saint-Denis.

NOEL (A.-C.), *marchand tailleur*, rue de Choiseul, 4.

NOEL (P.-J.), *entrep. de couverture et plomberie*, rue Crillon, 9 et 11.

NOIRCLAUDE (L.-A.), *cristallerie de St-Louis*, rue de Paradis, 30.

NORBERG (J.-H.-C.), *libraire-éditeur*, rue des Beaux-Arts, 5.

NORGET (L.-D.), *comestibles et salaisons*, Pal.-Royal, gal. de Valois, 104.

NORMAND (F.-A.), *opticien*, galerie Vivienne, 33.

NORMAND (G.-É.-A.), *négt en châles cachemire*, rue de Richelieu, 82.

NORMAND (J.-J.-B.), *tissus pour literie*, rue du Sentier, 34.

NORMANT (H.), *draperie*, rue de Rivoli, 57.

NOTTA (Louis), TAVERNIER successeur, *restaurateur*, boulevard Poissonnière, 2.

NOTTELLE (S.-F.-P.-A.), *fabricant de corsets*, rue Réaumur, 49.

NOTTRET (Omer), *courtier gourmet*, rue du Port-de-Bercy, 68.

NOUVEL (J.-A.), *fabt de roulettes*, rue de Vincennes, 9 *bis*, à Bagnolet.

NOVARIO (R.-E.), *passementeries pour ameublements*, r. St-Denis, 219.

NOZAL (L.-J.), *charbons de terre*, quai de Passy, 7.

O

OBERT (J.-J.), *entrepreneur de serrurerie*, rue Amelot, 28.

OBRECHT (Frédéric-Geoffroy), *négociant commissionnaire*, rue de Sévigné, 29.

OCHS (Alphonse-Anselme), *marchand de pierres fines*, rue Le Peletier, 31.

ODENT (H.-F.-X.), *papiers en gros*, boulevard St-Michel, 11.

ODIER (A.), *dir. de la Cⁱᵉ d'ass. la Caisse des Familles*, r. de la Paix, 4.

ODIOT (Jean-Baptiste-Gustave), *orfèvre*, rue Basse-du-Rempart. 72.

OFFROY (É.-J.), *banquier*, rue du Faubourg-Poissonnière, 63.

OGER (Antoine), *confections*. rue Montmartre, 128.

OLIVE (A.-P.), *fabricant de couleurs*, boulevard Diderot, 136.

OLIVIER (A.-V.), *commissionnaire-exportateur*. rue Richer, 26.

OLLENDORFF (Paul), *libraire-éditeur*, rue de Richelieu, 28 *bis*.

OLMER (G.), *papier en gros*, rue du Pont-de-Lodi, 5.

ONFRAY (P.-J.-L.), *fabricant de machines à coudre*, rue Turbigo, 45.

OPPENHEIMER (M.), *articles de Chine et du Japon*, rue de Cléry, 21.

ORTIOU (Louis-Martin), de la maison ORTIOU et TAILLANDIER, *dentelles*, rue de Cléry, 34.

OUACHÉE (C.-L.), *carrier*, quai Conti, 17.

OUDINOT (E.-S.), *peinture sur verre*, r. de la Grande-Chaumière, 6.

OULMAN (G.-A.), *marchand de châles*, rue Drouot, 2.

OUSTALET (S.), *négociant en charbons*, quai de Seine, 29-31.

OUTHENIN-CHALANDRE, *fabt de papiers*, r. N.-D.-des-Victoires, 16.

OUVRÉ (A.), *marchand de bois*. quai de la Gare, 39 à 47.

P

PACAULT (E.-A.-H.), *vins en gros*, rue de Graves, 16, à l'Entrepôt.

PACON (V.), *fabricant de papiers peints*, rue de Reuilly, 73.

PAGAUD (A.), *distillateur*, rue Sedaine, 13.

PAGE (L.-É.-N.), *bijoutier*, rue de Richelieu, 78.

PAGEOT (Joseph-Hyacinthe), *fabricant de vernis, colle forte et gélatine*, maison de vente rue du Faub.-Saint-Antoine, 85, fabrique à Villeneuve-Saint-Georges (Seine-et-Oise).

PAGNY (L.-A.), *dentelles*, rue Saint-Fiacre, 7.

PAIGNARD (T.), *fabt de ressorts d'horlogerie*, r. du Pont-aux-Choux, 4.

PAILLARD (Albert-Adolphe), *boîtes et étiquettes métalliques*, rue Montmartre, 74.

PAILLARD (F.-A.), *marchand de charbons et bois*, rue Montmorency, 22.

PAILLARD (L.-A.), *restaurateur*, boulevard Saint-Denis, 14.

PAILLARD dit TURENNE, *couvreur-plombier*, rue de Maubeuge, 81.

PALADE aîné (François-Victor), *entrepreneur de maçonnerie*, avenue Daumesnil, 54.

PALMÉ (V.-A.), Soc. *de librairie catholique*, rue des Saints-Pères, 76.

PALYART (C.-V.-M.), *imprimeur-lithographe*, r. du Faub.-St-Denis, 89.

PANARD (T.-P.-L.), *entrep. de charpentes*, boulevard de l'Hôpital, 111.

PANNIER (A.-É.), *marchand de porcelaines*, rue Scribe, 6.

PAQUIER (J.), *entrepreneur de maçonnerie*, rue Riquet, 8.

PARAF (A.), *tissus de coton*. rue des Jeûneurs. 8.

PARDAILÉ-GALABRUN aîné, *ing.-mécan.*, r. de l'Orillon, 40, et cité Nys.

PARENT (A.-P.), *manufact. de boutons*, rue Michel-le-Comte, 27.

PARENT (E.-R.), *mécanicien*, rue de la Perle, 1.

PARET (J.-G.-L.-H.), *vins en gros*, rue Amelot, 82.

PARFONRY (F.-X.), *marbrier*, rue Saint-Sabin, 62.

PARGNY (Arthur), *entrepreneur de charpentes fer et bois*, rue de Pen-thièvre, 1, à Sceaux.

PARIS (C.), *emballeur*, rue des Petites-Écuries, 23.

PARIS (C.-É.), *fabricant de verrerie*, au Bourget.

PARISET (J.-E.), *menuisier*, rue de Babylone, 55.

PARISOT (E.), *coutelier*, rue de la Paix, 24.

PARIZOT (C.), *bois de charronnerie*, rue de Paris, 117, à St-Mandé.

PARRAN (A.), *dir. de la Soc. Mokta-el-Hadid*, avenue de l'Opéra, 24.

PASCAL (P.), *entrepreneur de pavage*, rue Ganneron, 22.

PASSEMARD (A.-H.), *fabricant de meubles*, rue Payenne, 11.

PASTOR (P.-G.), *agent de fabrique*, cité Trévise, 3.

PATAQUE (M.), *entrepreneur de maçonnerie*, rue Larribe, 4.

PATIN (E.-E.), *marchand de cafés*, rue Montmartre, 17.

PATTEY (T.), *marchand de papiers peints*, boul. Montmartre, 16.

PATUREAU (A.), *entrepreneur de maçonnerie*, rue Vauquelin, 17.

PAUPIER (L.), *fabricant d'instruments de pesage*, rue Saint-Maur, 84.

PAVY (H.-C.), *entrep. de plomberie*, rue du Faub.-Saint-Honoré, 220.

PAYEN (A.-I.), *marchand de bois à ouvrer*, rue de Lyon, 32.

PAYEN (A.), *marchand de bois*, quai de la Gare, 9 et 11.

PAYEN, DUBOIS successeur, ancienne maison GIRARDOT et PAYEN. *distillateur, liqueurs, fruits, sirops et vins fins*, rue de l'Arbre-Sec, 47.

PAYMAL (A.), *marchand de bois*, quai de la Gare, 21.

PÉALARDY de la NEUFVILLE, *court. en marchand.*, r. de Bruxelles, 3.

PECQUEREAU (T.), *fabricant d'ébénisterie*, rue du Chemin-Vert, 7.

PECTOR (E.-F.), *négociant commissionnaire*, rue Rossini, 3.

PEIGNÉ (L.-F.-T.), *peaussier*, rue d'Arcueil, 19, à Gentilly.

PEIGNOT (Gustave-Charles), *fondeur en caractères*, boulevard Edgar-Quinet, 68, et rue Domat, 26.

PÉLISSIÉ (F.-G.), *négociant en tissus*, rue Saint-Martin, 199.

PELLÉGER (A.), *épicier*, rue Vieille-du-Temple, 120.

PELLETIER (A.), *négociant en thés et chocolats*, boul. de Sébastopol, 18.

PELPEL (E.-P.-F.), *distillateur*, rue du Renard, 34.

PELTEREAU (H.), *négociant en soies en gros*, rue du Sentier, 26.

PELTIER, *boîtes métall.*, r. du Vieux-Pont-de-Sèvres, 94, à Boulogne.

PELTIER (L.-G.), *peausserie et maroquin*, r. de la Gr.-Truanderie, 3.

PENABERT (J.-G.), *photographe*, galerie du Havre, 3.

PENON (H.), *tapissier-décorateur*, rue de la Boëtie, 32.

PÉRARD (B.), *chapeaux de paille en gros*, r. des Blancs-Manteaux, 22.

PERCHERON (A.), *glacier*, rue Taitbout, 2.

PERDREAU (M.-A.), *lithographe*, rue du Cygne, 2.

PERDREAU (P.-A.), *papiers en gros*, rue de la Verrerie, 63.

PERDRIER (P.-F.), *négociant en vins*, quai de Bercy, 6.

PERDRIGEON (J.-M.-C.), *agent de change*, rue Montmartre, 178.

PÉRIAC (J.), *fabricant de briques*, rue du Canal, 12.

PÉRILLE (B.), *épicier*, rue du Bac, 18.

PERILLE (J.), *quincaillier*, avenue de Clichy, 98, et rue Trézel, 1.

PÉRIN (F.-L.), *ornements en zinc et tôle*, boul. Richard-Lenoir, 106.

PÉRINET (E.), *négociant en toiles*, rue de Cléry, 3.

PÉRINOT (E.-C.-V.), *fabricant de gants*, rue Thévenot, 4.

PERNOLET (A.), *fabricant de produits chimiques*, rue Lafayette, 87.

PERNOT (P.), *entrepreneur asphalte et bitume*, quai de Grenelle, 43.

PÉROL (E.-P.), *marchand de meubles*, rue du Faub.-St-Antoine, 28 *bis*.

PÉROL (F.-J.), *marchand de meubles*, rue du Faub.-Saint-Antoine, 4.

PERRÉE (L.), *marchand de fer*, rue Oberkampf, 82.

PERRICHONT (E.), *entrepr. de travaux publics*, villa de la Réunion, 14.

PERRIER (N.), *épicier en gros*, rue des Deux-Écus, 40.

PERRIÈRE-DESCHEVAILLES (V.-J.), *md de bronzes*, rue du Bac, 42.

PERRON (R.), *négociant commissionnaire*, rue J.-J.-Rousseau, 39.

PERROT (J.-E.), *vins en gros*, rue de Bourgogne, 4, à l'Entrepôt.

PERSENT (C.), *négociant en mercerie*, boulevard de Sébastopol, 53.

PESSOT (A.), *courtier en vins*, place des Vosges, 2.

PETEL (J.-L.), *corroyeur*, rue des Récollets, 11.

PETIT (A.), *chapelier*, rue de Sèze, 2.

PETIT (Augustin-Joseph), de la maison PETIT et VANCAMP, *fabricant de couleurs, vernis et mastic*, usine à Aubervilliers, dépôt 29, boulevard Magenta, à Paris.

PETIT, successeur de MIALHE, *pharmacien*, rue Favart, 8.

PETIT (E.-H.-D.), *étoffes pour meubles*, rue Poissonnière, 17.

PETIT (G.-E.-B.), *entrepreneur de travaux publics*, rue Linné, 13.

PETIT (Gilles-Auguste), *modes et coiffures*, rue de la Paix, 7.

PETIT, *Société des stéarineries françaises*, rue de St-Ouen, 4, à St-Denis.

PETIT-DIDIER (J.-B.), *teinturier*, rue de Paris, 44, à Saint-Denis.

PETIT-JEAN (E.), *fabricant de coffres-forts*, rue de l'Ourcq, 13.

PETITJEAN (P.-A.), *quincaillier*, rue des Vinaigriers, 29.

PETITPONT (G.), *fabt de maroquins*, rue Basse, 4, à Choisy-le-Roi.

PETTRÉ (R.-V.), *grainetier*, rue Pajol, 75.

PEULLIER (L.-A.), *fabt de porcelaines*, rue de Paradis-Poissonnière, 19.

PEUTIN, *fabt de colles fortes*, rue de la Haie-Coq, à Aubervilliers.

6

PÉZIEUX (J.), *marchand papetier*, rue du Sentier, 8.
PFEIFFER (A.), *fourreur*, rue de l'Ancienne-Comédie, 17.
PHILIP (É.-M.), *joaillier-bijoutier*, rue de la Paix, 4.
PHILIPPE (P.), *droguiste*, rue de Braque, 8.
PHILIPPON (Ch.-A.-A.), *négociant en vins*, boulevard St-Germain, 58.
PHILIPPON (É.-L.), *entrepreneur de menuiserie*, rue St-Joseph. 26.
PIAT (A.-C.-D.), *constructeur*, rue Saint-Maur, 85.
PICARD (L.-G.), *bois à brûler*, quai d'Austerlitz, 25.
PICARD (E.-J.-É.), *papetier*, rue du Bac, 14.
PICARDEAU-HAYÉ-VALENCIENNES, *pellet.-fourreur*, r. Vivienne, 21.
PICAULT (G.), *coutellerie*, rue Dauphine, 46.
PICHOT (E.), *imprimeur-lithographe*, quai Jemmapes, 72.
PICOU (Gustave), *distillateur-liquoriste*, rue de Paris, 123, à Saint-Denis.
PICQUEFEU, *poêles et fourneaux en faïence*, rue Saint-Ambroise, 35.
PICQUEFEU (P.-V.), *marchand de soies*, boulevard Sébastopol, 40.
PICQUEMARD (A.), *charcuterie et comestibles*, rue de Jussieu, 43.
PIERQUIN (H.), *entrepreneur de maçonnerie*, avenue Marceau, 45.
PIERRON (E -A.), *mécanicien*, rue Doudeauville, 19.
PIET (J.), *ingénieur, constructeur-mécanicien*, rue de Chabrol, 33.
PIÉTREMENT (M.-N.-F.), *gibier et volailles*, rue Montmartre, 10.
PILLARD (F.-V.), *pharmacien*, rue Saint-Martin, 324.
PILLET (A.-A.), *imprimeur-typographe*, rue des Grands-Augustins, 5.
PILLIARD (P.-V.-L.), *quincaillier*, rue Saint-Martin, 106.
PILLOIS (Louis-Charles), *banquier*, boulevard de Sébastopol, 107.
PILON (M.-L.-G.), *carrossier*, avenue des Champs-Élysées, 23.
PINCHERAT (E.-G.), *marchand de ciments*, boulevard Magenta, 24.
PINÉDO (É.), *bronzes d'art et d'ameublement*, boulevard du Temple, 40.
PINET (F.-J.-L.), *fabricant de chaussures*, rue Paradis-Poissonnière, 44.
PINGAULT, *bois à brûler et charbons*, boulev. de Latour-Maubourg, 88.
PINGOT (G.-F.), *tabletier*, rue du Pont-aux-Choux, 16.
PINOT (S.), *entrepreneur de maçonnerie*, rue Mornay, 4.
PINSON (E.), *fabt de chenilles et passementerie*, rue Saint-Denis, 88.
PINSON (E.), *marchand de soies écrues*, rue du Caire, 13.
PINTA (P.-C.), *parfumeur*, avenue de l'Opéra, 7.
PIOTET (G.-J.-F.), *toiles et vêtements*, rue Saint-Martin, 135.
PIQUARD (A.), *courtier en marchandises*, rue de la Banque, 6.
PIQUÉE (F.), *fabt de velours pour meubles*, rue de Rivoli, 122.
PIVER (L.-T.), *parfumeur*, boulevard de Strasbourg, 10.
PIVERT (F.), *entrepreneur de pavage*, rue St-Denis, 81, à Gennevilliers.
PLAILLY (P.-G.), *soie et coton à coudre*, rue Turbigo, 18.
PLAISANT (L.-A.), *tapissier*, boulevard Haussmann, 48.

PLANCHE (L.-F.), *marchand de châles*, rue d'Uzès, 4.

PLANCHENAULT (Ferdinand), *fabricant de sellerie, bourrellerie*. (Exposition 1878, médaille d'argent), rue Bouchardon, 13.

PLATIAU (F.-V.) *dessinateur en broderies*, rue Saint-Augustin, 29.

PLESSIS, *placage tranché et équipem. militaires*, pas. Charles-Dallery, 4.

PLICHON (É.-L.), *fondeur en fer*, rue du Chemin-Vert, 107.

PLICHON (Victor-Paul-Louis) fils, *bijouterie en or doublé*, rue du Parc-Royal, 10.

PLON (E.), *imprimeur-libraire-éditeur*, rue Garancière, 8.

PLOUVIEZ (L.-J.,) *direct. du Cercle commercial*, place de la Bourse, 8.

POIGNANT (E.-A.-E.), *fabricant de couleurs fines*, rue du Louvre, 8.

POIRET (A.-D.), *draperie*, rue des Deux-Écus, 21.

POIRET (L.-F.), *marchand de laines filées*, rue Saint-Denis, 40.

POIRIER (S.), *entrepreneur de charpentes*, boulevard de Vaugirard, 46.

POIRMEUR (L.-G.-É.), *entrep^r de maçonnerie*, rue de l'Université, 155.

POISSON (A.-C.), *distillateur-épicier*, rue de Belleville, 152.

POITOU (G.), *soies*, rue Turbigo, 15.

POITRASSON (C.-J.-M.), *carrossier*, rue du Colisée, 29.

POITRASSON (J.), *vins et spiritueux*, rue de Charenton, 237.

POITTEVIN (H.), *fabricant de passementerie*, rue du Caire, 18.

POLLET (A.-G.-F.), *courtier en marchandises*, place de la Bourse, 9.

POLLET (Émile), *commissionnaire, consignataire en vins*, rue de Rivoli, 180 et 50, quai de Bercy.

POLY (A.-E.), *doreur sur métaux*, rue Amelot, 64.

POMMIER (C.-É.), *fabricant de produits chimiques*, rue Barbette, 2.

PONNIER (L.-A.), *tissus*, rue du Sentier, 30.

PONTBICHET, *négt en vins*, rue de Bordeaux, Carrières-Charenton.

PORCHER-LABREUILLE, *marchand de bois à brûler* aven. d'Italie, 23.

PORÉE (Isidore-Désiré), *vins en gros*, boulevard de Stains, 205, à Aubervilliers.

PORTE (J.-A.), *négociant en vins*, boulevard Magenta, 46.

PORTIER neveu et Cie (Charles), *vins et spiritueux en gros, vins bourgeois*, château de Conflans, à Charenton.

POTARD (C.), *rubans*, avenue de l'Opéra, 41.

POTEY (G.), *commissionnaire en marchandises*, rue d'Hauteville, 58.

POTIER (D.), *com. en huiles et graines*, r. des Deux-Portes-St-Jean, 6.

POTIER de COURCY, Cie *d'assur. gén. contre l'inc.*, rue Richelieu, 87.

POTIN (A.-J.-U.), *distillateur*, rue Montmartre, 166.

POTIN (P.-C.-E.), *épicier*, boulevard Malesherbes, 47.

POULAIN (P.-F.), M^{on} P. POULAIN et Ce, *produits chimiq.*, r. Payenne, 14.

POULAIN (P.-J.), *vins en gros*, quai Montebello, 13.

POULENC (G.-J.), *produits chimiques*, rue Neuve-Saint-Merri, 7.

POULLAIN (C.-F.), *corroyeur*, rue de Flandre, 99.

POULOT (D.-J.), *produits pour le polissage*, aven. Philippe-Auguste, 50.

POUPARD (Z.-H.-G.), *couvreur-plombier*, rue du Cherche-Midi, 23.

POUPINEL (P.-E.), *bois de sciage en gros*, quai de la Gare, 37.

POURCHEIROUX (F.-P.), *entrep^r de maçon.*, rue de la Faisanderie, 13.

POUSSIELGUE (M.-C.-E.), *libraire-éditeur*, rue Cassette, 15.

POUSSIELGUE-RUSAND (P.-M.), *fabricant de bronzes*, rue Cassette, 5.

POUSSINEAU dit FÉLIX (É.), *modes et robes*, rue Boissy-d'Anglas, 14.

POUYDEBAT (Frédéric-Édouard), *charbon, graines et fourrages*, rue de Neuilly, 37, à Suresnes.

POYET (P.-C.), *marchand de métaux*, quai Bourbon, 19.

PRA (C.), *négociant-commissionnaire*, rue Bergère, 9.

PRANVILLE (A.-P.), *vins*, quai d'Orléans, 14.

PRÉAULT (J.-B.), *entrepreneur de serrurerie*, rue Boissière, 60.

PRÉGNIARD (A.-M.), *boucher en gros*, rue Cail, 25.

PRÈGRE (E.), *habillements en gros*, rue Jean-Jacques-Rousseau, 15.

PREMSEL (B.), *banquier*, rue de la Victoire, 59.

PRÉVOST (L.), *commissionnaire*, boulevard Magenta, 97.

PRIN (C.-A.), *entrepreneur de travaux publics*, rue d'Alleray, 47.

PROFFIT (Pierre-Adolphe), *trancheur*, rue Traversière, 57-59.

PROVOT (A.-E.), *banquier*, rue Sainte-Cécile, 10.

PRUDHOMME (C.-A.), *draperies*, rue Baillif, 5.

PRUDON (P.), *fabricant d'encres*, route de Vitry, 5, à Ivry.

PRUNGNAUD (P.-E.-F.), *tanneur-corroyeur*, rue Poliveau, 7.

PUEL (L.), *maroquinier*, rue Pascal, 16.

PURIAU (L.-G.), *chapelier en détail*, rue Saint-Antoine, 220.

Q

QUANTIN (A.-J.-M.), *imprimeur-éditeur*, rue Saint-Benoit, 7.

QUEHAN (Denis), *entrepreneur de travaux publics*, rue de Paris, 105, à Saint-Mandé.

QUEILLÉ (P.-F.-E.), *orfèvre*, rue du Petit-Carreau, 11.

QUÉNEDEY, *négociant en vins*, à l'Entrepôt général, r. de Champagne, 47

QUENEDEY (L.), *négociant en vins*, quai du Louvre, 30.

QUIÉDEVILLE (C.-E.), *courtier en marchandises*, rue Saint-Lazare, 77.

QUIGNON (Gustave-Frédéric-Henri) , *fabricant ébéniste*, boulevard Richard-Lenoir, 83.

QUILLÉ (J.), *négociant en cafés*, rue des Juifs, 20.

R

RABASSE (L.-E.-É.), *drogueries, commission*, rue des Archives, 10.

RABOURDIN (H.-J.), *quincaillier*, rue du Faubourg-Saint-Honoré, 22.

RABOURDIN (V.-F.), *serrurier*, rue Boileau, 55.

RADENAC (V.), *entrepreneur de travaux publics*, rue d'Enfer, 47.

RADIGUET (H.-A.), *opticien*, boulevard des Filles-du-Calvaire, 15.

RADIUS (J.-E.), *miroitier*, rue du Faubourg-Saint-Antoine, 38 *bis*.

RADOT (R.), *ingénieur constructeur*, rue Lafayette, 73.

RAFFARD (P.-I.), *marchand de soies*, rue Saint-Denis, 226.

RAIMON (J.-L.), *rubans*, rue du Quatre-Septembre, 19.

RAINOT (A.-F.-C.), *ornemaniste*, boulevard Contrescarpe, 46.

RAMBAUT (M.-M.), *couleurs et vernis*, r. du Parc-Royal, 16.

RAMBOUR (J.-L.), *marchand de cafés*, rue de la Verrerie, 73.

RAMÉ (L.-F.), *boulanger*, rue de Charonne, 7.

RAMIER (P.-A.), *bronzes pour l'éclairage*, rue Bonaparte, 5.

RANVIER (J.-M.), *fabricant de bronzes*, rue de Turenne, 116.

RAPILLY (F.-A.), *libraire*, quai des Grands-Augustins, 53 *bis*.

RASKIN (A.-H.), *entrepreneur de maçonnerie*, rue Hippolyte-Lebas, 3.

RASPAIL (É.-J.), *produits pharmaceutiques*, rue du Temple, 14.

RATTIER (C.), *soieries*, rue de Richelieu, 62.

RAULET (É.-J.-B.), *entrepreneur de maçonnerie*, passage Lathuile, 15.

RAVANIS, *marchand de soies de porc*, rue Notre-Dame-de-Nazareth, 30.

RAVAUT (L.-E), *marchand de bois à brûler*, rue Demours, 27.

RAYNAUD (A.), *parfumeur*, rue Saint-Honoré, 207.

RÉAL (É.-L.), *fabricant de gainerie et d'ébénisterie*, p. Choiseul, 24-25.

RÉAUD (P.), *négociant en fruits secs*, rue de la Verrerie, 87.

REBUT (É.-A.), *carrossier*, rue Duroc, 3.

RECLUS (V.-P.), *fabricant d'horlogerie*, rue de Turenne, 114.

REDAUX (A.-B.), *épicier*, rue de la Cossonnerie, 9.

REDOND (Jean-Victor) , *fabricant de chaises et fauteuils*, rue du Faubourg-Saint-Antoine, 21 et rue de la Roquette, 2.

REGNIAULT (J.-V.), *fabricant de mercerie*, rue de Turbigo, 17.

REGNIER (Pierre-Martin), *entrepreneur de charpentes et de travaux publics, charpentes bois et fers, escaliers de fer, combles économiques à grande portée*, rue du Champ-d'Asile, 37.

REIBEL-FEINDEL (L.), *lithographe*, rue de Turenne, 14.

REINHARDT (R.-J.), *commissionnaire en marchandises*, r. de Rivoli, 96

REINIER (E.-J.), *peausserie en gros*, rue Beaurepaire, 34.

REINWALD (C.-F.), *libraire-éditeur*, rue des Saints-Pères, 15.

REMERY (Y.), *fabricant d'essieux et ressorts*, quai Valmy, 143.

REMION (É.-A.), *clouterie et fils de fer*, r. du Faubourg-du-Temple, 17.

REMOND (J.-A.), *jouets d'enfants, bimbeloterie*, r. des Petits-Champs, 4.

REMOND (L.-A.), *entrepreneur de maçonnerie*, rue Daru, 33.

REMOND (P.-H.), *fabricant de gants*, rue de Meaux, 75-77.

REMOND (Saint-Edme), *fabricant de limes*, rue Saint-Maur, 138.

RENARD (C.-J.-S.), *banquier*, rue Grange-Batelière, 10.

RENAULT (A.-A.-F.), *constructeur de voitures*, rue Riquet, 73.

RENAULT (A.), *négociant en tissus*, place des Victoires, 7.

RENAULT (A.-A.), *brosses à peindre*, rue Malher, 12.

RENAULT (A.-S-Y.-J.), *représentant de commerce*, bd du Temple, 15.

RENAULT (L.), *carrossier*, rue Folie-Méricourt, 20.

RENEVEY (J.-A.), *bonnetier*, rue Cadet, 6.

RENN fils (Félix-Gervais), *joaillier, fabricant bijoutier et commerçant en diamants*, rue Turbigo, 52.

RENNES (J.-M.), *brossier*, rue Saint-Denis, 50.

RENON (H.-V.), *fabricant de bronze*, rue des Tournelles, 50.

REQUIER (C.-L.-M.), *fabricant d'horlogerie et bronzes*, r. Debelleyme, 5.

RETEAU (A.-F.), *bois de sciage*, quai de Grenelle, 25.

RETTERER (F.), *constructions en fer et galvanisation*, rue Lourmel, 58.

REUMONT (É.-A.), *agent de change*, rue Drouot, 21.

REVEL (M.), *châles et tissus de laine*, rue des Jeûneurs, 21.

REVEST, *fabricant de cartons pour toitures*, route du Landy, à St-Denis.

REVILLON (P.), *courtier en vins*, rue des Lions-Saint-Paul, 9.

REVILLON (S.), *fourreur en gros*, rue des Petits-Champs, 89.

REVILLON (T.-J.), *fourreur*, rue de Rivoli, 81.

REVILLON-CLERJAUD (Pierre-Antoine), *vins fins et cognacs en bouteilles*. (Médaille d'or, Londres, 1884), rue de l'Arbre-Sec, 52.

REY (L.), *fabricant de gants*, boulevard des Italiens. 23.

REYGEAL (L.), *verres à vitres*, rue d'Allemagne, 127.

REYNAL (A.), *pharmacien droguiste*, rue des Archives, 19.

REYNOIRD, *commissionnaire en marchandises*, rue de la Victoire, 63.

RHEIMS (I.), *métaux, dépôt des nickels et cobalts de II.-H. Vivian et Cᵉ*, rue du Parc-Royal, 16.

RIBAL (J.-B.), *ébéniste*, rue du Faubourg-Saint-Antoine, 51.

RIBBENTROP (de), *charbons*, quai de Seine, 53-55.

RICBOURG (A.-A.-M.), *machines à coudre*, boulevard Sébastopol, 20.

RICHÉ (P.-L.-É.), *fleurs fines*, rue Neuve-Saint-Augustin, 5.

RICHEBOIS (F.-A.), *entrepreneur de charpente*, r. Petit, 72, La Villette.

RICHENET (H.), *passementerie*, rue de la Reynie, 26.

RIECKE (G.), *quincaillier*, rue Meslay, 41.

RIEFFEL (V.-L.), *meunier*, au Moulin-Neuf, Maisons-Alfort.

RIEGER (L.-H.), *arquebusier*, rue Vivienne, 37.

RIESTER (L.-A.), *brasseur*, à Puteaux.

RIFFAUD (P.), *entrepreneur de maçonnerie*, rue Andrieux, 1.

RIGAUD (G.-J.), *soies et crins en gros*, rue Volta, 45.

RIGAUD (J.-B.-F.), *produits pharmaceutiques*, rue Vivienne, 8.

RIGAUD (L.), *bois de sciage*, quai de la Loire, 78.

RIMAILHO (J.-M.), *mèches et veilleuses*, rue Turbigo, 71.

RINGAUD (A.-E.). *fabricant de couleurs*, rue Grange-aux-Belles, 33.

RIVALTA (G.-A.), *négociant en peaux*, rue Grenéta, 60.

RIVIÈRE (P.-A.-A.), *marchand de chevaux*, rue Denfert-Rochereau, 98.

RIVIÈRE (Victor), *maroquinier*, rue de la Reine-Blanche, 3-5. Dépôt rue Richer, 22.

RIVOIRE, *huiles pour fabriques*, r. de la République, 145, à Puteaux.

ROBBEN (Maurice), *ébénisterie, sculpture et menuiserie d'art*, rue du Petit-Musc, 26.

ROBCIS (Gustave-Alexandre), *verres à vitres, miroiterie*, rue du Faubourg-Saint-Antoine, 75.

ROBERT (C.-E.), *denrées coloniales en gros*, rue du Temple, 30.

ROBERT, *directeur de l'*Union, *assurances* sur la vie, r. de la Banque, 15.

ROBERT (F), *soieries*, rue de la Banque, 16.

ROBERT-DEGERESME, *orfèvre-joaillier*, rue Saint-Sulpice, 18.

ROBERT (S.), *courtier-gourmet*, quai de Bercy, 12.

ROBERT-DÉGASCHES (A.), *commiss. en peaux*, rue Thévenot, 7.

ROBILLARD (Alexandre-Nicolas), *entrepreneur de serrurerie*, rue du Faubourg-Saint-Denis, 184.

ROBIN (E.-T.), *fabricant de bronzes*, rue de Bondy, 66.

ROBIN, de la Maison ROBIN frères, *grande fabrique de pains d'épice* maison de vente, rue Notre-Dame-de-Nazareth, 46 et 48.

ROBIN (V.-É.), *président de la Chambre de couverture et plomberie*, avenue d'Antin, 49 *bis.*

ROBINEAU (C.), *confiseur*, boulevard des Capucines, 7.

ROBINET (G.), *pharmacien*, rue du Cherche-Midi, 55.

ROBINOT, *d[r] du Sous-Comptoir des Entrepreneurs*, r. des Capucines, 21.

ROBLOT (R.-L.-M.), *agent de change*, rue Laffitte, 44.

ROCACHÉ (L.-J.), *mécanicien*, rue des Taillandiers, 9.

ROCHER (P.-A.-H.), *couleurs extra-fines*, r. du Faubourg-Saint-Denis, 132.

RODIER (E.), *marchand de nouveautés en impression*, r. des Moulins, 19.

RODOLPHE (Pierre-Louis-Alphonse), de la maison RODOLPHE fils et DEBAIN, *facteur fabricant d'orgues et de pianos*. (Médaille d'or à l'Exposition Universelle, Paris, 1878), rue de Chaligny, 15.

BODUWART (Georges-Jérôme), *sellier*, avenue d'Antin, 45.

ROGELIN (M.-J.-É.), *fabricant de chaussons*, boul. Bonne-Nouvelle, 25.

ROGER (C.-A.), *parfumeur*, rue d'Hauteville, 38.

ROGER (A.-J.), *libraire-éditeur*, rue des Grands-Augustins, 7.

ROGUIER (J.-L.), *huiles, graisses en gros*, rue Martel, 11.

ROIFFÉ (L.-A.), *doublures en gros*, rue du Sentier, 3.

ROLAND-GOSSELIN (A.-E.), *agent de change*, rue Richelieu, 62.

ROLLAND (A.-H.), *vins en gros*, quai de Béthune, 24.

ROLLAND (L.-P.-J.), *produits chimiq.*, Grande-Rue, 19, à Montrouge.

RONDEAU (D.), *commissionnaire*, rue des Petites-Écuries, 28.

RONSIN (A.-C.), *entrepreneur de menuiserie*, rue de Vaugirard, 152.

RONSSERAY (A.-J.-P.), *fabt de pâtes alimentaires*, r. de la Verrerie, 77.

ROPTON, maison JULLIEN successeur, *sels en gros et savons*, rue Saint-Antoine, 106.

RORET (E.), *libraire*, rue Hautefeuille, 12.

ROSE (L.-A.), *dir. des crist. de Baccarat*, r. de Paradis-Poissonnière, 30 *bis*.

ROSE (V.), *dessinateur graveur*, boulevard des Capucines, 35.

ROSIER (C.-B.), *fabt de chapeaux*, rue Ste-Croix-de-la-Bretonnerie, 40.

ROSIER (M.-L.-L.), *fabricant d'appareils à gaz*, boulevard Magenta, 21.

ROSSOLIN (É.-L.-M.), *comm^re en marchandises*, r. du Château-d'Eau, 19.

ROTHSCHILD (J.), *fabricant de voitures*, avenue Malakoff, 115.

ROTIVAL (G.), *marchand de bois*, quai de la Râpée, 56.

ROUART (S.-H.), *ingénieur mécanicien*, boulevard Voltaire, 137.

ROUDILLON (É.-S.-E.), *tapissier pour ameublements*, r. Caumartin, 9.

ROUFF (L.), *confections pour femmes*, rue Taitbout, 13.

ROULINAT (C.), *fabricant de boutons*, rue Turbigo, 55.

ROULLET (P.-B.), *charpentier*, rue de Lourmel, 96.

ROULLET DE LA BOUILLERIE (A.), *banquier*, rue de la Victoire, 61.

ROULLIER (C.-M.), *fabricant de cuirs factices*, boulevard Voltaire, 228.

ROUMIEU (É.-V.), *commissionnaire en peaux*, rue Grenéta, 19.

ROUQUETTE (J.-P.), *libraire*, passage Choiseul, 57.

ROUQUIER (É.), *fabt de couleurs et vernis*, rue de Fortune, 2, à Dugny.

ROUSSEAU (C.), *vins*, boulevard Saint-Germain, 9.

ROUSSEAU (F.-É.), *épicier*, rue du Bac, 30.

ROUSSEAU (F.-E.), *march. de porcelaines et cristaux*, r. Coquillière, 41.

ROUSSEAU (F.), *entrepreneur de fumisterie*, boulevard Magenta, 164.

ROUSSEAU (P.-A.), *vins*, rue des Fossés-Saint-Bernard, 22.

ROUSSEAU-BRAZIER (J.), *négociant en vins*, r. du Cardinal-Lemoine, 2.

ROUSSEL (A.), *teinturier*, rue Charbonnière, 30, à Saint-Denis.

ROUSSEL (E.), *agent de change*, avenue de l'Opéra, 30.

ROUSSEL (J.-H.-F.), *entrepreneur de serrurerie*, rue Boinod, 44.

ROUSSELON (J.-F.-P.), *commissionnaire en marchand.*, rue Meslay, 38.

ROUSSET (Jean-François), *commissionnaire en bijouterie et pierres fines*, rue Saint-Martin, 243.

ROUSSET-BOUCHER (J.), *fabt de regist.*, rue Neuve-Saint-Merri, 29

ROUSSET, *selles et harnais*, rue de Ponthieu, 19.

ROUX (F.), *fabt de meubles de luxe*, rue des Arquebusiers, 3 et 5.

ROUX (L.-A.), *bonnetier*, rue des Champs, 2, à Courbevoie.

ROUX (P.), *quincaillier*, rue Amelot, 138.

ROUX-DUBIEF (P.), *vins et spiritueux*, avenue du Petit-Château, 3.

ROUYRRE (V.-H.), *entrepreneur de maçonnerie*, avenue de Breteuil, 80.

ROUZÉ (H.-G.), *glacier*, rue Royale, 25.

ROUZÉ (J.-H.), *bijoutier*, rue Notre-Dame-de-Nazareth, 14.

ROY (L.), *négociant-exportateur*, rue Montholon, 32.

ROYER (G.), *marchand de soies*, rue du Caire, 30.

ROZIÈRE (C.-L.), *fabt de prod. alimentair.*, r. de Bagnolet, 2, aux Lilas.

RUCH de la maison J. RUCH et fils, *fabricant de produits chimiques, couleurs d'aniline pour la teinture et l'impression*, bureaux, rue de Sévigné, 29, usine à Pantin (Seine).

RUPP (A.), *apprêteur d'étoffes*, boulevard Diderot, 138.

RUZÉ (J.-F.), *entrepreneur de maçonnerie*, rue de la Glacière, 72.

S

SABARLY (Adrien-Sylvain), *entrepreneur de charpente*, rue Saint-Amand (place d'Alleray, 6).

SABATIER (A.), *confections*, rue du Bac, 36.

SABATIER (F.-J.), *franges pour châles*, rue du Sentier, 26.

SABE (P.), *bijoutier*, rue Saint-Honoré, 173.

SAGLIER (E.-V.), *commissionnaire en faïences*, rue d'Enghien, 12.

SAILLARD (J.), *négociant en vins et spiritueux*, boul. Saint-Germain, 15.

SAINT (C.), *fabricant de toiles*, rue du Pont-Neuf, 4.

SAINTE-MARIE (R.-A.-L.), *fabricant de capsules à bouteilles*, à Arcueil.

SALLERON (J.-B.), *fabricant opticien*, rue Pavée, 24.

SALLE (J.-H.), *dir. de la caisse commerciale*, boul. Poissonnière, 23.

SALLES (É.-L.-E.), *négociant en tissus*, rue des Jeûneurs, 32.

SALLET (É.-M.), *entrepreneur de maçonnerie*, r. du Cherche-Midi, 72.

SALMON (A.), *dentelles*, rue Saint-Fiacre, 4.

SALMON (A.-F.), *imprimeur en taille douce*, rue Saint-Jacques, 187.

SALMON (T.-A.-G.), *marchand de fers*, rue Amelot, 96.

SALVADOR (C.), *draperie*, rue d'Aboukir, 3.

SAMSON (C.-F.), *commissionnaire en cuirs*, rue Beaurepaire, 18.

SAMSON (L.-V.), *photographe*, rue Vavin, 6.

SANTERNE (H.-P.), *menuisier*, rue de Bondy, 70.

SAPÈNE (F.), *imprimeur-lithographe*, rue Neuve-Saint-Merri, 42.

SARASSIN (E.), *commissionnaire-importateur*, r. du Château-d'Eau, 27.

SAULNIER (P.), *marchand de bois*, quai de la Râpée, 46.

SAUNIER (E.-S.), *vins*, quai de Bercy, 22.

SAUTIER (C.-L.-F.), *dir. de la banq. de Paris et d. Pays-Bas*, r. Cambon, 4.

SAUTON (A.-L.), *entrep. de trav. publ.* boulevard Saint-Germain, 144.

SAUVAGE (G.), *marchand de soieries*, rue Vivienne, 16.

SAUVAGE (V.-O.), *serrurier*, boulevard de l'Hôpital, 66.

SAUVAGEOT (Émile-Michel), de la maison SAUVAGEOT et TALRICH, *eaux-de-vie en gros*, port de Bercy, 31, et cour Dessort, 13.

SAVART (C.-A.), *fabricant de chaussures*, rue Watteau, 6-8.

SAVOURÉ (J.-C.), *fabricant de bonneterie* rue de Rivoli, 120.

SAVY (F.), *libraire*, boulevard Saint-Germain, 77.

SCHAEFFER (J.), de la maison LOURDELET, MARICOT et SCHAEFFER-MARICOT, *cartonnerie mécanique*, à Aubervilliers.

SCHAEFFER (P.-M.), *fabricant de bijoux*, rue aux Ours, 61.

SCHIEB (J.), *pierres fines*, rue Lafayette, 75.

SCHIEBLE dit ERHARD (G.), *graveur*, rue Nicole, 8.

SCHILLER (C.), *imprimeur-typographe*, r. du Faubourg-Montmartre, 10.

SCHLATTER (G.), *imprimeur-typographe*, rue des Petits-Carreaux, 26.

SCHLOSS (A.), *articles de Paris*, boulevard de Strasbourg, 53.

SCHLOSS (E.-M.), *fabricant de chaussures*, boulevard de Sébastopol, 86.

SCHLOSS (P.), *négociant-commissionnaire*, rue d'Hauteville, 26.

SCHMIDT (É.-J.-P.), *imprimeur-typographe*, rue Perronet. 5.

SCHMIDT (P.-F.), *lamineur*, rue Oberkampf, 123.

SCHMOLL (E.), *fabricant d'eaux gazeuses*, rue des Quatre-Fils, 20.

SCHNEIDER (A.), *fabt d'encres d'imprimerie*, boulev. de Strasbourg, 16.

SCHNEIDER (Auguste-Joseph) fils, *fabricant de dégras et huiles*, route de Flandre, 155, à Aubervilliers.

SCHRADER (L.-F.), *vêtements pour hommes*, rue de Richelieu, 76.

SCHUP (J.), *commissionnaire*, rue Richer, 23.

SCHWANDER (H.), *fabricant de pianos*, rue de l'Évangile, 15.

SCIAMA (E.), *négociant-commissionnaire*, rue d'Hauteville, 40.

SCORDEL (É.-L.-M.), *marchand épicier*, boulevard Saint-Germain, 171.

SÉDILLOT (C.-F.-J.), *marchand de calicots en gros*, rue Saint-Fiacre, 7.

SÉE (I.-L.), *banquier*, rue du Conservatoire, 11.

SEGAUST (J.-B.), *fabricant d'amidon*, r. des Poissonniers, 10, St-Denis.

SEILER (J.-C.), *appareils à gaz*, rue Martel, 17.

SEILLÈRE (R.), *manufacture de draps*, rue de Provence, 58.

SELIGMANN (D.-E.), *agent de change*, rue Drouot, 4.

SENAC (A.-J.), *stéréotypie et galvanoplastie*, rue Suger, 22.

SENAUT (J.-F.), *négociant en tissus*, rue d'Hauteville, 34.

SENDRIER (Édouard), *distillateur-liquoriste*, rue du Petit-Musc, 26.

SENÉ (C.-A.), *plomberie et couverture*, boulevard Magenta, 35.

SENET (Z.-V.), *fabricant de ferblanterie,* rue des Gravilliers, 7.

SÉRAPHIN (F.), *construct.-mécan.,* rue du Faubourg-Saint-Martin, 172.

SERAY (L.), *banquier,* rue de Richelieu, 108.

SERINGE (A.), *imprimeur,* place du Caire, 2.

SERRES (C.-G.), *droguerie,* place Sainte-Opportune, 3.

SERVANT (R.-A.), *fabricant de pelleteries,* rue de Braque, 6.

SEUGNOT (F.-L.), *confiseur,* rue du Bac, 28.

SEURAT (L.), *couvreur-plombier,* passage des Deux-Sœurs, 10.

SEURE (Eugène), *directeur de la Compagnie d'assurances La Seine,* rue Le Peletier, 37.

SEURIN (É.-N.), *marchand boucher,* place de la Madeleine, 26.

SEURIN (H.-P.-J.), *fabricant de couleurs et vernis,* rue Jacquemont, 9.

SEYFFERT (J.-E.), *plombier,* rue de Maubeuge, 27.

SICHEL (A.-G.), *fabricant de tissus,* rue de Cléry, 11.

SIEBER (H.-A.), *négociant,* rue de Paradis, 23.

SIEGFRIED (J.-J.), *banquier,* rue Monsigny, 13.

SIFFLET DE BERVILLE (J.), *md papetier,* r. de la Chaussée-d'Antin, 25.

SIGAUD (G.-H.), *vins,* place de Jussieu, 3.

SILVESTRE (C.-H.), *nouveautés,* rue Montmartre, 119.

SILVESTRE DE LA FERRIÈRE, *courtier,* r. de la Chauss.-d'Antin, 23.

SILZ (B.), *commissionnaire exportateur,* rue des Petites-Écuries, 31.

SIMIER (J.-J.-R.), *fabricant de couleurs et vernis,* rue de Lagny, 52.

SIMON (A.), *fils d'Alsace,* boulevard Sébastopol, 52.

SIMON (C.-J.), *fabricant de meubles de style,* boul. Richard-Lenoir, 77.

SIMON (E.), *négociant confectionneur,* r. Croix-des-Petits-Champs, 5 à 9.

SIMON (J.-F.-L.), *vins et spiritueux en gros,* rue du Languedoc, [36. à l'Entrepôt, et boulevard Saint-Michel, 57.

SIMON (M.), *négociant-commissionnaire,* rue Charlot, 83.

SIMON (L.-T.), *négociant en toiles,* rue des Bourdonnais, 30.

SIMONET (É.-T.), *entrepreneur de menuiserie,* av. de Breteuil, 60 *bis.*

SMITH (J.-F.), *laines et crins,* rue du Faub.-Saint-Antoine, 49.

SŒHNÉE (J.-F.), *vernis,* rue des Filles-du-Calvaire, 19.

SŒHNÉE (P.-R.-G.), *draperies, nouveautés,* rue Feydeau, 28.

SOHIER (E.-H.), *entrepreneur de menuiserie,* boul. de Courcelles, 82.

SOHIER (E.-G.), *fabricant de serrurerie artistique,* rue Lafayette, 121.

SOMMIER (P.-A.), *raffineur de sucres,* rue de Flandre, 145.

SONNERAT (S.-J.-J.), *pharmacien,* rue Gaillon, 16.

SORDOILLET (Joseph-François), ancienne maison JACQUEMIN, *bijoux d'acier,* rue Notre-Dame-de-Nazareth, 6.

SORMANI (P.-C.), *ébéniste,* rue Charlot, 10.

SOUBIRAN (J.), *fabricant parfumeur.* rue de Rivoli, 55.

SOUDÉE (A.), *couleurs et produits chimiques*, rue de Rivoli, 50.

SOUFFLETTO (C.), *facteur de pianos*, rue du Faub.-St-Martin, 172.

SOUFFLOT (P.-J.), *bijoutier-joaillier*, rue du Quatre-Septembre, 10.

SOUFFRICE (A.-A.), *prod. chimiq.*, r. des Deux-Gares, à La Courneuve.

SOULTZENER (C.), *dir. de la Cie d'assur. l'Aigle*, r. de Châteaudun, 44.

SOUPEAUX (Auguste), *vins en gros*, rue de Vaugirard, 245.

SOUPLET (L.-P.-J.-B.), *tissus anglais et français*, pl. des Victoires, 6.

SOYER (L.), *fabricant de cuirs vernis*, rue Mayran, 4.

SPIQUEL (C.), *passementier*, rue Saint-Honoré, 164.

SPONT (A.), *droguiste*, rue Pavée, 7.

SPRONCK (H.-É.), *banquier*, boulevard Sébastopol, 88.

STEINER (J.), *tissus imprimés*, rue des Jeûneurs, 26.

STERN (M.), *graveur*, passage des Panoramas, 47.

STIEBEL (A.), *fabricant de voitures*, avenue de Wagram, 64.

STIELDORFF (Philippe-Félix), *directeur de la* Compagnie Algérienne, rue des Capucines 11.

STOFT (C.-P.), *teinturier en coton*, quai Jemmapes, 90.

SUBERT (J.-P.), *produits chimiques*, rue Vieille-du-Temple, 75.

SUEUR (E.), *chemisier*, cour des Petites-Écuries, 7.

SUEUR (Théophile-Charles), *fabricant de cuirs vernis, tanneur, corroyeur*, rue du Faubourg-Montmartre, 4.

SUILLIOT (H.-S.), *ngt en prod. chim.*, r. Ste-Croix-de-la Bretonnerie, 21.

SUPERSAC (A.), *marchand bonnetier*, rue Montmartre, 176.

SURIVET (L.-A.), *plâtrier*, rue du Ponceau, à Châtillon.

SUZOR (A.-P.), *mercerie en gros*, boulevard Sébastopol, 62.

SUZOR (E.-É.), *sucres et cafés*, rue Ste-Croix-de-la-Bretonnerie, 23.

T

TABOURIER (L.-A.), *fabricant de nouveautés*, rue d'Aboukir, 6.

TACONNET (P.), *marchand de nouveautés*, place du Havre, 14.

TAILLANDIER (J.-C.), *dentelles*, rue de Cléry, 34.

TAINTURIER (H.), *confections en gros pour dames*, rue des Jeûneurs, 46.

TALAMON (P.-F.), *marchand de draps*, rue Richelieu, 64.

TANTET (Charles), *mercerie, passementerie, boutons et rubans*, boulevard Sébastopol, 104.

TASSEL (H.), *laines, crins, plumes et duvets en gros*, rue Montorgueil, 46.

TAVERNIER (A.-F.-H.), *agent de change*, rue Drouot, 7.

TECHENER (L.), *libraire*, rue de l'Arbre-Sec, 52.

TEINTURIER (M.-J.), *fruits secs et salaisons*, rue Berger, 16.

TEMPLIER (C.-J.-P.), *bijoutier-joaillier*, rue Michel-le-Comte, 23.

TENNESSON (G.-C.), *commiss.-exportat.*, r. du Faub.-Montmartre, 13.

TERNOIS (J.-.J), *entrepr. de vidanges*, rue de Paris, 151, St-Denis.

TESSEREAU (F.-C.), *facteur de pianos*, rue de Richelieu, 93.

TESTARD (C.), *fabricant de tissus*, rue Saint-Fiacre, 16.

TÉTERGER (H.), *fabricant-joaillier*, rue Saint-Augustin, 31.

TEYRAS (A.-C.-A.), *vins et spiritueux*, rue Guy-de-la-Brosse, 13.

THAN (P.), *vins*, avenue Daumesnil, 203.

THAREL (L.-L.), *cravates et foulards*, rue Vivienne, 20.

THÉLIER (H.-L.), *banquier*, rue Chauchat, 20.

THÉRY (J.-A.), *entrepreneur de maçonnerie*, avenue de Villiers, 103.

THÉVENOT (A.), *huiles*, rue du Cloître-Saint-Merri, 20.

THIBAULT (J.-G.), *fabricant de papiers peints*, rue de Reuilly, 76.

THIBAULT (P.-E.), *pharmacien*, rue des Petits-Champs, 76.

THIBOUVILLE (L.-É.-J.), *luthier*, rue Réaumur, 68.

THIÉBAULT (C.-G.), *entrepren. de peinture et vitrerie*, rue Baudin, 17.

THIÉBAULT (V.-C.-A.), *bronzes*, avenue de l'Opéra, 32.

THIÉBAULT aîné (Pierre), *graines, plantes et arbres*, place de la Madeleine, 30.

THIÉBLOT (L.-E.), *boissellerie en gros*, rue de la Verrerie, 83.

THIÉRARD (L.), *tapissier*, rue Taitbout, 52.

THIÉRY (M.-A.), *fabricant d'orfèvrerie*, rue du Vieux-Colombier, 6.

THIESSET (J.-F.-F.), *banquier*, rue d'Enghien, 24.

THIRION (A.-R.), *fabricant de pompes*, rue de Vaugirard, 147.

THOMAIN (H.-I.), *épiceries, comestibles*, rue Saint-Lazare, 68.

THOMAS fils (A.), *marchand de bouchons*, rue de la Verrerie, 67.

THOMAS (C.), *entrepreneur de bâtiments*, avenue Victor-Hugo, 45.

THOMAS (F.), *négociant-banquier*, rue de Londres, 10.

THOMAS (J.), *pharmacien*, avenue d'Italie, 48.

THOMAS (J.-L.), *vins*, boulevard Contrescarpe, 26.

THOMAS, *administrateur délégué de la man. de Javel*, quai de Javel, 83.

THOME (J.), *entrepreneur de maçonnerie*, avenue d'Iéna, 62.

THORIN (E.), *libraire-éditeur*, avenue de l'Observatoire, 7.

THORIN (E.-J.-B.), *vins et spiritueux*, boulevard St-Germain, 38.

THUALAGANT (P.-F.-A.), *md de bois de sciage*, pl. Denfert-Rochereau, 8.

THUILLIER, *couverture, zinc, plomberie*, r. de Paradis-Poissonnière, 20.

TINTURIER (H.-C.), *négociant en sellerie*, rue Albouy, 23.

TIRARD (C.), *chapeaux de feutre*, rue du Faubourg-Poissonnière, 24.

TISSELIN (Jules), *teintures et nettoyages*, rue Montmartre, 126. Usine à Puteaux.

TISSIER (L.-A.), *négociant en fruits secs*, rue des Juges-Consuls, 4.

TISSIER (P.-V.), *marchand de nouveautés*, rue Poissonnière, 35.

TISSIER (Pierre-Lazare), *vins*, rue de Bercy, 49,[et rue de Dijon, 1, Bercy.

TIXIER (F.-G.), *directeur des papeteries du Souch*, r. Bertin-Poirée, 10.

TOCHE (Joseph), *garnitures pour dames, passementeries et haute nouveauté*, rue Turbigo, 45.

TOINET (J.), *entrepreneur de maçonnerie*, rue Sedaine, 64.

TOIRAY (G.-C.), *fabricant de registres*, rue des Haudriettes, 4 et 6.

TOISOUL (L.-E.), *fumiste*, boulevard de l'Hôpital, 11.

TOLMER (A.-A.), *imprimeur*, rue Madame, 3.

TORNIER (L.-C.), *marchand de futailles*, boulevard de la Gare, 62.

TOURASSE (P.), *commissionn.-exportateur*, rue Grange-Batelière, 11.

TOURREIL (L.-É.), *agent de change*, rue de Richelieu, 85.

TOUZET (Henri-Constant), *fabricant de chaussures*, rue des Petits-Hôtels, 11.

TRANCHANT (J.-B.-V.-D.), *teinturier*, rue Saint-Honoré, 253.

TRAVERS (J.-F.), *entrepreneur de couvertures*, rue Gaillon, 12.·

TRÉBUCIEN (Ernest-Lucien), ✳, *cafés, chocolats, tapiocas, café des Gourmets*, cours de Vincennes, 25.

TRÉFOUSSE (L.), *négociant en ganterie*, rue Blanche, 45.

TREIGNIER (S.-P.-E.), *charpentier*, boulevard d'Italie, 40.

TRENCART (P.-É.), *agent de change*, rue Chauchat, 5.

TRESCA (Édouard), *fabricant d'étoffes pour ameublements*, rue du Mail, 13.

TRÈVES (Adolphe) fils, *négociant en tissus*, rue des Jeûneurs, 12. (Etablissement de broderie mécanique à Saint-Quentin).

TRIARD (M.), *layetier-emballeur*, rue d'Enghien, 29.

TRIBOUT (L.-G.), *bonnetier*, rue du Faubourg-Saint-Honoré, 5.

TRICHARD (L.-L.), *marchand de vins en gros*, port de Bercy, 31.

TRICOCHE (Jules-Ernest), *fondeur de suif*, rue de Pantin, 62, à Aubervilliers (Seine).

TRILHA (L.), *commissionnaire en marchandises*, rue du Sentier, 32.

TRIMOULET (M.), *entrepreneur de pavage*, rue Miromesnil, 6.

TRIOULLIER (H.-C.), *fabricant d'orfèvrerie*, rue de Grenelle, 24.

TROIN (J.), *tailleur*, rue de Richelieu, 61.

TROUVELOT, *fabt de casquettes*, rue Ste-Croix-de-la-Bretonnerie, 39.

TRUELLE (Léon), *directeur de la Compagnie d'assurances* la France, rue de Grammont, 14.

TRUFFAUT (A.), *grains et farines*, rue de Rivoli, 51.

TRUSSON (J.), *pavage, asphalte*, rue Jenner, 58.

TRUSSY, *commissionn. en marchandises*, cour des Petites-Écuries, 8.

TUGOT (J.-A.), *vernis*, avenue Victoria, 8.

TURGIS (L.-A.), *éditeur d'estampes*, rue des Écoles, 60.

TURLOT (Jean-Alfred), *fondeur en caractères*, rue de Rennes, 142.

TURQUETIL (J.), *fabt de papiers peints*, boulevard Voltaire, 208.

TURQUOIS (A.), *entrepreneur de peintures*, rue Rocroy, 21.

U

ULRICH (J.), *marchand de bois à ouvrer*, rue de Charonne, 75.

UNSINGER (C.), *imprimeur-typographe*, rue du Bac, 83.

V

VACHETTE (L.-F.-A.), *quincaillier*, rue de Charonne, 51.

VAILLANT (Camille-Stanislas), de la maison VAILLANT, FONTAINE et QUINTART, *quincailllier*, rue Saint-Honoré, 181.

VAILLANT (R.-J.-B.), *commiss. en marchandises*, rue d'Hauteville, 20.

VALADIN (É.-M.), *entrepreneur de peinture*, rue Chanaleilles, 13.

VALDAMPIERRE (M.-A.), *cartonn. de fantaisie*, rue Saint-Martin, 110.

VALENTIN (F.-L.), *vins et spiritueux*, rue Le Peletier, 37.

VALENTIN (J.-A.-C.), *laines et déchets*, rue Lafayette, 127.

VALÈS (C.-É.), *perles fausses*, rue Saint-Martin, 213.

VANDERCRUSE (Alfred-Léon), *fabricant de bonneterie*, rue des Halles, 2.

VANDERHEYM (C.), *marchand de diamants*, rue de Maubeuge, 26.

VANDERHEYM (É.), *marchand de diamants*, rue Taitbout, 44.

VANDRAND (A.), *négociant en chiffons*, rue de Thionville, 10.

VANTIER (É.-F.), *marchand de fer*, rue François-Miron, 40.

VAQUEZ-FESSART (E.-F.), *négociant en soies*, rue Saint-Denis, 137.

VARENNE (E.-J.-B.), *distillateur*, rue de Paris, 53, à Pantin.

VAUDELLE (F.), *terrassier*, rue Campagne-Première, 10.

VAUGEOIS et BINOT, *passementerie or et argent*, rue Étienne-Marcel, 15. (Voir aux professions.)

VAURY (A.-H.), *négociant en farines*, rue de Marengo, 6.

VAUTREY (J.-É.), *direct. du Phénix, incendie et vie*, rue Lafayette, 33.

VÉE (A.-A.), *pharmacien*, rue Vieille-du-Temple, 24.

VENÉQUE (L.-S.), *négociant en stéarine et bougies*, rue du Milieu, Ivry.

VERDIER (E.-D.), *restaurateur*, rue Laffitte, 1.

VERDIER (Paul-Pierre-François), *fabricant de produits en terre cuite*, boulevard de Charonne, 20-22.

VERDIÈRE (E.-R.), *fabt de châles imprimés*, rue Saint-Joseph, 3.

VERDIN (A.-L.), *maître carrier*, avenue de l'Observatoire, 13.

VERMOND (A.), *denrées coloniales*, rue des Juges-Consuls, 3.

VERNES (A.), *banquier*, rue Taitbout, 29.

VERRIER (P.), *quincaillier*, rue Saint-Honoré, 147.

VERSCHAVE (Édouard), de la Maison E. VERSCHAVE et fils, *négociant en fils de fer*, rue Pavée-au-Marais, 17 *bis*.

VERSEPUY (A.), *commiss. en marchand.*, r. Paradis-Poissonnière, 56.

VERSEPUY (V.-É.), *commiss. en marchandises*, Faub.-Poissonnière, 32.

VERSINI (Eugène), *marchand tailleur*, rue de la Paix, 3.

VERT (J.), *entrepreneur de charpentes*, rue Saint-Blaise, 51.

VESSIÈRES (J.-A.), *conf. en gros pour enfants*, rue du Sentier, 12.

VEYNAT (François-Auguste), *orfèvre*, rue du Château-d'Eau, 21.

VEZET (A.-B.), *charpentier*, rue Violet, 62.

VIAL (L.-C.-É.), *pharmacien*, rue Bourdaloue, 1.

VIALLARD (A.), *marchand de fers et tôles*, rue des Vinaigriers, 38.

VIBERT (A.-A.), *constructeur de fours*, rue Bourtibourg, 26.

VIBERT (L.-G.-A.), *parfumeur*, boulevard Sébastopol, 28.

VICAT (J.-H.), *produits chimiques*, rue Jules-César, 9.

VIETTE (E.-T.), *tissus, toiles de fantaisie*, rue des Jeûneurs, 29.

VIGIER (F.), *pharmacien*, boulevard Bonne-Nouvelle, 12.

VIGIER (P.-V.), *pharmacien*, rue du Bac, 70.

VIGUÈS (Antoine-Gustave), *bois des Iles*, rue du Faubourg-Saint-Antoine, 59.

VILDIEU (Louis-Gustave), *vins en gros*, rue de Lyon 43, et rue du Port-de-Bercy, 94.

VILLAUX (A.), *banquier*, rue Drouot, 7.

VILLEMINOT (E.-J.), *plumes et fleurs*, rue de Richelieu, 76.

VILLEMINOT (L.), *sculpteur-ornemaniste*, rue des Chartreux, 4.

VILLENEUVE (Ernest-Jacques), *fabricant de papiers de fantaisie*, rue des Blancs-Manteaux, 40; usine : avenue de Choisy, 95 et 97.

VINCENOT (C.-H.), *plomberie et couverture*, rue de Buffon, 69.

VINCENT (Hippolyte-Sévère), *fabricant de petites voitures d'enfants*, rue du Château-d'Eau, 29.

VINCENT (P.-A.), *négociant en draps*, rue Bertin-Poirée, 7.

VINCENT (P.-A.), *chapeaux de paille*, rue d'Aboukir, 119.

VINCHON (A.-M.), *négociant en toiles*, rue de Mulhouse, 13.

VINIT (Albert-Théodore), *directeur de la* Compagnie coloniale, avenue de l'Opéra, 19.

VIOL (A.), *fabricant de plumes*, r. des Jardins, 85, à Nogent-sur-Marne).

VIOLET (A.-A.), *entrepreneur de travaux publics*, boulev. Haussmann, 37.

VION (A.-D.), *courtier de commerce*, rue Lafayette, 88.

VION (T.-D.), *fabricant de porcelaines*, r. de Paradis-Poissonnière, 45.

VITRY (A.), *fabricant de coutellerie*, boulevard de Sébastopol, 106.

VIVÉS (L.), *libraire-éditeur*, rue Delambre, 13.

VIVIER (A.), *entrepreneur de pavage*, rue Rousselet, 17.

VIVIER (J.), *tailleur*, boulevard des Italiens, 28.

VOGT (JJ.)., *fabricant de colle*, rue Daguerre, 13.

VOIRIN (H.), *mécanicien*, rue Mayet, 17.

VOISIN (H.-J.), *fabricant de coiffures*, rue des Petits-Champs, 5.

VOLANT (M.-J.-R.), *verres à vitres*, faubourg Saint-Martin, 188.

VOUZELLE (F.-H.), *plomb de chasse*, rue Saint-Martin, 4.

VUAFLART (L.-E.), *agent de change*, rue Saint-Augustin, 9.

VUILLET (L.-J.), *marchand de nouveautés*, rue de Rivoli, 10.

W

WAASER (C.), *bois découpé*, rue Championnet, 236.

WADELEUX (H.), *miels et mélasses*, rue de la Verrerie, 99.

WALKER (A.-G.), *fabricant d'articles de voyage*, place de l'Opéra.

WARCOLLIER, *vins et spirit.*, q. St-Bernard, à l'Entrepôt, r. de Bordeaux, 8.

WARÉE (fils) (Adrien-Léonce), *fabricant de dentelles et guipures*, rue de Cléry, 19.

WARINIER (.), *blanchisseur de tissus*, quai de Seine, 34, à l'Ile St-Denis.

WATEL (L.-J.), *entrepreneur de chemins de fer*, r. Chauveau-Lagarde, 14.

WAY (Hippolyte-Alfred), *commissionnaire en grains, farines, huiles, sucres et trois-six. Importation et exportation*, rue de Viarmes, 29.

WEBER (C.), *fabricant passementier*, rue Poissonnière, 15.

WEEGER (H.-N.-T.), *fabricant de couleurs et vernis*, r. St-Martin, 322.

WEIL (Raphaël), *soie*, rue du Caire, 12.

WEILL (V.), *commissionnaire*, rue de Lancry, 17.

WEYER, *d' de la Soc. française et belge de banq. et d'esc.*, r. de Choiseul, 20.

WEYHER, *constructeur de machines*, route d'Aubervilliers, 50, Pantin.

WIART (Edmond-Victor), *négociant en bronzes et ameublements*, rue de Châteaudun, 59.

WICKHAM G.-B.-J.), *bandagiste*, rue de la Banque, 16.

WILLEMIN (F.), *fers, fontes, quincaillerie*, rue de Lancry, 49.

WIMPHEN, *fab. de passementerie pour dames*, r. du Quatre-Septembre, 18.

WINTER (David), *négociant commissionnaire en grains et farines*, rue Jean-Jacques-Rousseau, 42.

WOLFF (A.-D.-B.), *facteur de pianos*, rue Rochechouart, 22 et 24.

WOLF (D.), père, de la maison WOLF, père et fils et P. MAUNOURY, *fabricant de papiers*, rue des Archives, 10 et 110, rue Saint-Martin.

WORMS (J.), *banquier*, rue du Conservatoire, 10.

Y Z

YVES (A.), *graveur héliographe*, rue Thévenot, 6.

ZOPFF (A.-J.), *chemisier-tailleur*, avenue de l'Opéra, 29.

7

LES ANCIENS

NOTABLES

COMMERÇANTS

DE

PARIS

CLASSIFICATION PAR PROFESSIONS

ACIER POLI (Marchands d')

DENIS Eugène
90, RUE AMELOT, 90

HUET Jules
118, RUE DE TURENNE, 118

JESSON (H.), rue Rampon, 3.

AGENTS DE CHANGE

BACOT (A.), rue Lafayette, 13.
BEAUVISAGE (L.-F.), rue de Choiseul, 23.
BÉDOILLE (J.-E.-E.), rue Lafayette, 14.
BÉJOT (H.-J.), rue de Richelieu, 89.
BERTEAUX (H.-M.), rue du Quatre-Septembre, 2.
BURAT (H.-A.), rue de Lafayette, 46.
BURAT (L.), rue de Lafayette, 46.
CHABERT (P.-A.-N.), rue des Moulins, 20.
COURET-PLÉVILLE (G.), boulevard Haussmann, 28.
CRÉPY (L.-E.), rue du Quatre-Septembre. 19.
DOLLFUS (E.), rue Favart, 6.
DREUX (E.), rue du Quatre-Septembre, 10.
DUTILLEUL (C.-E.), rue du Helder, 3.
DUVERGER (L.), avenue de l'Opéra, 27.
EVRARD (J.-J.), rue d'Uzès, 8.
FESSARD (E.-A.), rue du Quatre-Septembre, 8.
GADALA (T.-A.-C.), boulevard Poissonnière, 21.

GALICHON (L.-P.), rue Laffitte, 1.
GAUTIER (L.-F.-H.-A.), rue de Provence. 60.
HART (A.-F.), rue Le Peletier. 24.
HÉBERT (P.), rue Notre-Dame-des-Victoires, 14.
HERBAULT (E.-N.). rue du Port-Mahon, 12.
JACOB (P.-A.), rue Drouot, 18.
JEANIN (A.-A.-N.), rue de Richelieu, 102.
KOLLER (J.-E.), rue Le Peletier, 29.
LAURENT (C.-A.), rue du Quatre-Septembre. 9.
LECERF (J.), rue Taitbout. 13.
LECOMTE (L.-E.), rue Laffitte, 12.
LEDOUX (C.-L.), rue de Louvois, 10.
LEPEL-COINTET (M.-G.-A.), rue Vivienne. 22.
LE ROY (C.-E.), rue des Moulins, 21.
LEVOT (L.-L.), rue Saint-Marc, 36.

LIÉVIN Auguste-Edmond

10, Rue Saint-Augustin

MILLET (L.-M.-A.), rue de Provence, 21.
MOREAU (F.-L.), rue Montmartre. 129.
MOULUSSON (G.-A.-D.), rue de Provence, 18.
MOYSE (A.-G.), rue de la Banque, 17.
NATHAN (E.), rue du Quatre-Septembre, 11.
PERDRIGEON (J.-M.-C.), rue Montmartre, 178.
REUMONT (E.-A.), rue Drouot, 21.

R. L. M. ROBLOT

44, Rue Laffitte

ROLAND-GOSSELIN), rue Richelieu, 62.
ROUSSEL (E.), rue de Louvois, 8.
SELIGMANN (D.-E.), rue Drouot, 4.
TAVERNIER (A.-F.-H.), rue Drouot, 7.
TRENCART (P.-E.), rue Chauchat, 5.
VUAFLART (L.-E.), rue Saint-Augustin, 9.

ALCOOLS

DELIZY Simon-Clovis
12, Rue de l'Égypte, 12
PANTIN

GRIME (A.-G.), rue Notre-Dame-des-Victoires, 42.

MICHELIN-VERNIER
Agent-Commissionnaire de Distillerie
3, Place Jussieu.

AMEUBLEMENTS

J. BELLOIR
De la Maison BELLOIR et VAZELLE
56, Rue de la Victoire, 56

AMEUBLEMENTS & MIROITERIE
L. CAUVET
109, Faubourg Saint-Antoine

J. COUSIN et Fils
100, *Rue Lafayette*, 100

CUEL GILBERT
AMEUBLEMENTS

Fournisseur de Sa Majesté le Roi d'Espagne

20, RUE DES CAPUCINES
(En Face le Crédit Foncier)

J. F. DUVAL
13 & 15, Boulevard de la Madeleine

GOUJON (M.-D.), *étoffes pour ameublements*, rue du Faubourg-Saint-Antoine, 20.

AMEUBLEMENTS DE STYLES

MEUNIER & VIVIER
13, Rue Chauchat
ET
20, Rue Le Peletier, 20

MEUBLES ANCIENS & MODERNES
MILLOT THÉODORE
75, Rue du Faubourg-Saint-Honoré, 75

E. WIART
59, Rue de Châteaudun, 59

ARMURIERS

BACKES (J.-F.), rue Elzévir, 7.
CHAUVOT (L.-F.), rue d'Enghien, 12.
CLAUDIN (D.-H.), boulevard des Italiens, 38.
FAURE (E.-H.), rue de Richelieu, 8.
GASTINE-RENETTE (J.-F.), avenue d'Antin, 59.
LAINÉ (J.-B.), rue de Rivoli, 21.

ASSURANCES

BADON-PASCAL (A.-L.-P.), directeur de la Compagnie d'assurances sur la vie *la Confiance*, rue Favart, 2.

BILLETTE (A.-E.), directeur de la Compagnie d'assurances *l'Étoile de la Mer*, rue Notre-Dame-des-Victoires, 44.

BOUDON (J.-P.-A.), directeur de la Compagnie d'assurances maritimes *le Pilote*, place de la Bourse, 6.

BRISSET DES NOS (A.-F.-M.), directeur de la Compagnie d'assurances *la Foncière*, place Vendôme.

CLOQUEMIN (P.-E.), directeur de *la Paternelle*, assurance contre l'incendie, rue Ménars, 4.

DE BOSREDON (P.-M.), directeur de *la Compagnie d'assurance générale* sur la vie, rue de Richelieu, 87.

DE BOUSQUET (C.-L.), directeur de la Compagnie d'assurances *la Providence*, rue de Grammont, 12.

DE GOURCUFF (A.), directeur de *la Compagnie d'assurance générale* contre l'incendie, rue de Richelieu, 87.

DEGOURCUFF (H.), directeur de *l'Internationale maritime*, rue de Richelieu, 85.

DEGRÉTEAU (J.-H.), directeur de la Compagnie d'assurances *l'Eole*, place de la Bourse, 12.

DESPREZ (F.-P.), directeur de *la Sécurité* (assurances maritimes), place de la Bourse, 6.

DU BOURDIEU (P.-C.), directeur de la Compagnie *l'Aigle* (vie), rue de Châteaudun, 44.

DUMOUSTIER de FREDILLY Etienne

Directeur de la Compagnie LA FONCIÈRE (VIE)

2, Place Ventadour, 2

FLOUEST (E.), directeur de la Compagnie d'assurances *la France* (vie), rue de Grammont, 14

FOUZÈS (L.-F.), directeur de la Compagnie d'assurances *la Navigation*, place de la Bourse, 8.

GRANGE DE RANCY (de) (H.-C.-R.-E.), directeur de la Compagnie d'assurances contre l'incendie *le Soleil*, rue de Châteaudun, 44.

GUILLAUME D'AURIBAU (L.-A.-C.), directeur de la Compagnie *le Soleil* (vie), rue de Châteaudun, 44.

JACQUEL (L.-G.), directeur de la Compagnie d'assurances *la Vigie*, place de la Bourse, 6.

LANDAIS (L.), directeur de la Compagnie *la Prévoyance*, place de la Bourse, 6.

LANGLOIS (A.), directeur de la Compagnie *l'Abeille*, rue Taitbout, 57.

LHOPITAL (G.), directeur de *la Nationale* (vie), rue de Grammont, 13.

MABIRE (G.-F.), directeur des Compagnies d'assurances maritimes *la Sphère* et *la Mer*, rue Vivienne, 35.

MASNOU (H.-F.-J.), directeur de la Compagnie d'assurances contre l'incendie *le Nord*, rue Le Peletier, 4.

MAYEN (A.), directeur de la Compagnie *la Prévoyance*, rue de Londres, 23.

MONNEROT (J.-F.-J.), directeur de *la Nationale*, Compagnie d'assurances contre l'incendie, rue de Grammont, 13.

ODIER (A.-A.), directeur de la Compagnie d'assurances *la Caisse des Familles*, rue de la Paix, 4.

POTIER DE COURCY (F.-A.), directeur de la *Compagnie d'assurances générales* contre l'incendie, rue de Richelieu, 87.

ROBERT (C.-F.), directeur de *l'Union*, assurances sur la vie, rue de la Banque, 15,

SEURE Eugène
Directeur de la Compagnie d'Assurances LA SEINE
37, Rue Le Peletier, 37

SOULTZENER (C.), directeur de la Compagnie d'assurances *l'Aigle*, rue de Châteaudun, 44.

TEULIÈRE (H.-A.), directeur de *l'Indemnité* et *la Prudence*, assurances maritimes, rue Vivienne, 35.

TRUELLE Léon
DIRECTEUR DE LA COMPAGNIE D'ASSURANCES « LA FRANCE »
14, Rue de Grammont

LE SOLEIL

Compagnie Anonyme

d'ASSURANCES SUR LA VIE

Autorisée par Décret du 21 Décembre 1872

44, rue de Châteaudun, à Paris

Capital social : **DOUZE MILLIONS**

CONSEIL D'ADMINISTRATION

PRÉSIDENT DU CONSEIL

M. M. Heine, de la Maison Heine.

ADMINISTRATEURS

MM.

Frémy, G. O. ✳.

Goguel, ✳, de la Maison C. Goguel et Cie.

Mannberguer, ✳, de la Maison Périer frères et Cie.

Le Marquis de Plœuc, C. ✳, ancien Député.

Le Comte de Rancy, C. ✳, Président du Conseil d'Administration de la Cie *Le Soleil* (Incendie).

De Ronceray, ✳, Directeur Général de la Cie *Le Soleil*, (Incendie).

Feydeau, O. ✳, architecte.

CENSEURS

MM.

Ehrmann, de la Maison C. Goguel et Cie.

Périer, de la Maison Périer frères et Cie.

Brame, propriétaire.

DIRECTEUR

M. Eugène de la Jaille.

ASSURANCES en cas de décès pour la Vie entière.

ASSURANCES mixtes et à terme fixe.

RENTES VIAGÈRES immédiates ou différées aux taux les plus avantageux.

RENTES d'éducation et capitaux de dotation en faveur des enfants.

VAUTREY (J.-E.), directeur du *Phénix*, assurances contre l'incendie et sur la vie, rue Lafayette, 33.

BAIGNOIRES (Fabricant de)

DELACOMMUNE Ernest
DE LA MAISON E. DELAROCHE & SES NEVEUX
22, Rue Bertrand

BANQUES

BOURGEOIS (A.-P.-A.), directeur de *la Banque commerciale et industrielle*, rue du Quatre-Septembre, 25.

CHRISTOPHLE (A.), gouverneur du *Crédit Foncier*, rue Neuve-des-Capucines.

COMPÈRE (E.-E.-T.), directeur du *Comptoir veuve Lyon-Alemand*, rue Quincampoix, 79.

DESPREZ (A.-H.), directeur du Comptoir maritime, place de la Bourse, 6.

DURRIEU Henri
Président de la Société Générale du Crédit Industriel & Commercial
66, RUE DE LA CHAUSSÉE-D'ANTIN, 66

GAUTIER (C.-E.-J.-E.), directeur de la Société des Dépôts et Comptes courants, place de l'Opéra, 2.

GIROD (P.-F.-G.), directeur du Comptoir d'Escompte, rue Bergère, 14.

GOUIN (J.), directeur de la Compagnie des Batignolles, avenue de Clichy, 176.

MAGNIN (P.-J.), gouverneur de la Banque, rue de la Vrillière.

SALLE (J.-H.), directeur de la Caisse commerciale, boulevard Poissonnière, 23.

SAUTIER (C.-L.-F.), directeur de la Banque de Paris et des Pays-Bas, rue Cambon, 4.

P. F. STIELDORFF

Directeur de la Compagnie Algérienne

11, RUE DES CAPUCINES

WEYER (E.), directeur de la Société française et belge de Banque et d'Escompte, rue de Choiseul, 20.

BANQUIERS

ALBERT (E.-J.), boulevard Haussmann, 99.
ASTRUC (J.-T.), rue Lafayette, 59.
AUBRY (C.-M.), boulevard de la Madeleine, 9.
AUDENET fils (X.), rue du Faubourg-Poissonnière, 57.
AUDEOUD (J.-T.), rue Halévy, 4.
BADEL (S.-D.-J.-B.), rue Rossini, 3.

BERGON Frédéric

Ch. DANNEEL et Cie, Successeurs

3, RUE DE ROUGEMONT

BERLY (G.), rue de la Chaussée-d'Antin, 60.
BIRIE (A.), rue d'Hauteville, 56.
BOURGEOIS (J.), rue du Quatre-Septembre, 12.
BROCARD (F.-M.), rue Drouot, 5.
CALON (G.-P.), rue d'Hauteville, 53.
CLAUDE-LAFONTAINE, (L.), rue de Trévise, 32.
CORDIER (N.), rue de Provence, 62.
DAVILLIER (M.), rue du Quatre-Septembre, 12.
DE BAECQUE Fils (G.-P.-B.), rue du Faubourg-Poissonnière, 9.
DEHAYNIN (J.-G.-C.), rue du Faubourg-Saint-Honoré, 76.
DELAMOTTE (R.), rue des Petites-Écuries, 56.
DELORE (N.-E.), rue de la Boëtie, 33.
DEMACHY (C.), rue de Provence, 58.
DE NEUFVILLE (S.-D.-G.), rue Halévy, 6.
DE ROTHSCHILD (L.-A.), rue Laffitte, 21.
D'ESCRIVAN (G.-G.), rue de Nesle, 8.

DONON (A.-P.), boulevard de la Madeleine, 9.
DOSSEUR (R.-T.-H.), rue de Lille, 5.
DUCOING (J.), rue de Douai, 12.
DURANT (A.-L.), rue Sainte-Anne, 46.
ELLISSEN (A.), boulevard Haussmann, 41.

FABRE Alphonse
BANQUE & COMMISSIONS
12, Rue Linné, 12

FANTAUZZI (C.), rue Lafayette, 62.
FLURY-HERARD (P.-L.-H.), rue Saint-Honoré, 372.
FOUCHET (L.-A.-E.), rue du Faubourg-Poissonnière, 7.
FREMONT (L.-J.), rue Bertin-Poirée, 14.
GARNOT (P.-E.), rue du Faubourg-Poissonnière, 59.
GAYETTE (J.-A.-F.), rue Montmartre, 131.
GOGUEL (C.-F.-G.), rue Le Peletier, 14.
GOSSELIN (C.-L.-A.), place des Victoires, 12.
GOUDCHAUX (C.), rue de la Banque, 16.
GOURDIN (A.-N.-H.), rue Saint-Martin, 9.

HEINE Michel
22, Rue Bergère, 22

HENNET (H.-G.), rue du Faubourg-Poissonnière, 35.
HESSE (J.), boulevard de Sébastopol, 44.
HOLLANDER (J.), rue de Provence, 8.
HOTTINGUER (R.), rue de Provence, 38.
JACOT (G.-F.), boulevard Magenta, 2.
JAMETEL (A.), rue Vivienne, 51.
KAHN dit CAHN (H.), boulevard Bonne-Nouvelle, 34.
KOHN (E.), rue de la Bourse, 4.

LÉCUYER Jean-François
17, Rue de la Banque, 17

LEHIDEUX (E.-J.), rue Drouot, 3.
LEROY-DUPRÉ (A.), rue du Faubourg-Saint-Antoine, 74.
LHERBETTE (C.-V.), rue Scribe, 19.
MALLET (E.), boulevard Malesherbes, 24.
MATHIEU (L.), boulevard Sébastopol, 52.
MORIN (L.-J.), rue Rossini, 3.
OFFROY (E.-J.), rue du Faubourg-Poissonnière, 63.

Ch. PILLOIS et Fils

107, Boulevard de Sébastopol, 107

PREMSEL (B.), rue de la Victoire, 59.
PROVOT (A.-E.), rue Sainte-Cécile, 10.
RENARD (C.-J.-S.), rue Grange-Batelière, 10.
ROULLET DE LA BOUILLERIE (A.), rue de la Victoire, 61.
SÉE (J.-L.), rue du Conservatoire, 11.
SERAY (L.), rue de Richelieu, 108.
SIEGFRIED (J.-J.), rue Monsigny, 13.
SPRONCK (H.-E.), boulevard Sébastopol, 88.
THÉLIER (H.-L.), rue Chauchat, 20.
THIESSET (J.-F.-F.), rue d'Enghien, 24.
THOMAS (F.), rue de Londres, 10.
VERNES (A.), rue Taitbout, 29.
VILLAUX (A.), rue Drouot, 7.
WORMS (J.), rue du Conservatoire, 10.

BATIMENTS (Entrepreneurs de)

CANDAS (F.-E.), rue de Lancry, 14.
LEFAURICHON (A.), avenue Daumesnil, 24.

C. THOMAS

45, Avenue Victor-Hugo, 45

BEURRE EN GROS

CHIRADE Armand-Simon
BEURRES, ŒUFS ET FROMAGES
11, Rue de Marivaux, 11

GUILLET (S.), rue de Rambuteau, 76.
LOIRE (J.-B.-A.), rue Coquillière, 10.

BIJOUTIERS

BASSOT (L.-C.-P.), rue de la Paix, 17.
BOUCHERON (F.-P.), Palais-Royal, 152 et 153.
CAILLOT (J.-P.), rue des Moulins, 20.

CH. CHALUMEAUX
Chaînes d'Argent
13, RUE DES FONTAINES, 13

CHARPENTIER (A.-E.), rue Montmartre, 119.
CŒURÉ (E.-J.), rue des Bons-Enfants, 27.
DANOUX (V.-H.), galerie de Valois, 112.
DARCHE (E.), boulevard des Capucines, 5.
DEBACQ (F.-P.), rue Réaumur, 41.

DELATRE Justin-Louis
BIJOUTIER-JOAILLIER
33, Rue Croix-des-Petits-Champs, 33

DESFONTAINES (J.-A.), galerie Montpensier, 19 et 20.
DUPONT (G.-E.), rue Montesquieu, 2.

DURAND (E.-J.), rue Montesquieu, 4.
FANNIÈRE (F.-A.), rue de Vaugirard, 53.
FONTANA (C.), Palais-Royal, 98.

FOUQUET-GUEUDET
JOAILLIER-ORFÈVRE, CORAIL
18, Rue de la Chaussée-d'Antin, 18

GAILLARD (E.-A.), rue du Temple, 101.
GARANGER (E.), boulevard Voltaire, 47.
GARCI (G.-V.), rue des Filles-du-Calvaire, 14.
GROSS (A.), rue du Temple, 79.
HÉMON (A.-V.), rue du Temple, 134.
HENIN (L.-A.), rue des Archives, 33.
HÉRICE (J.-J.), rue du Parc-Royal, 12.
LABOURIAU (C.), rue de Turenne, 119.
LARROZE (J.-A.), boulevard de Sébastopol, 96.
LEBLANC (E.), boulevard Magenta, 10.
LECLERCQ (E.), rue de la Paix, 18.
LEFÈVRE (L.-A.), rue des Archives, 13.
LEMOINE (A.-A.), rue Saint-Honoré, 356.
LINZELER (J.-F.-E.), boulevard de la Madeleine, 17.
LION (A.-C.), rue des Archives, 23.
LOURDEL (C.-L.), rue d'Hauteville, 62.
LUCY (P.), rue Pastourelle, 32.
MAGNIADAS (F.-J.), rue des Archives, 23.
MARRET (F.-E.), rue Vivienne, 16.
MAYER (E.-F.), rue Vivienne, 53.
MEYER (H.-S.), rue de Châteaudun, 39.
MICHELOT (A.-C.-H.), rue Saint-Martin, 213.
MIGNÉ (E.-A.), rue du Temple, 160.
MOLLARD (A.-P.), place de la Bourse, 6.

C. B. MURAT
DE LA MAISON MURAT & Cie
6, Rue des Archives, 6

PAGE (L.-E.-N.), rue de Richelieu, 78.
PÉCHEUX (F.-L.), galerie Montpensier, 17.

PLICHON Fils
FABRIQUE DE BIJOUX DOUBLE OR
10, Rue du Parc-Royal

F. ROUSSET
Commissionnaire en Bijouterie et Pierres fines
243, RUE SAINT-MARTIN

ROUZE (J.-H.), rue Notre-Dame-de-Nazareth, 14.
SABÉ (P.), rue Saint-Honoré, 173.
SCHEFFER (P.-M.), rue aux Ours, 61.

J. F. SORDOILLET
ANCIENNE MAISON JACQUEMIN
BIJOUX D'ACIER
6, Rue Notre-Dame-de-Nazareth

SOUFFLOT (P.-J.), rue du Quatre-Septembre, 10.
TEMPLIER (C.-J.-P.), rue Michel-le-Comte, 23.

BISCUITS (Fabricant de)

E. GUILLOUT
DE LA MAISON GUILLOUT & Cie
116, Rue de Rambuteau

BLANCHISSAGE (Tissus & Apprêts)

BOURGIN Frédéric-Jules
Rue de l'Industrie
A COURBEVOIE

BOIS A BRULER ET CHARBONS
(Marchands de)

AUBRY Alphonse-Alexis
COMMISSIONNAIRE EN BOIS ET CHARBONS DE BOIS
290, Rue de Charenton, 290

AUGUSTIN (L.-E.), Grande-Rue, 29, à Issy.
BERTIN (A.), rue du Général-Foy, 38.
FAUVAGE (P.), boulevard Montparnasse, 40.
FENARD (E.-L.), quai de la Râpée, 80.
GIBERT (H.-B.), avenue de Breteuil, 46.
LECOCQ (L.-F.), quai National, 28, à Puteaux.
LEGRAND (A.), rue du Faubourg Poissonnière, 117.
MAILLOT (P.-C.), boulevard Saint-Germain, 20.
MATHIEU (F.-C.), rue Condorcet, 25.
PICARD (L.-G.), quai d'Austerlitz, 25.
PINGAULT (L.-F.), boulevard de Latour-Maubourg, 88.
PORCHER-LABREUILLE (A.-E.), avenue d'Italie, 23.
RAVAUT (L.-E.), rue Demours, 27.
TOUFFLIN (J.-B.), rue de Berlin, 36.

BOIS DES ILES

GIRARDOT (E.-V.), rue Saint-Nicolas, 10.
GUILBERT (C.-L.), boulevard Voltaire, 149.
HOLLANDE (J.-H.), rue de Charenton, 51.
JEANSELME (L.-C.), rue de Charenton, 103.
MASSIN (Léon), *bois de sciage et fers*, rue de Paris, 102, à St-Denis (Seine)
MOUGENOT (L.-M.), rue de Charonne, 34.
NICLAUS (J.-F.-A.), rue Popincourt, 47.

A. G. VIGUÈS Fils

59, Rue du Faubourg-St-Antoine

BOITES MÉTALLIQUES

A. A. PAILLARD
BOITES & ÉTIQUETTES MÉTALLIQUES
74, Rue Montmartre, 74

PELTIER (E.-R.), rue du Vieux-Pont-de-Sèvres, à Boulogne.

BONNETERIE

AUCOC (L.-P.), rue de la Paix, 6.
BULLOT (C.-J.), rue de la Monnaie, 17.
COLLARD (C.-C.), rue du Pont-Neuf, 21.
COUTURAT (E.-A.-L.), rue du Pont-Neuf, 15.
DEPASSE (A.-L.-W.), rue des Bourdonnais, 34.
FEUTRY (B.-A.), rue Saint-Denis, 98.
FORTEAU (H.-J.), rue Bertin-Poirée, 13.
HARANGER (J.-F.-X.), rue du Temple, 181.
MEYRUEIS (A.), rue de Rivoli, 65.
RENEVEY (J.-A.), rue des Bourdonnais, 30.
ROUX (L.-A.), rue des Champs, 2, à Courbevoie.
SAVOURÉ (J.-C.), rue de Rivoli, 120.
SUPERSAC (A.), rue Montmartre, 176.
TRIBOUT (L.-G.), rue du Faubourg-Saint-Honoré, 5.

BONNETERIE DE FANTAISIE
A. L. VANDERCRUSE
2, Rue des Halles, 2

BOUCHERS

BAILLY (N.), rue de Turenne, 67.
DAIX (H.-D.), abattoirs de La Villette.

DOUILLET (C.), rue d'Allemagne, 154.
DOUILLET (E.), rue de Belzunce, 7.
LAMBERT (A.-J.), rue de Neuilly, 199, à Neuilly.
LION (A.), rue de Jouy, 21.
MORAND (L.-F.), rue Saint-Honoré, 40.
PRÉGNIARD (A.-M.), rue Cail, 25.
SEURIN (E.-N.), place de la Madeleine, 26.

BOUCHONS EN GROS

J. BRUN

de la Maison Vᵛᵉ J.-P. BRUN & Fils

19, Rue des Halles, 19

THOMAS fils (A.), rue de la Verrerie, 67.

BOULANGERS

BISCH (E.-G.-A.), rue Notre-Dame-de-Lorette, 64.

CHARPENTIER-PHILIPPOT

1, Rue Grétry, 1

DUBOIS (J.), rue de Richelieu, 92.
FÉLIX (P.-L.), rue Sainte-Anne, 34.
FROMENTEAU (E.-A.), rue Saint-Lazare, 18.
LENEUF (E.), rue de Grenelle, 37.

V. MACHIN

BOULANGERIE-PATISSERIE

90, Rue de Turenne, 90

RAMÉ (L.-F.), rue de Charonne, 7.

BOULONS (Fabricants de)

MANUFACTURE DE BOULONS, ÉCROUS, RIVETS, ETC.

BOUCHACOURT MAGNARD & Cie

125, rue Oberkampf, PARIS

Et à FOURCHAMBAULT (Nièvre)

GAVEAU (L.-E.), rue de Crimée, 144.

BOUTONS

F. BAGRIOT
BOUTONS DE LIVRÉES ET D'UNIFORMES
Rue Saint-Denis, 168, 170

DARDOUZE (E.), rue Ménilmontant, 83.
DUGOUR (P.-P.), rue du Faubourg-Saint-Martin, 162.
HARTOG (J.), boulevard Poissonnière, 14 *bis*.
LAFONTAINE (J.), rue Moret, 30.
LARRIVÉ (E.), rue de Rambuteau, 65.
LEMESLE (F.-J.-C.), rue des Gravilliers, 69.
MASSÉ (A.), rue de la Feuillade, 3.
MAY (E.), rue Thévenot, 14.
NÉAU (E.-J.-B.), rue d'Angoulême, 66.
PARENT (A.-P.), rue Michel-le-Comte, 27.
ROULENAT (C.), rue Turbigot, 55.
TANTET (C.), boulevard Sébastopol, 104.

BRASSEURS

DUMESNIL (G.-M.-F.-A.), rue Duméril, 1 à 9.

FIÉVET Édouard

3 et 5, RUE DES LYONNAIS, 3 et 5

LAURENT (P.-E.), route des Moulineaux, 25, à Issy.
RIESTER (L.-A.), à Puteaux.

BRODERIES

TRÈVES Adolphe Fils

MANUFACTURIER

Etablissement de Broderie mécanique à Saint-Quentin

12, RUE DES JEUNEURS

BRONZES D'ÉCLAIRAGE

E. BOURDON

De la Maison BOURDON, JACQUEMIN & GREMION

26, rue Sévigné

BRONZES (Fabricants de)

ALBINET (J.), rue de Valois, 10.

A. BERTRAND
BRONZES, GALVANOPLASTIE
3, rue des Archives

DASSON Henry & Cie

106, Rue Vieille-du-Temple, 106

DELAFONTAINE (A.-M.), rue de l'Université, 10.
DOMANGE (C.-D.-E.), rue de Bretagne, 55.
GARNIER (F.-E.), boulevard Voltaire, 63.
GILLET (L.-F.), rue de Béarn, 4.
GRAUX (J.-H.), quai Jemmapes, 64.
HOUDEBINE (C.-H.-A.), rue de Turenne, 64.
LANGUEREAU (J.), boulevard Beaumarchais, 23.
LEFÉBURE (V.), rue Caumartin, 17.
LEMERLE (J.-A.), boulevard Haussmann, 69.
LEROLLE (C.), rue du Foin, 1.

S.-E. LOHSE

121, Rue Vieille-du-Temple, 121

MARCHAND (L.-L.), rue des Archives, 10.
MARLIN (J.-E.), rue Amelot, 26.
MARTINET (J.), rue Charlot, 71.
MORISOT (A.-Ch.), rue de Turenne, 76.
PERRIÈRE-DESCHEVAILLES (V.-J.), rue du Bac, 42.
PERROT (M.-H.), rue Charlot, 5.
PICARD (M.-C.), rue de Sèvres, 47.
PINÉDO (E.), boulevard du Temple, 40.
POUSSIELGUE-RUSAND, rue Cassette, 5.
RAMIER (P.-A.), rue Bonaparte, 5.
RANVIER (J.-M.), rue de Turenne, 116.
RENON (H.-V.), rue des Tournelles, 50.
ROBIN (E.-T.), rue de Bondy, 66.
THIÉBAULT (V.-C.-A.), avenue de l'Opéra, 32.

BRONZES IMITATION (Fabricants)

L. F. BLOT ❋
De la Maison BLOT & DROUARD
28, rue des Archives (SQUARE DU TEMPLE)

GROSSET (C.), rue Saint-Claude, 8.

BROSSERIE

CHEVILLE-LODDÉ (A.), rue Elzévir, 2.
HALLET (J-.M.), rue Montmartre. 55.

A. LAEDLEIN
De la Maison A. LAEDLEIN et SIMONOT, Fabricants de Grosse Brosserie
30, RUE SAINT-DENIS ET BOULEVARD SÉBASTOPOL, 23

LOONEN (F.-H.-A.), rue Neuve-Bourg-l'Abbé, 8.
MAUREY-DESCHAMPS (F.-A.), rue de Turbigo. 65.
RENAULT (A.-A.), rue Malher, 12.
RENNES (J.-M.), rue Saint-Denis, 50.
TILLOY (M.-S.-E.), rue Pastourelle, 15.

BUREAUX (Articles de)

BARBIER Eugène
Successeur de Ferdinand BOUCHÉ
Fournitures spéciales de Bureaux pour Administrations publiques, Imprimerie,
Lithographie, **5, RUE MANDAR.**

LACHNITT (A.), rue des Francs-Bourgeois, 26.

BUSCS POUR CORSETS

LIBRON

57, RUE RAMBUTEAU, 57

CAFÉS (Négociants en)

ANCELIN (L.-E), rue de l'Échiquier, 4.

H. AUBOIN
TORRÉFACTION DE CAFÉS & FABRIQUE DE CONFITURES
47, Boulevard Saint-Germain, 47
1, Rue Monge et Rue de Pontoise, 4

BRENOT (P.), rue Sainte-Croix-de-la-Bretonnerie, 36.
DÉRODE (L.), boulevard Sébastopol, 8.
ESTIEU (J.-A.-M.), rue Aubriot, 5.
GIRARD (J.), rue du Cloître-Saint-Merri, 14.
LEDOUX (C.), rue Saint-Denis, 24.
MARCHAND (J.-F.), rue Bourtibourg, 33.
MARCHAND (L.M.), rue du Jour, 9 et 11.
MOREAU (P.), rue Neuve-Saint-Merri, 30.

CAFÉS & SUCRES EN GROS
A. MOUSSET
23, Rue Saint-Denis, 25

PATIN (E.-E.), rue Montmartre, 17.
QUILLÉ (J.), rue dés Juifs, 20.
RAMBOUR (J.-L.), rue de la Verrerie, 73.

E. L. TRÉBUCIEN
Cafés des Gourmets
25, AVENUE DE VINCENNES, 25

CAOUTCHOUC

BERGUERAND (F.), rue des Archives, 16.
CHARLOT (J.-B.), rue Saint-Ambroise, 25.
DE SAINT-FERRÉOL (F.-J.-R.), rue Montholon, 34.
FAYAUD (J.-A.), rue Saint-Denis, 76.

CARACTÈRES (Fondeurs en)

BEAUDOIRE (T.), rue Madame, 52.

EON JEAN-VICTOR
53, Boulevard Edgar-Quinet, 53

MAYEUR (G.), rue du Mont-Parnasse, 21.

PEIGNOT Gustave-Charles
68, Boulevard Edgar-Quinet et Rue Domat, 26. — PARIS

TURLOT JEAN-ALFRED
142, Rue de Rennes, 142

CARRIERS

BAILLON (A.-L.-A.), rue de Rennes, 80.

J.-F. BRIÈRE

Ex-Exploiteur de Carrières (Pierres Meulières)

8, RUE DES ARCHIVES, 8

CIVET (F.), rue de Maubeuge, 75.
GIRANDIER (J.-M.-B.), place de l'Église, 10, à Bagneux.
LETELLIER (V.-M.), quai de Valmy, 123.
MICHAU (A.-A.), boulevard Saint-Michel, 93.
OUACHÉE (C.-L.), quai Conti, 17.
POULIN (C.-P.), avenue du Maine, 22.
VERDIN (A.-L.), boulevard Saint-Michel, 113.

CARROSSIERS

BAIL (L.-C.), avenue d'Eylau, 47.
BAIL (L.-G.-G.), rue du Colisée, 3.
BINDER (C.), avenue du Bois-de-Boulogne, 40.
BINDER (H.), rue du Colisée, 31.
BINDER (J.-C.), rue de Courcelles, 33.
BOUILLON (E.), avenue Kléber, 6.
BOULOGNE (P.-H.), à Sceaux.
DEFOLY (C.-E.), rue de Flandre, 123.
DESOUCHES (A.-F.), avenue des Champs-Elysées, 42.
FREDET (J.-E.), avenue des Champs-Elysées, 55.

GEIBEL ALFRED

14, Rue de Milan, 14

GUIET (M.-J.-A.), avenue Montaigne, 95.
JEAN (G.), rue Ordener, 21 et 23.
JEANTAUD (J.-B.-C.-C.), rue du Temple, 135.
MICHALON (F.-A.), rue de l'Université, 96.

M. G. MUHLBACHER

63, Avenue des Champs-Élisées, 63

POITRASSON (C.-J.-M.), rue du Colisée, 29.
REBUT (E.-A.), rue Duroc, 3.
RENAULT (L.), rue Folie-Méricourt, 20.

CARTONNAGES

J.-B.-T. BAUDOUIN

Cartonnages mécaniques et Machines à coudre marchant seules sans le secours
du pied ni de la main

24, RUE VICQ-D'AZIR, 24

CHARPENTIER (A.), rue du Temple, 39.

DE VRAINVILLE Alexis

Fabricant de Cartonnages de Fantaisie
Spécialité pour Distillateurs, Chocolatiers, Parfumeurs. — Dorure et Estampage

9, RUE CHARLOT, 9

DRILLIEN (E.-J.-B.-A.), rue Beaubourg, 42.
DUBOIS (C.-P.), rue de Paris, 135, Saint-Denis.
MILOT (C.-A.), rue Petit, 69.

CARTONNERIES MECANIQUES

J. SCHAEFFER

De la Maison COURDELET, MARICOT et SCHAEFFER, MARICOT

A AUBERVILLIERS

VALDAMPIERRE (M.-A.), rue Saint-Martin, 110.

CÉRAMIQUE

TUILERIE DE CHOISY-LE-ROI

A.-E.-D. BRAULT

De la Maison BRAULT père & Cᵉ

18, RUE DE SÉBASTOPOL, A CHOISY-LE-ROI

MULLER (C.-E.-E.), rue Nationale, 4 et 6, à Ivry.

CHAINES D'OR (Fabricants de)

FILON (P.-H.), rue Turbigo, 38.

G. FRIBOURG

78, Rue Turbigo, 78

CHAISES

CHAISES & FAUTEUILS

J. V. REDOND

DE LA MAISON Vᵛᵉ REDON

21, Rue du Faubourg-St-Antoine et Rue de la Roquette, 2

CHAMOISERIE

BELHOMME (J.-M.), rue de Paris, 141, à Saint-Denis.

GANTERIE
BERR, de la Maison V^ie Charles BERR et Fils
37, Rue Jean-Jacques-Rousseau, 37
USINE A NIORT

CHAPELIERS

AMOUR (L.-A.), rue de Richelieu, 89.
DELAROCHE (P.-C.-A.), rue Barbette, 11.
DUPETITBOSCQ (J.-A.), rue Montpensier, 6.
MAGNIEN (F.-Z.), rue Saint-Florentin, 17.
PETIT (A.), rue de Sèze, 2.
PURIAU (L.-G.), rue Saint-Antoine, 220.

CHAPELLERIE (Fournitures pour)

BRACHET (E.-J.-F.), rue du Temple, 45.

R. LEDUC
5 et 7, Rue du Faubourg-Poissonnière

CHARBONS (Négociants en)

AUBRY (A.-A.), rue de Charenton, 290-292.
BERTRAND (J.-A.), quai des Célestins, 32.
BRETON (P.-J.-A.), rue de la Chapelle, 152.
CHAPUIS (P.), boulevard Magenta, 148.
CHATON (L.-J.), rue de Charenton, 178.
COLIN (A.-J.), quai de la Marne, 14.

DEHAYNIN (C.-J.-B.-E.), rue du Faubourg-Saint-Martin, 186.
DELAROCHE (E.-J.-B.), quai de la Marne, 34.
DESOUCHES (C.), rue Geoffroy-Lasnier, 30.
FLEURY (A.-T.), rive de la Seine, 5, à Issy.
GUISSEZ (E.-A.), quai de Seine, 61.
JUGLAR (J.-A.), boulevard Montparnasse, 94.
MAUPATÉ (E.-A.-L.), quai de la Gare, 14.
NOZAL (L.-J.), quai de Passy, 7.
OUSTALET (S.), quai de Seine, 29-31.
PAILLARD (F.-A.), rue Montmorency, 22.

F.-E. POUYDEBAT

37, Rue de Neuilly

A SURESNES Seine

RIBBENTROP (de) (A.), quai de Seine, 53-55.

CHARPENTES (Entrepreneurs de)

ARNOULT (H.-E.), boulevard Saint-Jacques, 19.
BATON (L.-A.), rue de Compiègne, 4.
BAUDRIT (A.-A.), avenue Sainte-Marie, 10, à Saint-Mandé.
BERTRAND (François), rue de Clignancourt, 135.
BERTRAND (Frédéric), avenue de Clichy, 100.
BREZET (J.), rue Grange-aux-Belles, 14 bis.
CHEROUVRIER (A.), rue Saint-Blaise, 62.
COLLET (A.), rue des Acacias, 9 bis.
EIFFEL (G.-A.), dit BONIKHAUSEN, rue Fouquet, 12, à Levallois-Perret.
GENET (L.), avenue Gourgaud, 7.

L. LANDRY

Serrurier et Charpentes en fer

66, RUE ROCHECHOUART, 66

LAUREILHE (L.-J.), quai Jemmapes, 196.
MONTARIOL (A.-L.), rue Jenner, 33.

MORIN (J.-P.-A.), rue de Paris, 1, Joinville-le-Pont.
PANARD (T.-P.-L.), boulevard de l'Hôpital, 111.

A. PARGNY
CHARPENTES FER & BOIS
1, Rue de Penthièvre, à SCEAUX (Seine)

POIRIER (S.), boulevard de Vaugirard, 46.

P. REGNIER
Charpentes Bois et Fer, Escaliers de Fer, Combles économiques à grande portée
37, RUE DU CHAMP-D'ASILE, 37

RICHEBOIS (F.-A.), rue Petit, 72, la Villette.

SABARLY, Adrien-Silvain
PLACE D'ALERAY
6, Rue Saint-Amand, 6

VERT (J.), rue Saint-Blaise, 51.

CHASUBLERIE

M. P. T. BIAIS Aîné
74, Rue Bonaparte, 74

DUBUS (T.), rue Bonaparte, 82.

J. B. H. LIMAL-BOUTRON
27, Rue Saint-Sulpice

9

CHAUDRONNERIE (Constructeurs)

BRÉHIER EDMOND FILS

50 et 52, Rue de l'Ourcq, 50 et 52

FOUCHÉ (F.-H.-F.), rue des Ecluses, 38.

CHAUFFAGE (Constr. d'Appareils)

E. CUAU

5, Rue du Débarcadère, 5

DELACOMMUNE ERNEST
DE LA MAISON E. DELAROCHE & SES NEVEUX
22, Rue Bertrand, 22

GENESTE (P.-E.), rue du Chemin-Vert, 42.
HAILLOT (J.), rue de l'Aqueduc, 11.
MAUGIN (L.-V.), rue de la Roquette, 74.

CHAUSSURES (Fabricants de)

APPERT (A.-D.), rue Martel, 9.
BASSET (L.-A.-L.), rue Manin, 3.
BIÉMA (Van) (J.), rue de Paradis, 20.

BRETIN Louis

16, Rue Dieu & Quai de Valmy, 55

COSSON (L.-J.-B.), rue de Dunkerque, 65.
CRESPIN (P.-E.), rue Meslay, 37.
DANDRE (E.), rue des Halles, 12.
DEQUEN (T.-E.), rue du Chaudron, 16.

E. DREYFUS

De la Maison DREYFUS & NOMENHEIM

108, Rue de la Folie-Méricourt, 108

CHAUSSURES COUSUES & CLOUÉES

F. DUPONT

De la Maison MANTIN Jne et DUPONT

Manufacture à Arpajon (Seine-et-Oise)
au Pénitencier Militaire de Bicêtre (Seine), à Liancourt (Oise)
MEDAILLE DE 1re CLASSE EXPOSITION UNIVERSELLE 1867

61. Rue Meslay. — PARIS

FANIEN (A.), rue de Chabrol, 30, 32.
GAUTHIER (D.-A.), rue Charlot, 83.
HATTAT (F.), passage des Petites-Écuries, 18.
HENRIET (J.-P.), rue Mercœur, 10.
HUART (L.-F.), rue de Valois, 8.
LEGAPÉ (C.), rue de l'Arcade, 36.
MÉLIÈS (L.-S.), rue Taylor, 3-5.
PINET, rue de Paradis-Poissonnière, 44.
SAVART (C.-A.), rue Watteau, 6-8.
SCHLOSS (E.-M.), boulevard de Sébastopol, 86.

TOUZET Henri-Constant

11, Rue des Petits-Hôtels, 11. — PARIS

CHEMINS DE FER (Directeurs de)

DELAITRE (E.), directeur de la Compagnie de l'Ouest, rue Saint-Lazare, 110.

GAYMARD (L.-D.-R.-G.), directeur du chemin de fer de ceinture, rue de Berlin, 33.

HUYOT (E.-J.), directeur du chemin de fer du Midi, boulevard Haussmann, 54.

JACQMIN (F.-P.), directeur du chemin de fer de l'Est, rue de Strasbourg, 10.

LEVEL (E.), directeur du chemin de fer d'Enghien à Montmorency, rue de Dunkerque, 18.

MATHIAB (F.), directeur de la Compagnie du Nord, rue de Dunkerque, 20.

NOBLEMAIRE (J.-F.-G.), directeur de la Compagnie du chemin de fer de Paris à Lyon, rue Saint-Lazare, 88.

SÉVÈNE (L.-C.), directeur du chemin de fer d'Orléans, rue de Londres, 8.

CHEMISIERS

BEAUMONT (J.-E.), rue du Mail, 7.
BRUNSCHWIG (E.), rue Vivienne, 31.

A. CHEVILLOT
De la Maison CHEVILLOT Frères, A.-et-G. CHEVILLOT Succrs
21, Boulevard Saint-Martin, 21

DEHESDIN (M.-A.-E.), rue Montmartre, 52.
DOUCET (U.-P.), rue de la Paix, 21.
GAMAS (L.), boulevard de Sébastopol, 102.
HAYEM (S.), rue du Sentier, 38.
JANNON (A.-S.-M.), rue de Lancry, 17.
LELEU (E.-J.-A.), rue de la Paix, 20.
LHEUREUX (A.-F.), rue de Tracy, 5.
LOROUE (A.-A.), place de l'Opéra, 1.
MALHERBES (H.), rue d'Hauteville, 24.

AUX CISEAUX D'ARGENT

N. E. MERCIER

CHEMISIER Bté S. G. D. G.

4, Boulevard de Sébastopol. — PARIS

ZOPFF (A.-J.), avenue de l'Opéra, 29.

CHEVAUX (Marchands de)

GARNIER Charles

LOUEUR DE VOITURES

21, Boulevard Malesherbes, 21. — PARIS

E. A. GUÉRIN

De la Maison E. GUÉRIN et LEFRANÇOIS

8, Rue des Écluses-Saint-Martin, 8

HUBLOT (E.), rue Marbeuf, 45.
MAY (E.), rue du Colisée, 3.
RIVIÈRE (P.-A.-A.), rue Denfert-Rochereau, 98.

CHEVEUX EN GROS

E. BURGNION Fils

Pulvérisateurs et Accessoires de Pharmacie

106, RUE DE RICHELIEU, 106

LETOURNEL (E.-F.), rue Turbigo, 28.

CHIFFONS (Négociants en)

T. A. MICHEL
De la Maison MICHEL & Fils
15, RUE D'ALLEMAGNE

MOULINS (A.), rue de la Butte-Chaumont, 67.
VANDRAND (A.), rue de Thionville, 10.

CHIRURGIE (Instruments de)

AUBRY (A.-D.), boulevard Saint-Michel, 6.
CAPRON (E.-C.), boulevard Saint-Germain, 104.
COLLIN (A.-P.-U.-L.), rue de l'École-de-Médecine, 6.
GALANTE (H.), rue de l'École-de-Médecine, 2.

CHOCOLAT (Fabricants de)

CHOQUART (L.-E.), rue de Rivoli, 182.
CHOVEAUX (E.-L.), boulevard Ornano, 196.
DEROSSY (J.-E.), rue de La Chapelle, 125.
GRONDARD (C.), rue de l'Odéon, 1.
GUÉRIN (M.-L.-E.), boulevard Poissonnière, 27.
HUGON (G.-M.), rue des Saints-Pères, 30.
LELEU (A.-A.), rue de Rivoli, 91.

J. F. LOMBART ✳

11, BOULEVARD DES ITALIENS, 11. — PARIS

MARQUIS (P.), rue Vivienne, 44.

CHOCOLAT ET TAPIOCA
TRÉBUCIEN
25, Cours de Vincennes. — PARIS

COMPAGNIE COLONIALE
A. T. VINIT
De la Maison VINIT et Cie
19, Avenue de l'Opéra. — PARIS

COFFRES-FORTS (Fabricants de)

PETIT-JEAN (E.), rue Château-Landon, 14.

COIFFURES

PETIT Gilles-Auguste
7, RUE DE LA PAIX. — PARIS
Voir Modes et Coiffures

COLLES-FORTES (Fabricants de)

BORREL Georges-Louis
40, Rue de Vincennes. — Bagnollet (Seine)

FLEURY (C.-A.), rue de Charenton, 30.
JOUDRAIN (L.-P.), rue du Château-des-Rentiers, 112.

COLLE FORTE ET GÉLATINE

PAGEOT

Fabrique à VILLENEUVE-St-GEORGES (Seine-et-Oise)

MAISON DE VENTE A PARIS
85, rue du Faubourg-Saint-Antoine

(Voir VERNIS (Fabricants de)

COLLIERS POUR CHIENS
(Manufacture de)

LOCHET Jean-Julien

192, RUE SAINT-MAUR

COMESTIBLES

CHEVET (F.-J.), galerie de Chartres (Palais-Royal).
DAUGUET (V.-J.-M.), rue du Renard, 11.
FRANÇOIS (E.-J.-B.), rue Montmartre, 26.

L.-T. LHERMITTE
Ancienne Maison POTEL & CHABOT
25, boulevard des Italiens et rue Vivienne, 28

NORGET (L.-D.), Palais-Royal, galerie de Valois, 104.

COMMISSIONNAIRES EN MARCHANDISES

ALLAND (C.-F.-J.), rue d'Enghien, 44.
ARON (E.), rue d'Enghien, 39.
BADIÈRE (J.), rue d'Enghien, 40.

COMMISSION - CONSIGNATION
D. BERDIN
16, Quai de Bercy, 16. — PARIS

BERCHON (A.), rue Montmartre, 50.

BORTOLI Vincent
23, Rue de l'Entrepôt et Rue du Château-d'Eau, 9

CARLHIAN (A.), rue Beaurepaire, 30.
COLLIARD (C.-L.), rue Drouot, 4.
DHAVERNAS (O.-F.-J.), rue des Petits-Hôtels, 28.

DELAUNAY Ernest
23, RUE DES PETITS-HOTELS

DENISANE (A.), rue Chauchat, 20.
DESPREZ (A.), rue de l'Échiquier, 17.
FABRE (A.), rue Bleue, 17.
FAUCONNIER (G.-A.), rue de Chabrol, 42.

CH. FLÊCHE
12, rue du Faubourg-Saint-Denis, 12
PASSAGE DU BOIS DE BOULOGNE

FOULD (L.), rue du Faubourg-Poissonnière, 30.
GALAS (F.-P.), rue d'Hauteville, 17.

GAY (E.), rue Béranger, 5.
HERMANN (H.), rue de l'Échiquier, 21.
HIRSCH (E.-F.), boulevard Magenta, 39.

KARCHER Charles

84, Rue d'Hauteville, 84

LANNES (M.), rue Auber, 12.
LEMARIEY (O.-A.-L.), boulevard de Strasbourg, 13.
LESPERUT (E.-B.), rue d'Enghien, 8.
LÉVY (L.), rue des Jeûneurs, 46.
LIMOZIN (J.-A.), rue des Petits-Hôtels, 16.
MATHIEU (H.-L.-G.), boulevard Saint-Germain, 64.
MAY (A.), rue Dieu, 19.

MICHELIN-VERNIER

Agent-Commissionnaire de Distillerie

3, PLACE JUSSIEU

MOURGUE (E.), rue Roquépine, 12.
NOAILLES (J.-E.), passage Saulnier, 6.

POLLET Émile

CONSIGNATAIRE EN VINS

180, Rue de Rivoli et Quai de Bercy, 50

POTEY (G.), rue d'Hauteville, 58.
PRÉVOST (L.), boulevard Magenta, 97.
REINHARDT (R.-J.), rue de Rivoli, 96.
REYNOIRD (J.-B.-J.-E.), boulevard Voltaire, 36.
RONDEAU (D.), rue des Petites-Écuries, 28.
ROSSOLIN (E.-L.-M.), rue du Château-d'Eau, 19.
ROUSSELON (J.-F.-P.), rue Meslay, 38.
SCHUP (J.), rue Richer, 23.
SESCAU (J.), rue du Faubourg-Poissonnière, 39.
TRILHA (L.), rue du Sentier, 32.
TRUSSY (M.-F.), cour des Petites-Écuries, 8.

VAILLANT (R.-J.-B.), rue d'Hauteville, 20.
VERSEPUY (P.-F.), rue de Paradis-Poissonnière, 56.
WEILL (V.), rue de Lancry, 17.

CONFECTIONS

AURELLY (A.-P.-G.), rue de l'Arcade, 59.
BANDELER (J.-B.-J.), rue Montmartre, 83.

BESSAND * & Cie
MAISON DE LA BELLE JARDINIERE
2, Rue du Pont-Neuf, 2

BOUCHON (J.-M.-A.), rue Notre-Dame-des-Victoires, 9.
CAHEN (M.), rue Jean-Jacques-Rousseau, 37.
DEMELLE (J.-B.), rue du Faubourg-Saint-Honoré, 9.
FOIX (G.), rue du Faubourg-Saint-Honoré, 9.
GOSSELIN (A.-L.), boulevard Haussmann, 37.
KAHN (A.), rue du Faubourg-Poissonnière, 9.
LAUR (H.), rue Saint-Joseph, 4.

CONFECTIONS EN GROS POUR DAMES
A. C. LÉCLUSE
De la Maison A. LÉCLUSE et OGER
Médaille d'Argent à l'Exposition Universelle 1878
128, RUE MONTMARTRE. — PARIS

LELEUX (G.-A.), rue Saint-Martin, 203.
MEUNIER (A.-A.-H.), rue Montmartre, 133.

SPÉCIALITÉ POUR LIVRÉES
MOUILLET Alphonse-Pierre
MAISON SUTTON
134, Boulevard Haussmann, 134

ROUFF (L.), rue Taitbout, 13.
SABATIER (A.), rue du Bac, 36.
SIMON (E.), rue Croix-des-Petits-Champs, 5 à 9.

TAINTURIER (H.), rue des Jeûneurs, 46.
VESSIÈRES (J.-A.), rue du Sentier, 12.

CONFISEURS

ANCHIER (E.), rue de Sèze, 5.

AU CHAT NOIR
AUGÉ Ainé Jean-Isidore-Victor
GROS ET DÉTAIL
32, Rue Saint-Denis, 32

CHENU (P.), boulevard Sébastopol, 16.
DUFRESNE (P.-C.), rue Saint-Martin, 69.
GUÉRIN (A.-L.), rue des Saints-Pères, 19.
JACQUIN (H.-G.-J.), rue Pernelle, 10.
JOLLY (L.-G.), boulevard de la Madeleine, 17.
MARCOU (E.), rue Vivienne, 31.
OBRECHT (F.-G.), rue de Sévigné, 29.
ROBINEAU (C.), boulevard des Capucines, 7.
SEUGNOT (F.-L.), rue du Bac, 28.

CONSTRUCTEURS D'APPAREILS SPÉCIAUX

V. LELOGEAIS

Entrepreneur de la Préfecture de Police. — Constructeur des Appareils de Secours
aux Noyés, fonctionnant sur les berges de la Seine
et du Canal St-Martin et divers Appareils spéciaux fonctionnant au Laboratoire Munic^{al}
5, RUE DE BELLEYME, 5

MICHAUX (A.-A.), avenue de Courbevoie, 55, à Asnières.
PIAT (A.-C.-D.), rue Saint-Maur, 85.

CONSERVES ALIMENTAIRES

BEUDIN Louis

25, Rue Albouy, 25

BERGER (C.-F.), rue de l'Arbre-Sec, 19.
CARPENTIER C., rue Durouëdic, 25.

A. A. CHEVALIER-APPERT

30, Rue de la Mare (Ménilmontant)

CORAIL

FOUQUET-GUEUDET

SPÉCIALITÉ DE CORAIL — BIJOUTIER-JOAILLIER
18, rue de la Chaussée-d'Antin

CORROYEURS

BIDRON (J.-N.), rue Grenéta, 43.
BROSSETTE (H.), rue des Marais, 35.
COLLOT (J.-C.), rue Montorgueil, 25.
DE SAINT-JEAN (A.-F.), rue Meslay, 55.
DURAND (A.-F.-E.), rue Scipion, 16-18.
ENAULT (A.-P.), rue de Vaugirard, 236.
FROGER (J.), rue Château-Landon, 24.
LEGENDRE (O.), rue Tiquetonne, 64.
LEVEN (L.), rue de Trévise, 35.

MARCELOT (J.-B.-L.), rue Poliveau, 31.
MILLET (A.), boulevard de Clichy, 20.
PETEL (J.-L.), rue des Récollets, 11.
POULLAIN (C.-F.), rue de Flandre, 99.

T. SUEUR Fils

4, rue du Faubourg-Montmartre, 4

CORSETS (Fabricants de)

FARCY L.-Eugène

12, rue des Petits-Hôtels, 12

LIBRON
De la Maison LIBRON et STIEGLER
CORSETS SANS COUTURE
57, rue de Rambuteau, 57

NOTTELLE (S.-F.-P.-A.), rue Réaumur, 49.

COTON (Filatures de)

FAURE-BEAULIEU Édouard
OUATES ET COTONS CARDÉS EN TOUS GENRES
18 et 20, rue de Tanger

GRESLAND (C.), place d'Aligre, 2.

COULEURS ET VERNIS

CAILLAT (E.), rue de Jouy, 7-11.
DELESTRE (A.), rue du Rendez-Vous, 45.
DURET fils (J.-B.-J.), rue Oberkampf, 123.
GARNIER (F.-P.), rue Saint-Martin, 226.
GOUSSARD (E.-E.), rue du Renard, 68, à Montreuil-sous-Bois.
HARDY (E.-C.-P.), rue Barbette, 3.
HARO (E.-F.), rue Bonaparte, 20.
HOUET (P.-G.), rue du Coq-Saint-Jean, 8.
LAFORGE (A.-T.-C.-A.), rue Saint-Séverin, 7.

P. LAISNÉ De la Maison P. LAISNÉ et L. PLAINCHAMP

L. PLAINCHAMP & Fils Successeurs

35, Boulevard de Strasbourg

LALOUETTE (F.-G.-A.), boulevard de Charonne, 141.
LEFÈVRE (B.-C.), rue Elzévir, 6.
LEFEBVRE (C.-E.), rue de la Cerisaie, 13.
LEVERGEOIS (E.), rue de la Pépinière, 12.
LIORÉ (G.-S.), rue de Ménilmontant, 44
OLIVE (A.-P.), boulevard Diderot, 136.

A. J. PETIT

De la Maison PETIT et VAUCAMP

COULEURS ET MASTIC

Usine à Aubervilliers, Dépôt : 29, Boulevard Magenta, Paris

POIGNANT (E.-A.-E.), rue du Louvre, 8.
RAMBAUD (M.-M.), rue du Parc-Royal, 16.
RINGAUD (A.-E.), rue Grange-aux-Belles, 33.
ROCHER (P.-A.-H.), rue du Faubourg-Saint-Denis, 132.
ROUQUIER (E.), rue de Fortune, 2, à Dugny.
SEURIN (H.-P.-J.), rue de Turenne, 39.
SIMIER (J.-J.-R.), rue de Lagny, 52.
SOUDÉE (A.), rue de Rivoli, 50.
VALLÉE (D.-T.-G.), rue Bleue, 8.
WEEGER (H.-N.-T.), rue Saint-Martin, 322.

COURTIERS GOURMETS

BASTIEN (A.-F.), boulevard Diderot, 1.
BONVALLET (J.), rue de Bordeaux, 15, à l'Entrepôt.
CHAMPION (J.-E.-A.), avenue de la Marne, 20, à Créteil.

CHIVERT Alfred

20, Rue de Mâcon, 20 (Bercy)

CORBERY (J.), quai de Bercy, 10.
DEVAUX (V.-P.-C.), rue de Lyon, 41.

NOTTRET Omer

68, Rue du Port-de-Bercy (Entrepôt)

ROBERT (S.), quai de Bercy, 12.

COURTIERS EN VINS

BLANCHET François-Auguste

44, Boulevard Beaumarchais, 44

CHEVRIER (J.), préau de l'Entrepôt.
LACROIX (J.-C.), quai de Bercy, 36.
PESSOT (A.), place des Vosges, 2.
REVILLON (P.), rue des Lions-Saint-Paul, 9.

COUVERTS (Fabricants de)

A. BOULENGER ✳

ORFÈVRERIE

4, Rue du Vert-Bois, 4

CHENAILLIER (H.-N.), rue Turbigo, 89.

LASNES Charles

Directeur de la Société des Couverts Alfénide

FABRIQUE DE COUVERTS ET ORFÈVRERIE

3, Rue Rossini, 3

LEJEUNE (A.-E.-F.), rue Charlot, 7.

COUVERTURE & PLOMBERIE (Entrepreneurs de)

AUVERT (A.-E.-T.), rue du Buisson-Saint-Louis, 24.
BÉCOULET (L.-P.-J.), rue Lemercier, 69.

BOULANGER Charles

40, rue de Malte

BOURBON (C.-J.), rue de Dunkerque, 62.
CHAUVEAU (A.-P.), rue du Faubourg-Saint-Denis, 178.
CLÉMENT (D.), rue Saint-Paul, 21.
COURTOIS (A.-J.-F.), rue Lebrun, 39.

FAURE François

171 et 173, Rue du Faubourg-Poissonnière

FERGEAU CHARLES

49, rue des Mathurins, 49

GIFFAUT (L.-G.), boulevard Montparnasse, 60.
ISRAEL (A.), rue Folie-Méricourt, 62.
JACQUEMIN (L.-J.-B.), rue des Écoles, 38.
JULLIEN (A.), rue Milton, 7.

A. L. LEBLOND

3, Rue Turgot, 3

V. LELOGEAIS

ENTREPRENEUR DE LA PRÉFECTURE DE POLICE

5, rue de Belleyme, 5

MILLET Paul

ANCIENNE MAISON A. LEBLOND (N.-C.) & P. MILLET (N.-C.)

40, Rue des Marais, 40

MOROT (L.-J.-A.), rue des Saints-Pères, 62.
NOEL (P.-J.), rue des Francs-Bourgeois, 8.
PAILLARD dit TURENNE. (A.-L.-H.), rue de Maubeuge, 81.
POUPARD (Z.-H.-G.), rue du Cherche-Midi, 23.

ROBIN VICTOR

PRÉSIDENT DE LA CHAMBRE DE PLOMBERIE ET COUVERTURE

49 bis, avenue d'Antin

SEURAT (L.), passage des Deux-Sœurs, 10.
THUILLIER (J.-A.), rue de Paradis-Poissonnière, 20.
TRAVERS (J.-F.), rue Gaillon, 12.

COUVERTURES (Fabricants de)

ALBINET (C.-E.), rue de la Vieille-Estrapade, 19.

DURAND Jacques-Prosper

33, Rue des Bourdonnais, 33

GUYON (R.-E.), rue des Bourdonnais, 31.

CRISTAUX (Fabricants de)

APPERT ADRIEN-ANTOINE

Émaux, Verres à Vitres de Couleurs

66, RUE NOTRE-DAME-DE-NAZARETH

PORCELAINES et FAIENCES

BOURGEOIS Émile

21, rue Drouot

DESELLE (C.-M.), rue des Petites-Écuries, 7.

HOUDAILLE CHARLES

De la Maison A. LANDIER & HOUDAILLE

CRISTALLERIES DE SÈVRES ET CLICHY RÉUNIES

24, rue de Paradis

MAES (G.-L.), cour des Petites-Écuries, 9.
MONOT (É.-S.), rue de Paris, 84, à Pantin.
NOIRCLAUDE (L.-A.), rue de Paradis, 30.
POCHET (H.), rue Jean-Jacques-Rousseau, 66.
ROSE (L.-A.), rue de Paradis-Poissonnière, 30 bis.

CUIRS

ALLAIN-NIQUET (L.-A.), rue Dieu, 10.

U. F. ARTHUS

23, RUE RICHER

BLOT (E.), rue Pastourelle, 27.
BOSSIÈRES (G.-C.), rue de l'Entrepôt, 7.
BOUTARD (F.-A.), rue Dieu, 14.
BRUNON (G.-H.), boulevard Magenta, 10.
CALLY (A.-P.), rue des Lombards, 62.
CERF (A.-H.), rue Française, 8.
DENANT (C.-A.-A.), à La Briche.
DESVOUGES (A.-H.-E.), rue Saint-Sauveur, 74.
DOLÉANT (A.), rue des Bernardins, 13.
DUBOSCQ (L.-V.), rue Tiquetonne, 15.
DURAND (H.), rue de l'Entrepôt, 20, au Marais.
FERRET-DOLLÉ (A.), rue Marie-Stuart, 8.
FREMIER (P.), rue Dieu, 9.
GÉRARD (E.-F.), rue Henri-Chevreau, 12-14.
HUGO (E.-A.), chemin de la Haie-Coq, Aubervilliers.
HERRENSCHMIDT (E.), rue des Marais, 35.
JACOB (J.), rue Martel, 8 *bis*.
JODOT (J.-G.), rue Château-Landon, 23.
MAURUPT (G.), rue Neuve-Saint-Merri, 5.

MAYER Emmanuel

CUIRS ET PEAUX

17, Rue Thévenot. — PARIS

ROULLIER (C.-M.), boulevard Voltaire, 228.
SAMSON (C.-F.), rue Beaurepaire, 18.
SOYER (L.), rue Mayran, 4.

T. SUEUR Fils

CUIRS VERNIS

4, Rue du Faubourg-Montmartre, 4

CUIVRE (Fondeurs en)

A. BICAN

De la maison A. BICAN et Neveu

RUE OBERKAMPF, 89

J. BROQUIN

DE LA MAISON BROQUIN, MULLER & ROGER

59, Rue du Faubourg-du-Temple, 59

DUPUCH (A.-G.), rue Claude-Villefaux.

E. HEMERDINGER

CUIVRES DE RUGLES

16, Rue du Faubourg-du-Temple, 16

J. H. E. LEVERBE

10, Rue Pierre-Levée. — PARIS

DÉCATISSEUR

JOURDAIN Louis-Paul

7 et 9, Rue Aubriot, 7 et 9

DÉCORATEUR

LEYS ✳. c. ✝. o ✳. ✳

3, Place de la Madeleine, 3

(voir Tapisserie-Ébénisterie)

DÉGRAS (Fabricant de)

SCHNEIDER Auguste-Joseph

FABRICANT DE DÉGRAS & HUILES

155, Route de Flandre, à Aubervilliers

DENTELLES

AUBRY (C.-A.), rue des Jeûneurs, 33.
AYRAULD (X.), rue de Cléry, 26.
BACHELIER (J.-L.), rue des Jeûneurs, 16.
BLANCHET (E.), rue de la Banque, 18.
DOGNIN (E.), rue du Sentier, 37 *bis*.
FRANCFORT (O.), rue du Sentier, 10.
LECOMTE (C.), rue d'Uzès, 3.
LEFÉBURE (E.), boulevard Poissonnière, 15.
LEFÈVRE (C.-A.), rue Saint-Fiacre, 4.
LEPELTIER (E.-A.), rue d'Aboukir, 45.
METAIS (A.), rue du Sentier, 3.

C. MOCH

DE LA MAISON MOCH FRÈRES

DENTELLES ET BRODERIES

1, Rue d'Aboukir. — PARIS

ORTIOU
DE LA MAISON ORTIOU & TAILLANDIER
34, Rue de Cléry, 34

PAGNY (L.-A.), rue Saint-Fiacre, 7.
SALMON (A.), rue Saint-Fiacre, 4.
TAILLANDIER (J.-C.), rue de Cléry, 34.

A. L. WARÉE Fils
19, Rue de Cléry, 19

DESSINATEURS pour TAPISSERIE

CABIN CLAUDE-MARIE
MAISON SAJOU
Dessinateur pour Tapisserie Broderie. — Editeur d'Albums pour Ouvrages de Dames
74, BOULEVARD SÉBASTOPOL, 74

PLATIAU (F.-V.), rue Saint-Augustin, 29.

DIAMANTS (Négociants en)

ACHARD (E.-L.), boulevard Haussmann, 28.
FANO (J.-A.), rue Laffitte, 46.
MAYER (E.), dit MAURICE MAYER, rue Lafayette, 18.
VANDERHEYM (C.), rue de Maubeuge, 26.
VANDERHEYM (E.), rue Taitbout, 44.

DISTILLATEURS

CHAINTRON (A.-D.), route d'Orléans, 77, à Montrouge.
CHANTREL (A.-N.), rue Saint-Merri, 31.
CUSENIER (E.-P.), boulevard Voltaire, 226.
DEBRISE (J.-P.) rue de La Chapelle, 107.

DELIZY Simon-Clovis
95, Grande-Rue, à Pantin

DEUX (A.), rue Guichard, 5.
DULAC (E.-C.), rue Saint-Merri, 5.
DUVAL (J.-C.), rue Montmartre, 30.
GODART (A.-J.), rue Montorgueil, 32.
GUY (L.), quai Valmy, 29.
JACQUES (E.-L.), rue du Château-du-Maine, 133.

DISTILLATION, SPÉCIALITÉ D'ABSINTHE
E. N. JOANNE
55 et 57, Quai de la Tournelle, 55 et 57

J. P. LEGOUEY
DE LA MAISON LEGOUEY & DELBERGUE
15, Rue Thévenot, 15

LEXCELLENT (A.), rue de la Reynie, 20.
LOUBERT (J.-A.), rue de Paris, à Saint-Denis.
MARCHAND (V.-J.-B.), rue Saint-Antoine, 222.

MICHELIN-VERNIER
Seul Agent chargé de la Vente
RAFFINERIE D'ALCOOLS DE SAINT-OUEN (Seine)
3, Place Jussieu. — PARIS

MOUREAUX (A.), rue des Bourdonnais, 37.

ANCIENNE MAISON GIRARDOT ET PAYEN

PAYEN-DUBOIS SUC^R

Liqueurs, Fruits, Sirops et Vins Fins

47, Rue de l'Arbre-Sec, Magasin à Charenton (Seine)

PELPEL (E.-P.-F.), rue du Renard, 34.

PICOU Gustave

DISTILLATEUR LIQUORISTE

123, Rue de Paris, à Saint-Denis

POISSON (A.-C.), rue de Belleville, 150.

SENDRIER Édouard

DISTILLATEUR LIQUORISTE

26, Rue du Petit-Musc. — PARIS

VARENNE (E.-J.-B.), rue de Paris, 53, à Pantin.

DRAPERIES (Négociants en)

BALSAN (J.-J.-M.-A.), rue des Bons-Enfants, 21.
BAUDOT (P.), rue Croix-des-Petits-Champs, 84.
BAUDOUX-CHESNON (A.), rue Croix-des-Petits-Champs, 50.

BERRIER Louis

VELOURS DE CHASSE ET SATIN DE CHINE

25, Rue Jean-Jacques-Rousseau. — PARIS

CARPENTIER (L.), rue de Richelieu, 78.

CORBEL AUGUSTE

25, Rue d'Aboukir, 25

COUSIN (P.-H.), rue Baillif, 1 *bis*.
DEVENNE (A.), rue Joquelet, 5, et rue Montmartre, 111.
DUBREUIL (E.), rue des Bons-Enfants, 23.
FOUCAULT (J.-E.), rue d'Argout, 16.
GILIS (E.), rue Neuve-Saint-Augustin, 8.
HARDUIN (C.), rue Saint-Antoine, 82.
HATET (A.), rue d'Aboukir, 2.
HENNAPE (A.-J.), place de Valois, 3.
HOCHE (A.), rue Colbert, 2.
KAEUFFER (J.-F.), rue Vivienne, 8.
KLEIN (M.), rue d'Aboukir, 2.
LAMY (J.-L.), rue Croix-des-Petits-Champs, 30.
LECLERC (H.-J.-B.), rue des Petits-Champs, 2.
LECLERC (P.), rue d'Aboukir, 7.
LEVIVIER (A.), rue Neuve-des-Petits-Champs, 6
MANCEAUX (P.-P.), place des Victoires, 12.
NORMANT (H.), rue de Rivoli, 57.
POIRET (A.-D.), rue des Deux-Écus, 21.
PRUDHOMME (C.-A.), rue Baillif, 5.
SALVADOR (C.), rue d'Aboukir, 3.
SEILLIÈRE (R.), rue de Provence, 58.
SŒHNÉE (P.-R.-G.), rue Feydeau, 28.
TALAMON (P.-F.), rue Richelieu, 64.
VINCENT (P.-A.), rue Bertin-Poirée, 7.

ÉBÉNISTERIE

ALLARD (J.-C.), rue du Faubourg-du-Temple, 50.
GROHÉ (G.), avenue de Villars, 4.
GUÉRET (J.), rue Lafayette, 220.

LEYS ✳ C. ✚, O. ✳ ✳.

3, Place de la Madeleine, 3

MEYNARD (L.-G.), rue du Faubourg-Saint-Antoine, 50.
PECQUEREAU (T.), rue du Chemin-Vert, 7.

QUIGNON Gustave

83, BOULEVARD RICHARD-LENOIR, 83

RIBAL (J.-F.), rue du Faubourg-Saint-Antoine, 51.

M. ROBBEN
ÉBÉNISTERIE, SCULPTURE & MENUISERIE D'ART
26, Rue du Petit-Musc, 26

SORMANI (P.-C.), rue Charlot, 10.

ÉMAUX (Fabricants d')

ÉMAUX, VERRES A VITRES DE COULEURS ET CRISTAUX

APPERT ADRIEN-ANTOINE
66, Rue Notre-Dame-de-Nazareth, et Rue de Compiègne, 2

GUILBERT-MARTIN (A.-M.), avenue de Paris, 275, à Saint-Denis.

ENCRES (Fabricants d')

L. C. ANTOINE Fils

62, Rue des Marais-Saint-Martin.

Manufacture d'Encres PÉRINE-GUYOT, spécialité de Carmins, Cires, Pains à cacheter

E. BOUDIN, E. COSTES Successeur

1 et 3, Passage Sainte-Croix-de-la-Bretonnerie, 1 et 3

LORILLEUX (C.-R.), rue Suger, 16.
PRUDON (P.), route de Vitry, 5, à Ivry.
SCHNEIDER (A.), boulevard de Strasbourg, 16.

ENSEIGNES D'ART

BOUVAIS ÉMILE

13, Rue des Petits-Champs, 13

ENTREPRENEURS

LAIR (J.-A.), directeur de la Compagnie des Entrepreneurs et Magasins généraux de Paris, boulevard de la Villette, 204.

LEMOUX Fils Arthur-Sylvain

155, Rue de Rome. Bureaux, Rue Dulong, 74

ROBINOT (G.-M.), directeur du Sous-Comptoir des Entrepreneurs, rue des Capucines, 21.

ÉPICERIES (Négociants en)

BAYEUX (L.-A.), route de Choisy, 17, à Ivry.

BEUDIN Louis

Epicerie en Gros

CONSERVES ALIMENTAIRES ET LÉGUMES SECS

27, Rue Albouy

CARON (S.-H.-C.), rue de la Bourse, 8.
CHARDON (L.), rue Coquillière, 45.
DESHAYES (J.-B.), boulevard Voltaire, 71.
FROPO (A.), boulevard Bineau, 32, à Levallois-Perret.
GALLOT (A.-J.), rue Martre, 104, à Clichy.
GILOT (E.-X.-D.), rue Neuve-des-Petits-Champs, 87.
HERBOT (P.-J.), rue Vic-d'Azir, 2.
LARRIEU (E.-A.), rue d'Arcole, 11.
LETERTRE (L.), rue du Faubourg-Saint-Honoré. 61.
MOUSSET (F.-A.), rue Saint-Denis, 23.
PELLEGER (A.), rue Vieille-du-Temple, 120.
PERILLE (B.), rue du Bac, 18.
PERRIER (N.), rue des Deux-Écus, 40.
POTIN (D.-C.-E.), boulevard Malesherbes, 47.
REDAUX (A.-B.), rue de la Cossonnerie, 9.
ROUSSEAU (F.-E.), rue du Bac, 30.
SCORDEL (E.-L.-M.), boulevard-Saint-Germain, 171.
THOMAIN (H.-J.), rue Saint-Lazare, 68.

ÉQUIPEMENTS MILITAIRES

FAYNOT (J.-T.), Grande-Rue-de-la-Chapelle, 121.

P. GUIBOUT

de la maison P. GUIBOUT et P. RICHARDIÈRE

44, BOULEVARD SÉBASTOPOL, 44

HADENGUE (E.-T.), rue de Lancry, 16.

HELBRONNER Alphonse

7, PLACE LÉVIS. 7

PLESSIS (L.), passage Charles-Dallery, 4.
PONTREMOLI (S.-D.), rue du Faubourg-Saint-Martin, 140.

ESTAMPES (Éditeurs d')

BOUASSE-LEBEL Henri-Marie

29, Rue Saint-Sulpice, 29.

CLÉMENT (L.-J.-E.), rue des Saints-Pères, 3.
DANIEL (E.-G.-J.), rue Bonaparte, 76.
DELARUE (J.-B.-F.), rue Jean-Jacques-Rousseau, 68.
DESGODETS (L.), rue du Vieux-Colombier, 10.
DUCRET (J.-B.-L.), rue de Turbigo, 87.
GOUPIL (J.-B.-M.-A.), rue Chaptal, 9.
TURGIS (L.-A.), rue des Écoles, 60.

ÉTOFFES (Négociants en)

BOYER (G.-M.), rue de Richelieu, 71.
BOYRIVEN (A.), rue Le Peletier, 37.

BRIANÇON Jules
ÉTOFFES POUR FLEURS
113, Rue d'Aboukir, et Rue Saint-Denis, 205

Étoffes pour Ameublements
CHANÉE Léon
25, Rue de Cléry — PARIS

GÉRAULT (A.-J.), rue Saint-Sulpice, 27.
GOUJON (M.-P.), rue du Faubourg-Saint-Antoine, 20.
GRAFFEUIL (J.), rue des Petits-Carreaux, 14.

ÉTOFFES POUR AMEUBLEMENTS

J. B. JUNQUET

De la maison JUNQUET et BOUIR

TISSUS FAÇONNÉS POUR AMEUBLEMENTS
EN TOUS GENRES ET TOUS STYLES, ARTICLES UNIS, IMPRESSIONS,
VELOURS ET PELUCHES, TAPIS D'AMEUBLEMENTS
7 et 9, Rue du Mail

JOURNÉ (P.), rue d'Uzès, 7.
PETIT (E.-H.-D.), rue Poissonnière, 17.

TRESCA ÉDOUARD

ÉTOFFES POUR AMEUBLEMENTS
13, Rue du Mail, 13

ÉTOFFES (Apprêteurs d')

AUBERT (E.-F.-J.), rue de Charenton, 226.
BOURGIN (F.), rue de l'Industrie, 16, Courbevoie.
CARON (J.-A.), Arcueil.
CHARNELET (A.-J.), rue Oberkampf, 98.

JOURDAIN Louis-Paul

7 et 9, Rue Aubriot.

RUPP (A.), boulevard Diderot, 138.

ÉVENTAILS (Fabricants d')

Éventails montures avec Joaillerie, Dessins spéciaux, Éventails Carnets Bté S. G. D. G.

A. BARON

MÉDAILLE D'OR EXPOSITION DES DIAMANTS DE LA COURONNE 1884

23, Rue Louis-le-Grand, au coin de celle du 4-Septembre

A. BUISSOT

De la Maison A. BUISSOT et Fils

46, Rue des Petites-Écuries

DUVELLEROY (G.-L.), passage des Panoramas, 17.
EVETTE (C.-M.), boulevard Montmartre, 14.
HUGOT (C.-V.), boulevard de Strasbourg, 30.

EXPÉDITEURS-EMBALLEURS

BRUN Claude-Emmanuel

Fournisseur pour la Guerre pendant 12 ans et pendant la Guerre de 1870

90, Rue de Maubeuge, 90

DELASSUS (L.-H.), rue Neuve-Saint-Augustin, 6.

EXPORTATEURS

BONNAUD Pierre-Jérémie

40, Rue de Chabrol, 40

BRUN Claude-Emmanuel

Fournisseur pour la Guerre pendant 12 ans et pendant la Guerre de 1870

90, Rue de Maubeuge, 90

DAMMIEN (E.), rue du Faubourg-Poissonnière, 32.
DEVÈS (T.), rue du Bouloi, 4.
GLAENZER (J.-H.), boulevard de Strasbourg, 35.
GUICHARD (E.-M.), rue Charlot, 7.

JOUVE André-Barthélemy

129, Rue de Turenne, 129

FAIENCES ARTISTIQUES
(Fabricants de)

CRISTAUX, PORCELAINES

BOURGEOIS Émile

21, Rue Drouot, 21

COLLINOT (E.-V.), rue Royale, 9.
DECK (J.-T.), passage des Favorites, 20.
HOURY (C.), cité du Trône, 9.

FARINES (Négociants en)

G. E. FLEIG
De la Maison FLEIG et BROCA
Farines et Huiles en Gros
173, Rue Saint-Honoré. — PARIS

GARCELON (E.-V.), rue Oblin, 6.
LEDELLIÉ (J.-N.), rue d'Orléans-Saint-Honoré, 17.
VAURY (A.-H.), rue de Marengo, 6.

FAUTEUILS

REDOND
DE LA M·AISON V^VE REDOND
Fauteuils et Chaises
2, Rue de la Roquette et Faubourg St-Antoine, 21

FER (Marchands de)

BENOIST Jules-Félix-Aimé

3, Avenue d'Italie, 3

CARPENTIER (A.-C.), rue des Marais, 40.
DESAUBLIAUX (H.-C.), rue Dauphine, 41.
JAHIET (F.), boulevard de Strasbourg, 55.
LASSON (E.), rue du Faubourg-Saint-Martin, 14.
MARCHAND (L.-G.), quai de la Râpée, 100.
PERRÉE (L.), quai Valmy, 33.
SALMON (T.-A.-G.), rue Amelot, 96.
VAUTIER (E.-F.), rue François-Miron, 40.
VIALLARD (A.), rue des Vinaigriers, 38.

FERMETURES

L. D. LACOUR

22, Passage du Génie. Faubourg-Saint-Antoine, 246

FERS BLANCS

CARNAUD (J.-J.), avenue de la République, 18.

FABRIQUE DE CAISSES EN FER BLANC & ZINC
Ch. FLÈCHE
12, Rue du Faubourg-Saint-Denis, 12
PASSAGE DU BOIS-DE-BOULOGNE

HALLOT (C.-C.). rue des Vinaigriers, 11.
LÉTANG (T.-J.-B.), rue de Motnmorency, 44.
SENET (Z.-V.), rue des Gravilliers, 7.

FERRURES POUR CARROSERIE
(Fabricants de)

L. J. MARTINET
155 et 157, Rue de Courcelles
FERS ET ACIERS POUR CARROSSERIE

H. MOYNE
27. Rue Bayen. PARIS-TERNES

FILS DE FER

E. VERSCHAVE
De la Maison E. VERSCHAVE et Fils
17 bis, Rue Pavée

FLEURS (Fabricants de)

ALBERTI (S.), rue d'Aboukir, 121.
BOURDIN (E.), boulevard Sébastopol, 78.
CABANIS (A.), rue Geoffroy-Marie, 5.
CHANDELET (E.), rue Thévenot, 6.
DUPONT (P.-E.), rue Saint-Denis, 224.
FAVIER (J.-P.-A.), rue des Jeûneurs, 27.
HELBRONNER (M.), rue de Cléry, 9.
RICHÉ (P.-L.-E.), rue Neuve-Saint-Augustin, 5.

FONDEURS EN CUIVRE

BICAN (A.) de la Maison A. Bican et Neveu, 89, rue Oberkampf.
BROQUIN (J.) de la Maison Broquin-Muller et Roger, 59, faubg du Temple.
DUPUCH (A.-G.), rue Claude-Villefaux.
HANCTIN (J.-O.), rue du Chemin-de-Fer, 13, Saint-Denis.
HEMERDINGER (E.), cuivres de Rugles, 16, faubourg du Temple.
LEVERBE, 10, rue Pierre-Levée.

FONDEURS EN FER

GARVIN (G.), rue Saint-Ambroise, 29.

MOINEAU Auguste-Louis

10, Rue Lacharrière, 10

PLICHON (E.-L.), rue du Chemin-Vert, 107.

FONTES (Marchands de)

BENOIST JULES FÉLIX AIMÉ

13, AVENUE D'ITALIE, 13

DALIFOL (A.-R.), quai Jemmapes, 172.
DENONVILLIERS (L.-C.), rue de Lafayette, 174.
DURENNE (A.-A.), rue de la Verrerie, 30.
HOCHARD (A.-F.), rue de la Roquette, 96.
JESSON (L.-F.), rue Rampon, 3.
LEGENISEL (E.-J.), passage Vaucouleur, 28 *bis*.

FORCE MOTRICE

FORCE MOTRICE ET ATELIERS A LOUER DE 1 A 20 CHEVAUX

S'adresser, 20, Rue de Tanger

A M. FAURE-BEAULIEU

FOURRURES

A· LACHNITT

165, Rue Saint-Honoré, 165

PFEIFFER (A.), rue de l'Ancienne-Comédie, 17.

E. J. RÉVILLON

81, Rue de Rivoli, 81

REVILLON (S.), rue des Petits-Champs, 89.

GALVANOPLASTIE

BOUDREAUX (L.-F.-J.), rue Monsieur-le-Prince, 27.

DELAUNAY JEAN-FRANÇOIS

12, Rue Saint-Gilles, 12

GANTS (Fabricants de)

AUBERTIN (J.-C.), passage du Saumon, 50.
BERR (Ed.), rue Jean-Jacques-Rousseau, 37.
BERR (E.), boulevard Sébastopol, 52.
BOISSONNADE (L.), rue Meslay, 39.

BOURGOIN

De la maison COURVOISIER-BOURGOIN et Cie

126, RUE LAFAYETTE, 126

BOUYER (F.), rue de Rivoli, 132.

A. L. FONTAINE

42, Rue Étienne-Marcel, 42

LANGLOIS (E.), rue de la Tour-d'Auvergne. 30.
LAURET (A.), rue Grenéta, 39.
MALO (G.-V.), rue Turbigo, 19.
MARCAULT-DEVILLE (E.-G.), boulevard Bonne-Nouvelle, 8.

J. C. NEYRET de la maison C. NEYRET & Cie

GANTERIE, LAINES, FIL, SOIE & MANUFACTURE DES TISSUS & VÊTEMENTS JERSEYS

34, Rue des Bourdonnais, 34

PERINOT (E.-C.-V.), rue Thévenot, 4.
RÉMOND (P.-H.), rue de Meaux, 75-77.
REY (L.), boulevard des Italiens, 23.

GAZ (Entrepreneurs dê Travaux de)

CAMUS (A.-F.-V.-H.-E.), directeur de la Compagnie parisienne du gaz.
rue Condorcet, 6.

DURAND Albert

38. Rue de Trévise, 38

GAZ (Fabricants d'Appareils à)

ABAR (A.-R.-N.), rue du Roule, 7.
BENGEL (L.-A.), rue des Trois-Couronnes, 21.
BIZOT (A.), rue Mazarine, 42.
CHABRIÉ (P.-V.), rue des Martyrs, 52.

DELAFOLLIE Frédéric

6, Rue Martel, 6

DELAPORTE Georges-Armand-Gustave ✳

Rue des Bourdonnais, 33

DOMICILE PARTICULIER : QUAI DU LOUVRE, 30. — PARIS

GLAIVE (P.-J.), rue du Parc-Royal, 4.

A. GŒLZER

LUSTRES

182, Rue Lafayette, 182. — PARIS

LEGRAND (L.-G.), rue Sainte-Anne, 73.
MALDANT (E.-C.), rue d'Armaillé, 21.
ROSIER (M.-L.-L.), boulevard Magenta, 21.
SEILER (J.-C.), rue Martel, 17.

GRAINS & FARINES (Négociants en)

BIEDERMANN, rue Drouot, 7.
BLOCH, rue Jean-Jacques-Rousseau, 8.
CERTEUX, rue Oblin, 3.
DREYFUS, avenue de l'Opéra, 11 et 13.
LANIER, rue de Marengo, 6.
LEBLANC, avenue de l'Opéra, 4.

MAROTTE Auguste

De la maison MAROTTE frères

13, QUAI D'AUSTERLITZ

H. A. WAY

Commissionnaire en grains, farines, huiles, sucres et trois-six

IMPORTATION ET EXPORTATION

29, Rue de Viarmes

WINTER-DAVIST

Négociant-Commissionnaire

42, Rue Jean-Jacques-Rousseau, 42

GRAINIERS FLEURISTES

DUVIVIER (E.-H.), quai de la Mégisserie, 2.
GONTIER (A.), quai de Gesvres, 6.
LECARON (M.-A.), quai de la Mégisserie, 20.

P. THIÉBAUT AÎNÉ

GRAINES, PLANTES ET ARBRES

30, Place de la Madeleine, 30

GRAINS & FOURRAGES

FRÈRE (V.-F.), rue de Reuilly, 38.
GRANDIN (F.-M.), rue Frémicourt, 10.
HALOUZE (C.-A.), rue Secrétan, 1.
JEANTI (L.-H.-A.), rue Jean-Jacques-Rousseau, 23.
LEFÈVRE (J.-J.-B.), rue Lambrecht, 16, à Courbevoie.
MORIN (J.-B.), rue d'Allemagne, 157.
MOUSSY (P.-A.), rue d'Allemagne, 143.

F. POUYDEBAT

37, Rue de Neuilly, à Suresnes

HORLOGERIE (Fabricants d')

BOREL-FONTANY (A.-P.), rue Neuve-des-Petits-Champs, 47.
BRÉGUET (L.-C.-F.), quai de l'Horloge, 39.

HORLOGERIE MÉCANIQUE ÉLECTRIQUE
COLLIN ARMAND
118, Rue Montmartre, 118

DÉTOUCHE (L.-C.), rue Saint-Martin, 228-230.
DUPIN-VARENNE (F.-E.), boulevard Voltaire, 7.

FILON-DOMANGE EUGÈNE
Horlogerie, Orfèvrerie, Bijouterie, Pièces montées sur commandes
3, BOULEVARD MONTMARTRE, 3

GABRIEL (H.), Galerie Montpensier, 35.
GARNIER (P.-C.), rue Taitbout, 6.
HAAS (B.), boulevard Sébastopol, 104.
HALLEY-DESFONTAINES (G.-E.), galerie Montpensier, 13 et 15.
MARX (I.), boulevard de Sébastopol, 48.
RECLUS (V.-P.), rue de Turenne, 114.

HOTELS

AVIET (J.-L.), rue Saint-Honoré, 223.

GRAND HOTEL LOUVOIS (Place Louvois)
DHUIT Lucien-Auguste
MAITRE D'HOTEL
3, Rue Lulli, 3

LEQUEU (A.-J.), avenue de l'Opéra, 22.

HUILES EN GROS

C. M. BAUD
24, Rue Saint-Roch. — PARIS

BERTAULT (P.-G.), route de Châtillon, 77, à Montrouge.
BLOUET (A.-A.-M.), rue Payenne, 12.
BOULARD (V.-A.), rue Pavée-au-Marais, 13.
BOYARD (A.-E.), rue de Trévise, 28.
CAPET (J.-E.), rue de la Verrerie, 61.
DÉPINAY (G.), rue des Prêtres-Saint-Germain, 21.
DUBOIS (J.-F.), rue de Rivoli, 70.

L. A. FAUVEAU

112, Rue de La Chapelle

GIBERT (M.-J.-A.), rue Charles-V, 10.
JUMEL (J.), rue du Renard-Saint-Merri, 25 et 27.
LIMERSALLE (A.-J), rue de Thorigny, 8.
MARIAGE (P.-D.), rue Saint-Martin, 9.
POTIER (D.), rue des Deux-Portes-Saint-Jean, 6.
ROGUIER (J.-L.), rue Martel, 11.
THÉVENOT (A.), rue du Cloître-Saint-Merri, 20.

HUILES
(Fabricants et Épurateurs d')

BOULINGRE (E.-V.), rue Riquet, 50.

DEUTSCH ALEXANDRE

9, RUE SAINT-GEORGES, 9

DUPUIS (H.), boulevard d'Italie, 113.
JUMEL, route d'Asnières, 101, à Levallois.
LACARNOY (H.-J.), chaussée du Maine, 152.
LAILLARD aîné (J.-J.-A.), rue Villedo, 4.
NAY (E.), rue du Faubourg-Poissonnière, 96.

IMAGERIE

BOUASSE-LEBEL Henri-Marie
29, Rue Saint-Sulpice

BOUMARD (A.-E.), rue Garancière, 15.

IMPRIMEURS LITHOGRAPHES

BASTERT (G.), boulevard du Port-Royal, 97.
BAULANT (M.-A.), boulevard Saint-Germain, 177.
BOUVETIER (C.), rue des Vinaigriers, 62.
BECQUET (C.-G.), rue des Noyers, 37.

DE VRAINVILLE Alexis
FABRICANT DE CARTONNAGE DE FANTAISIE
Pour Distillateurs, Chocolatiers, Parfumeurs, Dorures et Estampes
9, Rue Charlot, 9

DUPUIS (J.-T.), rue des Petits-Hôtels, 22.
ENGELMAN (R.), rue de l'Abbaye, 12.
FRAILLERY (E.), rue de Cluny, 3.
GRANDRÉMY (A.-A.), quai de la Râpée, 28.
HERMET (D.-F.), passage Dauphine, 4.
LEMERCIER (J.-R.), rue de Seine, 57.
MARIE (J.-C.), rue du Faubourg-Saint-Denis, 83.
MONROCQ (J.-N.), rue Suger, 3.
PALYART (C.-V.-M.), rue du Faubourg-Saint-Denis, 89.
PICHOT (E.), quai Jemmapes, 72.
SAPÈNE (F.), rue Neuve-Saint-Merri, 42.

JALOUSIES

L. D. LACOUR

22, Passage du Génie, Faubourg Saint-Antoine, 246

JOAILLIERS-BIJOUTIERS

BAPST (C.-G.), rue d'Antin, 6.
BAPST (P.-M.), rue du Faubourg-Saint-Honoré, 25.

G. L. BARBARY

65, Rue Meslay, 65. — PARIS

A. BARON

MÉDAILLE D'OR, EXPOSITION DES DIAMANTS DE LA COURONNE 1884
25, Rue Louis-le-Grand, 25, au coin de celle du Quatre-Septembre
(Voir Éventails)

BOURDIER (T.-A.), rue du Quatre-Septembre, 27.
CARTIER (L.-F.), boulevard des Italiens, 7 et 9.
CHAISE (A.), rue de la Paix, 24.

SPÉCIALITÉ DE BOUTONS D'OREILLES

CHAVETON

Bagues, Brillants et Pierres de couleur

98, Boulevard Sébastopol, 98

DUMORET Hippolyte

5, *Rue de la Paix*, 5

A. FOUQUET-GUEUDET

BIJOUTIER-ORFÈVRE

18, Rue de la Chaussée-d'Antin, 18

FOUQUET (J,-A.), avenue de l'Opéra, 35.
HALPHEN (A.), rue Lafayette, 18.
MARTINCOURT (H.-E.), rue de Turbigo, 8 *bis*.
MELLERIO (J.-F.), rue de la Paix, 9.
PHILIP (E.-M.), rue de la Paix, 4.

F. RENN

52, RUE TURBIGO, 52

TÉTERGER (H.), rue Saint-Augustin, 31.

JOUETS EN GROS

CHAUVIÈNE (E.), boulevard des Capucines, 27.
DEHORS (A.-A.), rue des Vieilles-Haudriettes, 8.
ESTIVALET (A.-H.), rue des Archives, 22,
GROMBACH (A.), rue du Temple, 145.

LEMONTREER Yves

27, Rue du Château-d'Eau, 27

RÉMOND (J.-A-C.)), rue des Petits-Champs, 4.

JUMELLES (Fabricant de)

LEMAIRE

Opticien, Fabricant de Lorgnettes et Jumelles

22 & 26, RUE OBERKAMPF

LAINES (Négociants en)

BAZIN (L.-A.), cours Chavigny, 13, à Saint-Denis.
BESEY (A.), rue de Bondy. 66.
BLAZY (L.-P.), rue Turbigo, 15.
BOUFFLET (L.-A.), rue d'Hauteville, 74.
BOUSSARD (E.-E.), rue Saint-Martin, 203.
CORTIER (A.-C.), rue du Faubourg-Saint-Denis, 79.
DE L'ESCAILLE (C.-L.-J.), rue du Faubourg-Poissonnière, 34.
GIRARD (J.), rue de Lancry, 14.

H. GUÉNOT

183, Rue Saint-Denis, 183

LEMARINIER (A.), rue de Valence, 9, et rue des Feuillantines, 93.
MORSALINOS (J.-E.), cour des Petites-Écuries, 22.
MOUFLIER (P.-M.-H.), rue Meslay, 18.
POIRET (L.-F.), rue Saint-Denis, 40.
SMITH (J.-F.), rue du Faubourg-Saint-Antoine, 49.

B. TASSEL

LAINES, CRINS, PLUMES et DUVETS en GROS

46. Rue Montorgueil, 46

VALENTIN J.-A.-C.), rue Lafayette, 127.

LAITONS POUR MODES
(Fabricants de)

F. ATRUX & FILS
66, Rue Tiquetonne, 66

LAYETIERS-EMBALLEURS

EXPORTATEUR & EXPÉDITEUR

BRUN CLAUDE-EMMANUEL
Fournisseur pour la Guerre

pendant 12 ans et pendant la guerre de 1870

90, RUE DE MAUBEUGE, 90

FLÈCHE Ch.
Successeur de R. DUBOST & FLÈCHE

12, Rue du Faubourg-Saint-Denis, 12
PASSAGE DU BOIS-DE-BOULOGNE

PARIS (C.), rue des Petites-Écuries, 23.

A. A. V. ROUQUÈS
21, Rue du Faubourg-St-Antoine

LÉGUMES SECS

BEUDIN Louis

25, Rue Albouy, 25

CHEMIE (L.), rue Croix-des-Petits-Champs, 24.
FLÈCHE (E.-C.-B.), rue du Faubourg-Saint-Denis, 12.
TRIARD (M.), rue d'Enghien, 29.

LIBRAIRES

ARDANT (F.), quai du Marché-Neuf, 4.
BAER (J.), rue de l'Ancienne-Comédie, 18.
BELHATTE (G.-E.), rue de l'Abbaye, 14.
CONQUET (L.-A.), rue Drouot, 5.
DE SAINT-DENIS (P.-A.), quai Voltaire, 27.

KLINCKSIECK Charles

11, Rue de Lille, 11

LECHEVALIER Jacques-Antoine

23, Rue Racine, 23

MORGAND (L.-D.), passage des Panoramas, 55.
MUZARD (P.-E.), place Dauphine, 26.
MULOT (J.-B.), rue Saint-Jacques, 126.
PALMÉ (V.-A.), rue des Saints-Pères, 76.
RAPILLY (F.-A.), quai des Grands-Augustins, 53 bis.

RORET (E.), rue Hautefeuille, 12.
ROUQUETTE (J.-P.), passage Choiseul, 57.
SAVY (F.), boulevard Saint-Germain, 77.
TECHENER (L.), rue de l'Arbre-Sec, 52.

LIBRAIRES-ÉDITEURS

ARTHUS-BERTRAND (C.), rue Hautefeuille, 21.
BAILLIÈRE (J.-B.-M.), rue Hautefeuille, 19.
BAILLIÈRE-GERMER (G.), boulevard Saint-Germain, 108.
BAUDRY (J.-B.-J.), rue des Saints-Pères, 15.
BÉDELET (A.-N.), rue Séguier, 14.
BELIN (H.-J.-A.), rue de Vaugirard, 52.
BORRANI (C.), rue des Saints-Pères, 9.

BOURET CHARLES
3, Rue Visconti, 3

BOYER (P.-A.), rue Saint-André-des-Arts, 49.
BRAY (M.-E.-T.) rue Bonaparte, 82.
BRETON (H.-L.-A.), boulevard Saint-Germain, 77.
CAPENDU (A.-D.-M.-L.), place de l'Hôtel-de-Ville, 1.
CHALLAMEL aîné (P.-J.), rue Jacob, 5.
CHARPENTIER (G.-A.), rue de Grenelle, 13.
COLIN (A.-A.), rue Mézières, 1 à 5.
DELAGRAVE (C.-M.-E.), rue Soufflot, 15.
DEPRET (C.-F.), rue Jacob, 26.
DES FOSSEZ (H.-C.), rue Bonaparte, 13.
DUCHER (E.-C.), rue des Écoles, 51.
DUCROCQ (P.-F.), rue de Seine, 55.
DUNOD (P.-C.), quai des Grands-Augustins, 49.
FOURAUT (C.-D.), rue Saint-André-des-Arts, 47.
GARNIER (F.-H.), rue des Saints-Pères, 6.
GLORIAN (F.-J.-D.), quai des Grands-Augustins, 35.

GUÉRIN GUSTAVE

22, Rue des Boulangers

GUILLARD (P.-L.), rue Saint-André-des-Arts, 47.
JOUVET (J.-B.-A.), rue Saint-André-des-Arts, 45.
LABOULAYE (C.-P.), rue Madame, 60.
LACROIX (J.-E.), rue des Saints-Pères, 54.
LAPLACE (J.-P.-H.-G.), rue Séguier, 3.

LAROSE Louis

DE LA MAISON L. LAROSE & FORCEL

22, Rue Soufflot, 22

LECOFFRE (V.-A.-L.), rue Bonaparte, 90.

LECROSNIER ÉMILE

23, Rue de l'École-de-Médecine, 23

LEFÈVRE (T.-A.), rue des Poitevins, 2.
LEMERRE (A.-P.), passage Choiseul, 27-29-31.
LEVASSEUR (A.-L.), rue de Fleurus, 33.
LEVY (C.), rue Auber, 3.
MARCHAL (E.-L.-E.), place Dauphine, 27.
MARCILLY (E.-P.-A.), rue Saint-Jacques, 10.
MASSON (G.), boulevard Saint-Germain, 120.
MELLIER (E.-A.-M.), rue Séguier, 17.
NORBERG (J.-H.-C.), rue des Beaux-Arts, 5.

OLLENDORF PAUL

28 bis, Rue de Richelieu

POUSSIELGUE (M.-C.-E.), rue Cassette, 15.
REINWALD (C.-F.), rue des Saints-Pères, 15.
ROGER (A.-J.), rue des Grands-Augustins, 7.

THORIN (E.), rue de Médicis, 7.
VIVES (L.), rue Delambre, 13.

LIMES (Fabricants de)

DENIS EUGÈNE
90, Rue Amelot, 90

LAPAREILLE (L.-C.), quai Valmy, 5.

REMOND Saint-Edme
138, RUE SAINT-MAUR, 138

LINGERIE EN GROS

GUYARD & CIE
Maison OUDOT
LINGERIE & TROUSSEAUX
184, Rue Saint-Jacques, PARIS

LEPETIT (L.-J.), rue du Sentier, 10.

LIQUEURS & LIQUIDES
(Négociants en)

DEPARIS (A.-H.), route de la Révolte, 126, à Clichy.

Entrepôt général des Produits de la Grande Chartreuse et de la Côte Saint-André

DUBONNET ✳, ✠,

Vᵛᵉ DUBONNET et Fils Successeurs

49 bis et 51, Rue Ste-Anne et Rue du Havre, 7

LITERIE

ACOULON (E.-A.), rue de Buci, 8.
BERL (A.), rue des Trois-Bornes, 11.
COCHIN (N.-V.), rue du Faubourg-Saint-Antoine, 35.
DUTILLOY (A.-E.), rue du Four-Saint-Germain, 37.

LATERRIÈRE (Jⁿ de)

Lits en fer, Fabricant de Literie et Sommiers Tucker
Fabricant de Meubles en bois, Spécialité du PITON-PIN
33, Rue Doudeauville, 33

LEROUX (A.-F.), rue Montmorency, 80.
LETOURNEUR (G.-V.), rue des Arquebusiers, 11.
MICHAUD (P.-C.), boulevard Saint-Michel, 59.

LITS EN FER (Fabricant de)

LATERRIÈRE (Jᴺ DE)

LITS EN FER
FABRICANT DE LITERIE ET SOMMIERS TUCKER
33, Rue Doudeauville, 33

LOUEURS DE VOITURES

GARNIER CHARLES

MARCHAND DE CHEVAUX
21, Boulevard Malesherbes. — PARIS

FRAPPART (P.-J.-B.), rue Basse-du-Rempart, 48.

LOUEUR DE CHEVAUX ET VOITURES DE LUXE
P. F. LANGUET
49, Rue de la Chaussée-d'Antin, PARIS

LUTHIERS

BERNARDEL (E.-A.), passage Saulnier, 4.
GAND (C.-N.-E.), rue Croix-des-Petits-Champs, 21.
THIBOUVILLE (L.-E.-J.), rue Réaumur, 68.

MAÇONNERIE (Entrepreneurs de)

ADDES (M.-M.), rue de Dunkerque, 51.
ANDRÉ (H.-F.), boulevard de Vaugirard, 38.
BARCAT (J.-F.), rue Brunel, 18.
BARRAT-LEBLOND (H.-O.), rue de la Briche, 4, à Saint-Denis.
BELLET (M.-F.-A.), rue Condorcet, 66.
BLANCHE (L.-A.), rue Pierre-Picard, 10 *bis*.
BORNE (E.-P.-L.), rue Condorcet, 64.
BOUTIER (L.), avenue Daumesnil, 148.
BROCHON (E.-D.), rue de Saint-Pétersbourg, 37.
CAILLETTE (F.-N.), rue de Bercy, 151.
CHATEAU (S.), rue Nicole.

J. A. COCHIN
Rue Doudeauville, 38 (18ᵐᵉ arrondissement). — *PARIS*

COURBARIEN (F.-A.), avenue Victor-Hugo, 74.
DALLEMAGNE (A.-J.), rue de Condé, 20.
DÉCHANAUX (P.), rue du Faubourg-Saint-Honoré, 252.

DÉGÉ (B.), place Péreire, 5.
DESPAGNAT (A.), rue de Lévis, 96.
DUDRUT (P.-E.), avenue du Maine, 63.
DURAND (H.), rue Miroménil, 46.
DUVAL (L.), avenue de Breteuil, 56.
FREMAUX (V.-A.), rue de Monceau, 10.

GIRAUD PIERRE

11, Avenue de Villiers, 11

GOSSARD (C.-L.), rue Daguerre, 60.
GOYARD (E.-F.), boulevard Voltaire, 65.
GRELLIER (J.), rue du Faubourg-Saint-Martin, 173.
LACROIX (A.-C.), rue Violet, 46.
LAGARDE (J.), rue Gay-Lussac, 30.
LANGLOIS (A.), rue de Flandre, 28-30.
LAVALETTE (P.), place du Trône, 26.

J. LEFAURE

22, Rue Dussoubs, 22

(Ancienne Rue des Deux-Portes-Saint-Sauveur)

LESOUPLE (E.), rue Lamandé, 3.
LETUR (C.), rue d'Alésia, 93.
LETURGEON (F.-E.), rue Taitbout, 24.
LUCOT (J.-F.), rue de Créteil, à Joinville-le-Pont.
MASSELIN (L.-O.), avenue du Trocadéro, 178.
MAZET (L.-P.-M.), rue de Châteaudun, 12.
MAZOYER (J.-P.), rue Claude-Bernard, 37.
MIGNATON (G.-E.), boulevard Bourdon, 19.
MINDER (A.-T.), rue des Cordelières, 15.
MONTJOIE (P.-L.), rue Saint-Paul, 43, et passage Saint-Louis, 5.

PALADE AINÉ FRANÇOIS-VICTOR

54, Avenue Daumesnil, 54

PAQUIER (J.), rue Riquet, 8.
PATAQUE (M.), rue Larribe, 4.
PATUREAU (A.), rue Vauquelin, 17.
PIERQUIN (H.), avenue Marceau, 45.
PINOT (S.), rue Mornay, 4.
POIRMEUR (L.-G.-E.), rue de l'Université, 155.
POURCHEIROUX (F.-P.), rue de la Faisanderie, 13.
RASKIN (A.-H.), rue Hippolyte-Lebas, 3.
RAULET (E.-J.-B.), passage Lathuile, 15.
REMOND (L.-A.), rue Daru, 33.
RIFFAUD (P.), rue Andrieux, 1.
RUZÉ (J.-F.), rue de la Glacière, 72.
SALLET (E.-M.), rue du Cherche-Midi, 72.
THÉRY (J.-A.), avenue de Villiers, 103.
THOME (J.), avenue d'Iéna, 62.
TOINET (J.), rue Sedaine, 64.

MAROQUINERIE

BAUDOT (G.-A.), rue de Montmorency, 6.
BROCHARD (E.-E.-G.), rue du Temple, 151.
CERF (M.-C.), rue des Gobelins, 21.

GIRAUD Jeune

93, Rue Saint-Maur-Popincourt, 93

GIRAUD (J.-P.-S.), rue du Fer-à-Moulin, 46.

A. MESLANT

13, Rue Notre-Dame-de-Nazareth

PETITPONT (G.), rue Basse, 4, à Choisy-le-Roy.
PUEL (L.), rue Pascal, 16.

RIVIÈRE Victor

3 & 5, Rue de la Reine-Blanche, 3 & 5

(Dépot : Rue Richer, 23)

MASTIC

PETIT, de la maison PETIT et VAUCAMP

USINE A AUBERVILLIERS

Dépot : 29, Boulevard Magenta, 29, Paris

MÉCANICIENS-CONSTRUCTEURS

BARIQUAND (L.-F.-J.), rue Oberkampf, 127.
BARRÉ (C.-L.), rue de Vaugirard, 131.
BELLEVILLE (J.-F.), à Saint-Denis.

BOUHEY Étienne

CONSTRUCTEUR - MÉCANICIEN, MACHINES - OUTILS
43, Avenue Daumesnil, 43

BOULET (J.), boulevard Magenta, 149.
CHENAILLIER (P.-C.), avenue de Bouvines, 5.
CLAPAREDE (F.-M.), quai de Seine, à Saint-Denis.
CORPET (C.-J.-L.), avenue Philippe-Auguste, 119.
DE BANGE (C.-T.-M.-V.), quai de Grenelle, 15.
DENY (L.), rue Saint-Sabin, 58.

L. DUMONT

POMPES
55, Rue Sedaine, 55

DUMOULIN-FROMENT (P.-F.), rue Notre-Dame-des-Champs, 85.
DURENNE (J.-F.), quai de Seine, 7, à Courbevoie.
GÉRARD (P.), avenue Daumesnil, 32.
GOUGY (F.-E.), rue Notre-Dame-des-Champs, 98.
JANIOT (J.-B.), rue de Vaugirard, 131.
LEBLANC (A.-J.), rue du Rendez-Vous, 52.
MORANE (F.), rue Jenner, 23.
MORANE (F.-P.), rue du Banquier, 10.
SÉRAPHIN (F.), rue du Faubourg-Saint-Martin, 172.

MENUISERIE (Entrepreneurs de)

BIAUTTE (E.-J.-B.), boulevard Montparnasse, 49.
BOMBOIS (F.-X.), rue Notre-Dame-des-Champs, 111.
BRODU (E.-P.-A.), rue de Courcelles, 98.
DELAUNAY (A.), boulevard de Strasbourg, 48.
DIDIER (A.-A.), rue Saint-Germain-l'Auxerrois, 66.
FAUVAGE (H.-P.), rue des Fourneaux, 55.
FLAMENT (E.-A.), quai Jemmapes, 140.
GIRERD (P.), rue du Faubourg-Poissonnière, 151.

GOSSELIN CHARLES-ALPHONSE
MENUISERIE D'ART
31, Avenue Duquesne, 31

HARIEL (F.-M.), rue de la Butte-Chaumont, 28.

JUGAND André-Victor-Frédéric
Entrepreneur de Menuiserie
23, Rue Ganneron, 23

LAUNAY (E.-L.-H.). rue Guyot, 32.

TRAVAUX DE LA VILLE DE PARIS
Edifices religieux
CHAMBRE DES DÉPUTÉS

LEFÉBURE

ENTREPRENEUR DE MENUISERIE

1, 3, 4 et 5, Rue Maitre-Albert, 1, 3, 4 et 5

(75, QUAI DE LA TOURNELLE)

MATHÉRION ARISTIDE

5, RUE CHAPTAL, 5

MERET (E.-L.), rue Bellefond, 31.

MILLIARY Jules-Isidore

106 et 108, Boulevard Arago

MOISY (E.-S.), rue Miollis, 27.
PHILIPPON (E.-L.), rue Saint-Joseph, 26.
RONSIN (A.-C.), rue de Vaugirard, 152.
SIMONET (E.-T.), avenue de Breteuil, 60 *bis*.

MERCERIE

AUBINET (J.-A.), boulevard Sébastopol, 46.
AUCLERC (G.), boulevard Sébastopol, 75.

A. H. BENOISTON

Mercerie, Rubans, Soieries, Fournitures pour modes
166, RUE DU TEMPLE

BOUCAULT (A.-F.-E.), rue Saint-Denis, 73.
BOURGEOIS (P.-T.), boulevard Sébastopol, 69.
CAHAGNE (L.-F.), rue Saint-Denis, 78.
CAPENDU (A.-M.-F.-A.), rue Montmartre, 160.
CATHALA (J.), rue Saint-Denis, 141.
CHAUFIER (C.), rue Montmartre, 131.
COURTOIS (A.), boulevard Sébastopol, 24.
DAINE (L.), rue Michel-le-Comte, 21.
DEBADIER (C.-S.), rue Saint-Denis, 58.
DELMAS (J.-F.), rue Chapon, 26.
FLAXLAND (E.-E.), rue Thévenot, 9.
GOSSIOME (B.-F.), rue Étienne-Marcel, 46.
GRELLOU (A.-H.), boulevard Sébastopol, 43.
GUIMBELLOT (A.-A.), rue Lamartine, 64.
HENRY (A.-C.), rue du Faubourg-Saint-Honoré, 12.
HUTEAU (L.-P.), rue Montmartre, 72.
LOUSSEL (C.-A.), boulevard de Sébastopol, 50.
MAREST (P.-C.), rue du Faubourg-Saint-Honoré, 114.
PERSENT (C.), boulevard de Sébastopol, 53.
RANSONS (J.-B.-A.), rue de la Chaussée d'Antin, 6.
RÉGNIAULT (J.-V.), rue de Turbigo, 17.
SUZOR (A.-P.), boulevard Sébastopol, 62.

MÉTAUX

CAILAR (A.), rue Keller, 4.
DEMALLE (C.-F.), rue du Mont-Thabor, 24.
DOPFELD (J.-N.), place des Vosges, 9.

GILBERT (F.), rue Sainte-Croix-de-la-Bretonnerie, 20.
GIVRY (J.-T.-L.), boulevard de Sébastopol, 56.

E. M. HÉMERDINGER

16, Rue du Faubourg-du-Temple, 16

HIRSCH (H.-G.), rue Richelieu, 99.
HUBIN (F.), rue de Turenne, 14.
LAVEISSIÈRE (J.-J.), rue de la Verrerie, 58.
LÉTRANGE (L.-N.), rue des Vieilles-Haudriettes, 1.
POYET (P.-C.), quai Bourbon, 19.

I. RHEIMS
DÉPOT DES NICKELS ET COBALTS DE H.-H. VIVIAN ET C°
16, Rue du Parc-Royal, 16

MEUBLES ANCIENS & MODERNES

MILLOT Théodore
TAPISSIER DÉCORATEUR
75, Rue du Faubourg-Saint-Honoré, 75

MEUBLES (Fabricants de)

ALLARD Fils JULES-CÉLESTIN ✳
FABRICANT DE MEUBLES D'ART (Maison à New-York)
50, Rue du Faubourg-du-Temple, — PARIS
(Voir Tapisserie)

BALNY (C.-A.-F.), rue du Faubourg-Saint-Antoine, 40.

MEUBLES SCULPTÉS
BELLANGER
61, Rue des Saints-Pères

FOURDINOIS (H.-A.), rue Amelot, 46.
LALANDE (A.-E.), rue de Charenton, 57.

MEUBLES EN BOIS (Spécialité du PITON PIN)
LATERRIÈRE (Jⁿ DE)
33, Rue Doudeauville. — PARIS

LEMAIGRE (G.-N.), rue de Birague, 14.
LEXCELLENT (E.-R.), rue Bréguet, 8.
LHOSTE (J.), passage Saint-Pierre-Amelot, 4.
MALCOTTE (M.-L.), rue Saint-Sabin, 38.
MAZAROZ (J.-P.), boulevard Richard-Lenoir, 94.
PASSEMARD (A.-H.), rue Payenne, 11.
ROUX (F.), rue des Arquebusiers, 3 et 5.
SIMON (C.-J.), boulevard Richard-Lenoir, 77.

MEUBLES (Marchands de)

MEUBLES NEUFS ET D'OCCASION
M. E. CHOPIN
Successeur de BARBAN DUPONT
17, Rue Meslay, 17

COLLET (J.-C.), rue Le Peletier, 29.

MEUBLES ET TAPISSERIE
P. DORANGE
52, 54, 56, Passage Choiseul. Rue Sainte-Anne, 57 et 59

LEMOINE (H.-A.), rue des Tournelles, 17.

MIROITIERS

MIROITERIE EN GROS
ABÉLANET ÉMILE
8, Rue des Francs-Bourgeois, 8

ALBERTIN (F.-R.), rue Lafayette, 137.

MIROITERIE, GLACES, DORURES

A. BENDA

10, Rue des Archives

A. BOUCHEZ

83, Rue du Faubourg-Saint-Antoine, 83

BOUDET (Léon). rue de Sévigné, 13.
BROT (P.-L.), rue du Faubourg-Saint-Denis, 89.

L. E. CAUVET

109, Rue du Faubourg-Saint-Antoine, 109

CHAMOUILLET (L.), boulevard de la Madeleine, 17.
FRICK (A.-P.-M.), boulevard de la Contrescarpe, 42.
HUSSENET (A.-M.), rue de Dunkerque, 23.
LAURENT (A.-E.), rue Oberkampf, 98.

MIROITERIE, VERRES A VITRES ET DORURES

LEROY FRÉDÉRIC

122 et 93, Rue du Bac, 122 et 93

LHERMINIER (L.-A.), boulevard Beaumarchais, 93.
RADUIS (J.-E.), rue du Faubourg-Saint-Antoine, 38 *bis*.

ROBCIS GUSTAVE

75, RUE DU FAUBOURG-SAINT-ANTOINE

MOBILIERS (Achat de)

D. CHOPIN

Successeur de BARBAN-DUPONT

17, Rue Meslay, 17

MODES

BONNI (A.), rue du Faubourg-Saint-Honoré, 3.

J. E. LAFITTE

21, RUE MESLAY, 21

PETIT GILLES-AUGUSTE

7, Rue de la Paix, 7

POUSSINEAU dit FÉLIX (E.), rue Boissy-d'Anglas, 14.

MUSIQUE (Instruments de)

E. A. BERNARDEL
De la maison GAND et BERNARDEL frères
FOURNISSEUR DE L'OPÉRA ET DU CONSERVATOIRE
4, Passage Saulnier, 4

NÉGOCIANTS-COMMISSIONNAIRES

ALBANEL (D.-J.-N.), rue de Trévise, 29.
BEAUCAIRE (M.-S.), rue d'Aboukir, 60.
BONFILS (F.-A.), rue de Bondy, 32.
BREISSAU (J.-B.), rue Béranger, 15.
CARVAILLO (A.-A.), rue de l'Échiquier, 34.
CORNELY (M.), rue d'Hauteville, 21.
DELINIÈRES (L.), rue Richer, 34.
DREYFUS (A.), boulevard Haussmann, 21.
GALIBERT (E.), rue Payenne, 11.
ISRAEL (L.), rue du Sentier, 32.
LAURÉ (R.-H.), rue du Faubourg-Saint-Denis, 132.
LEBEAUD (J.-M.-L.), place du Théâtre-Français.

F. G. OBRECHT
DE LA MAISON OBRECHT FRERES
29, Rue Sévigné

PECTOR (E.-F.), rue Rossini, 3.
PERRON (R.), rue Jean-Jacques-Rousseau, 39.
PRA (C.), rue Bergère, 9.
PROUST (L.), port de Bercy, 43.
ROY (L.), rue Montholon, 32.
SCHLOSS (P.), rue d'Hauteville, 26.
SCIAMA (E.), rue d'Hauteville, 40.
SIMON (M.), rue Charlot, 83.

NOUVEAUTÉS

ABBADIE (J.-A.), rue du Faubourg-Saint-Antoine, 128.
BARBAROUX (J.-A.), rue Geoffroy-Marie, 5.
BOUTS (P.-F.-H.), boulevard Sébastopol, 81.
BRILLIÉ (A.-A.), rue de Flandre, 47.
CHAUCHARD (A.-H.), rue de Rivoli, 164.

COGNACQ ERNEST
1, Rue du Pont-Neuf

DORMEUIL (J.-A.), rue Vivienne, 4.
FABRE (J.-B.), rue du Faubourg-Saint-Denis, 91 et 93.
FAUCHAUT (J.-M.), Grande-Rue, 59, à Boulogne.
FLECK (J.-E.), rue du Faubourg-Saint-Martin, 67.
GEORGES (P.-C.-A.-P.), place de la République, 13.
GOURNIN (E.), avenue d'Orléans, 54.
GRÉGOIRE (T.-S.), rue du Faubourg-Saint-Antoine, 7.
JALUZOT (J.), boulevard Haussmann, 70.
JODON (C.-A.), boulevard des Italiens, 34.
LACOUR (C.-F.), boulevard de la Madeleine, 21.
LAFARGE (F.), avenue d'Orléans, 54.

LAINÉ GEORGES
9, Boulevard de Sébastopol

LARUE (J.-F.), rue de Rivoli, 16-18.
LECOMTE (V.-A.), boulevard Saint-Michel, 22.
MANGO (P.-D.), rue de Rivoli, 88.
MARCILHACY (H.), avenue des Ternes, 8 et 10.
MILLETTES (E.-E.), rue de la Chaussée-d'Antin, 7, et rue Meyerbeer, 2.
RODIER (E.), rue des Moulins, 19.
SILVESTRE (C.-H.), rue Montmartre, 119.
TABOURIER (L.-A.), rue d'Aboukir, 6.

TACONNET (P.), place du Havre, 14.
TISSIER (P.-V.), rue Poissonnière, 35.
VUILLET (L.-J.), rue de Rivoli, 10.

OPTICIENS

AVIZARD (C.-D.), rue Rambuteau, 57.
BRETON (A.-E.), rue des Écoles, 52.
DARLOT (A.), boulevard Voltaire, 125.
DELEUIL (J.-A.), rue des Fourneaux, 42.
DESCHIENS (E.), boulevard Saint-Michel, 123.
DUCRAY (A.-C.), rue Chapon, 10.

LEMAIRE

FABRICANT DE LORGNETTES-JUMELLES

22 et 26, Rue Oberkampf

MOLTENI (F.-M.-A.), rue du Château-d'Eau, 44.
NORMAND (F.-A.), galerie Vivienne, 33.
RADIGUET (H.-A.), boulevard des Filles-du-Calvaire, 15.
SALLERON (J.-B.), rue Pavée, 24.

OR (Batteurs d')

DEGOUSSE ÉMILE

7, Rue du Terrage, 7

EBERLIN (J.-P.), rue du Caire, 43.

ORGUES (Facteurs d')

CAVAILLÉ-COLL Aristide

13 et 15, Avenue du Maine

DEBAIN (J.-E.), rue Lafayette, 116-118.

RODOLPHE
DE LA MAISON RODOLPHE FILS ET DEBAIN
Facteur d'orgues et de pianos, Médaille d'or à l'Exposition universelle, Paris 1878
· **15, Rue de Chaligny, 15. — PARIS**

ORFÈVRERIE

AMBROISE (A.), rue Lafayette, 120.
AUCOC (L.), rue de la Paix, 6.
AUZOLLE (L.-E.-L.), rue Sainte-Croix-de-la-Bretonnerie, 42.
BACHELET (G.-T.), place du Pont-Neuf, 13.

BERRY Charles

15, Rue Montmartre

BERTRAND (A.-E.), rue des Archives, 3.
BOUILHET (C.-H.), rue de Bondy, 56.

A. C. L. BOULENGER ✳

4, RUE DU VERT-BOIS

DAUMAIN (P.-A.), rue Réaumur, 22.
DESCLERCS (J.-C.-E.), rue des Marais, 66.
DOUTRE-ROUSSEL (E.), rue Vieille-du-Temple. 118.

FOUQUET-GUEUDET
JOAILLIER-BIJOUTIER
18, Rue de la Chaussée-d'Antin, 18

FROMENT-MEURICE (E.), rue Saint-Honoré, 372.
FRAY (P.), rue Pastourelle, 34.
GALLERAND (J.-B.-J.), rue Montmorency, 40.

L. LAPAR
25, Rue de Choiseul, 25. — PARIS

Ch.-G.-E. ODIOT
72, RUE BASSE-DU-REMPART

QUELLÉ (P.-F.-E.), rue des Petits-Carreaux, 11.

ROBERT-DEGERESME
ORFÈVRE-JOAILLIER
18, Rue Saint-Sulpice, 18. — PARIS

THIÉRY (M.-A.), rue du Vieux-Colombier, 6.
TRIOULLIER (H.-C.), rue de Grenelle, 24.

F. A. VEYRAT
21, Rue du Château-d'Eau

ORNEMENTS D'ÉGLISE

P. GUIBOUT
De la Maison P. GUIBOUT et P. RICHARDIERE
44, Boulevard Sébastopol

OUATE (Fabricants de)

COTONS CARDÉS EN TOUS GENRES
FAURE-BEAULIEU Édouard
18 et 20, Rue de Tanger, 18 et 20

MILLET (V.), rue Réaumur, 55.

PAINS D'ÉPICE (Fabricant de)

ANCIENNE MAISON COURTOIS
Fondée en 1770
ROBIN Frères
MÉDAILLES D'OR AUX EXPOSITIONS DE 1867 ET 1878
Magasin de Vente : 46 et 48, Rue Notre-Dame-de-Nazareth
USINE A VAPEUR : 204, RUE SAINT-MAUR,

PAPETIERS

ACKER (G.-A.), rue Neuve-des-Petits-Champs, 29.
ANDOUARD (P.-A.), rue de Provence, 30,

BAZIN (C.-A.), rue Saint-Jacques, 174.
DUCROQUET (A.), rue de Cléry, 42.
DURIEZ (E.-A.), rue Monsieur-le-Prince, 55.
FERET (A.-A.-O.), rue Étienne-Marcel, 16.
FORTIN dit DAMIENS (C.-R.), rue Neuve, 59.

PAPETERIE

GAUCHE

Vve E. GAUCHE et Neveu Successeurs

7, Rue de Provence, 7

ANCIENNE MAISON HOUARD

GONTHIER-DREYFUS, boulevard Magenta, 41.
GRAVADE (A.-G.-C.-J.), rue du Faubourg-Saint-Honoré, 30.
HIVETT (J.-B.-A.), rue d'Aguesseau, 1.
MAQUET (H.-L.), rue de la Paix, 10.

A. L. MARION

14, CITÉ BERGÈRE, 14

NACHMANN (A.), rue Montmartre, 39.
PÉZIEUX (J.), rue du Sentier, 8.
PICARD (E.-J.-E.), rue du Bac, 14.
SIFFLET DE BERVILLE (J.-L.), rue de la Chaussée-d'Antin, 25.

PAPIERS EN GROS

BÉCOULET (C.), rue de Richelieu, 45.
BÉGUIN (A.), rue de Rivoli, 222.

L. B. BERSON
FABRIQUE DE SACS EN TOUS GENRES POUR ÉPICERIE, DROGUERIE, COULEURS
Registres et Articles de Bureaux
65, RUE DE LA VERRERIE, 65

DARCY (A.-L.), rue Christine, 3.
ESSERTIER (J.-F.), rue d'Orléans-Saint-Honoré, 17.
ÉTIENNE (A.), rue de l'Échiquier, 12.
FANO (E.-G.), rue du Grand-Prieuré, 27.
GAUBERT (F.), rue du Jour, 1.

GRATIOT Georges

1, Rue du Mail, 1

LACROIX (J.-A.), rue Mazarine, 60.

LAIR ERNEST

60, Rue Saint-André-des-Arts. 60

LANGLADE (E.-H.), rue Bertin-Poirée, 9.
LIPS (H.-A.), rue Nicolas-Flamel, 5.
ODENT (H.-F.-X.), boulevard Saint-Michel, 11.
OLMER (G.), rue du Pont-de-Lodi, 5.
PERDREAU (P.-A.), rue de la Verrerie, 63.

PAPIERS (Fabricants de)

ALAMIGEON (E.-A.), rue de Montmorency, 5.
HENNECARD (J.-J.), quai de la Mégisserie, 16.

JOUANNY (G.-P.-E.), rue du Faubourg-du-Temple, 70-72.
KRANTZ (C.-D.), rue Dauphine, 31.
LAROCHE-JOUBERT (J.-A.), avenue Victoria, 22.
LEMERLE (L.-P.), rue de la Voyette, 25, à Ivry.

E. MAUCLERC

PAPIERS
14, Rue de la Monnaie, — PARIS

C. A. A. OUTENIN-CHALANDRE

16, Rue Notre-Dame-des-Victoires, 16

D. WOLFF

DE LA MAISON WOLFF PÈRE, FILS & P. MAUNOURY
10, Rue des Archives et Rue Saint-Martin, 110

PAPIERS A CIGARETTES

HENRY Louis-Georges
De la Maison CAWLEY et HENRY
17, Rue Béranger, 17

PAPIERS DE FANTAISIE

BARTHÉLEMY (A.-A.), rue Saint-Séverin, 10.
LEMONNIER (C.-E.), rue Galande, 11.

VILLENEUVE Ernest-Jacques
40, Rue des Blancs-Manteaux, 40
USINE : 95 et 97, Avenue de Choisy

PAPIERS PEINTS (Fabricants de)

E. COUTANT
PAPIERS PEINTS ET ENTREPRENEUR DE PEINTURE
5, Rue Molière, 5

DESFOSSÉ (J.), rue du Faubourg-Saint-Antoine, 223.

DESPLANCHES-LARDENOY
78, Boulevard Magenta

ANCIENNE MAISON BARBEDIENNE
A. P. DUMAS
Peinture, Papiers peints, Décoration d'Appartements
24 et 26, Rue Notre-Dame-des-Victoires

ENVOI D'ALBUMS D'ÉCHANTILLONS

FOLLOT (P.-H.), rue Beccaria, 10.
GILLOU (J.-B.-P.), passage Vaucanson, 5.
JOSSE (G.), rue de Charonne, 163.
LE MARDELÉ (F.-J.-L.), rue du Faubourg-Saint-Antoine, 115.
LEROY (L.-J.), rue Château-Landon, 11.
MARAIS (C.-A.), rue Morère, 24.
MARSOULAN (T.-H.), rue de Paris, 90-92, Charenton.

MIRIET (C.-E.), boulevard des Capucines, 3.
PACON (V.), rue de Reuilly, 73.
PATTEY (T.), boulevard Montmartre, 16.
THIBAULT (J.-G.), rue de Reuilly, 76.

PARFUMEURS

BONNET (J.-C.), rue de Maubeuge, 98.
COUDRAY (E.-P.-C.), rue d'Enghien, 13.
GUERLAIN (A.), rue de la Paix, 15.
JOLY (R), rue d'Enghien, 49.
LECARON (J.-E.), rue d'Argout, 35.

H. MONIN
Maison DORIN
27, Rue Grenier-Saint-Lazare, 27

PINTA (P.-C.), avenue de l'Opéra, 7.
PIVER (L.-T.), boulevard de Strasbourg, 10.
RAYNAUD (A.), rue Saint-Honoré, 207.
ROGER (C.-A.), rue d'Hauteville, 38.
SOUBIRAN (J.), rue de Rivoli, 55.
VIBERT (L.-G.-A.), boulevard Sébastopol, 28.

PASSEMENTERIE

PASSEMENTERIE POUR DAMES
J. BAILLEAU
De la maison J. BAILLEAU et C. CABANIS
227, Rue Saint-Denis

BORREL (T.), rue Saint-Denis, 136.
CHENEVIÈRE (C.-L.-V.), passage du Ponceau.

CHEVALIER (E.-P.), rue d'Aboukir, 49.
COTINEAU (C.), rue des Lombards, 31.
DÉFORGE (C.-R.), place des Victoires, 5.

E. DIEUTEGARD

11, Rue du Mail et Place de la Bourse

DUFLOS (J.-L.), rue Saint-Denis, 141.
FRASSY (M.-N.), boulevard Sébastopol, 42.
GEOFFROY (E.-H.), rue des Rigoles, 71.
GOULETTE (E.), rue de la Reynie, 26.

Passementerie Or et Argent, Équipements Militaires, Ornements d'Église

P. A. GUIBOUT de la maison P. GUIBOUT et P. RICHARDIÈRE

44, Boulevard Sébastopol

LANGLOIS (L.), rue de Louvois, 7.
LOUVET (A.-A.), rue des Bons-Enfants, 27.
MARIA (J.), rue du Quatre-Septembre, 14.
NEVEU (E.-F.), rue Saint-Denis. 227.

J. PIGNON

26, Rue de la Reynie, 26

RAIMBERT (E.), boulevard de Sébastopol, 62.
SPIQUEL (C.), rue Saint-Honoré, 164.

J. TACHE

Garnitures pour Dames, fabrique de Passementerie et Haute Nouveauté

15, RUE DE TURBIGO

WEBER (C.), rue Poissonnière, 15.
WIMPHEN (L.), rue du Quatre-Septembre, 18.

PAVAGE (Entrepreneurs de)

CURTET (J.-A.), rue de la Harpe, 26.
DECLOUX (E.), rue Cardinet, 56.
GAILLET (A.), rue de la Glacière, 10.
HEUDEBERT (F.-M.), rue de Ponthieu, 53.
LESIEUR (H.-M.), boulevard Magenta, 116.
MANOURY (J.), rue Roussin, 54.
MARNAY (P.-F.), rue de Montreuil, 62.

MAUPOIX ALEXANDRE

72, Rue Oberkampf, 72

MOUSSARD (F.-A.), rue Folie-Méricourt, 96.
MULOT (A.-F.), rue des Boulets, 43.
PASCAL (P.), rue Ganneron, 22.
PIVERT (F.), rue Saint-Denis, 81, Gennevilliers.
TRIMOULET (M.), rue Miromesnil, 6.
TRUSSON (J.), rue Jenner, 58.
VIVIER (A.), rue Rousselet, 17.

PEAUSSERIE

BLANC (H.-G.), rue Thévenot, 17.

CAEN Gustave

DE LA MAISON CAEN FRÈRES
34, Rue Grenéta

DELAVIGNE (E.), rue Michel-le-Comte, 28.
DUCHESNE (C.-F.), rue Hauteville, 52.

DUMESNIL (C.-A.), rue du Canal-Saint-Martin, 13.
GUEIT (J.-M.-T.), rue Mauconseil, 27.
GUÉRIN (E.-P.), rue Portalis, 2.
GUILLOU (M.-E.), rue Saint-Martin, 241.
MAIGNAND (V.-L.), rue Chapon, 28.
PEIGNÉ (L.-F.-T.), rue d'Arcueil, 19, à Gentilly.
PELTIER (L.-G.), rue de la Grande-Truanderie, 3.
REINIER (E.-J.), rue Beaurepaire, 34.
ROBERT-DEGASCHES (A.), rue Thévenot, 7.
ROUMIEU (E.-V.), rue Grenéta, 19.

SUEUR Théophile Fils
TANNERIE. CORROYEUR. FABRICANT DE CUIRS VERNIS
4, Rue du Faubourg-Montmartre

PÊCHE & CHASSE (Ustensiles de)

G. MORICEAU, Successeur de la Maison MORICEAU frères
82, Rue de Rivoli, 82
(Envoi du Catalogue sur demande affranchie)

PEINTRES EN BATIMENTS

F.-E. DENOLLE, GIOT Hippolyte successeur
17, Boulevard Saint-Germain

GRENIER (G.-A.), rue Legendre, 3.
GREUSSET (M.-J.), boulevard de Strasbourg, 18.

PEINTRE-DÉCORATEUR

DORÉ Prosper ✳, ✛, ✛, Méd. d'or

30, Boulevard Saint-Michel

PEINTRE EN LETTRES

A. F. DESCAMPS
J. CHAMBOLLE Successeur
11, Rue de la Monnaie

PEINTURE (Entrepreneurs de)

AUGUSTINS (C.), rue de Téhéran, 17.

C. CORNET
16, Rue d'Assas, 16

DORÉ Prosper, ✳, ✛, ✛, Médaille d'Or
Peinture pour Bâtiments
30, Boulevard Saint-Michel, 30

DREUX (B.-E.), rue Notre-Dame-de-Nazareth, 38.

ANCIENNE MAISON BARBEDIENNE

P. A. DUMAS

Peinture, Papiers peints, Décoration d'Appartements

24-26, RUE NOTRE-DAME-DES-VICTOIRES

HOUPPE (F.-X.), rue de la Chaussée-d'Antin, 31.

H. F. LENOIR

14 et 16, Rue de la Tour-des-Dames, 14 et 16

Peinture, Tenture et Vitrerie

F. X. MAIRE

6, Rue du Mail, 6

MAUGE (E.), rue du Dragon, 20.
MAUNY (C.-L.), rue Baillet, 3.
THIÉBAULT (C.-G.), rue Baudin, 17.
VALADIN (E.-M.), rue Chanaleilles, 13.

PELLETERIE

BRESSON (J.), rue des Rosiers, 26.

J. B. GRÉBERT-BORGNIS

48, Rue de l'Arbre-Sec

PICARDEAU-HAYÉ-VALENCIENNES (L.-L.-M.), rue Vivienne, 21.
SERVANT (R.-A.), rue de Braque, 6.

14

PESAGE
(Constructeurs d'Instruments de)

BESSON Charles-Isidore
2, Rue de la Ferronnerie et Rue des Innocents, 3
(EN FACE LA FONTAINE)

PAUPIER (L.), rue Saint-Maur, 84.

PHARMACIENS

ADRIAN (L.-A.), rue de la Perle, 11.
BARRAL (J.-B.), rue du Faubourg-Saint-Denis, 80.
BLANCARD (M.-H.), rue du Vieux-Colombier, 21.

BOURGEAUD Jean-Pierre-Auguste
20, Rue Rambuteau, 20

BRETONNEAU (J.-A.), rue de Marengo, 6.
CAPGRAND-MOTHES (B.-A.), rue Jean-Jacques-Rousseau, 68.
CAVAILLÈS (J.-P.), rue Vivienne, 9.
CHAMPIGNY (A.-F.-A.), rue de Clichy, 39.
CLIN (E.-M.), rue Racine, 14.
COCQUELET (E.-A.), rue Ordener, 1.
CRINON (C.-J.-V.), rue Turenne, 45.
DELPECH (P.-E.), rue du Bac, 23.
DESNOIX (C.-J.), rue Vieille-du-Temple, 17.
DETHAN (A.-X.-A.), rue du Faubourg-Saint-Denis, 90.
DREYER (J.-B.), rue des Deux-Ponts, 11.
DUROZIEZ (M.-E.-A.), boulevard Saint-Michel, 58.
FAGUER (C.-H.), rue Jacob, 45.

FERRÉ (J.), rue de Richelieu, 102.
FIGAROL (J.-A.), rue des Lombards, 24.
FONTOYNONT (A.-L.), rue de Lévis, 9.
FUMOUZE (V.), rue du Faubourg-Saint-Denis, 78.
GENDRON (G.), boulevard Beaumarchais, 38 bis.
GENEVOIX (F.-E.), rue de Jouy, 7.
GRIGNON (A.-E.), rue Duphot, 2.
JACQUEMART (I.), rue Beaubourg, 12.
JULLIARD (J.-B.-L.-A.), rue Montmartre, 72.
LABÉLONYE (C.-J.), rue d'Aboukir, 99.
LEBAS-GAYE (L.-L.), rue de Grenelle, 9.
LEBEAULT (P.), rue de Palestro, 29.
LIMOUSIN (E.-A.-A.), rue Blanche, 2 bis.
MARAIS (H.-J.), rue Saint-Denis, 29.
MARCOTTE (J.), rue du Faubourg-Saint-Honoré, 90.
MAYET (H.-F.), rue Saint-Marc, 9.

Pharmacie MIALHE
A. PETIT, Successeur
8, Rue Favart, 8

PILLARD (F.-V.), rue Saint-Martin, 324.
RASPAIL (E.-J.), rue du Temple, 14.
REYNAL (A.), rue Marbeuf, 77.
RIGAUD (J.-B.-F.), rue Vivienne, 8.
ROBINET (G.), rue du Cherche-Midi, 55.
SONNERAT (S.-J.-J.), rue Gaillon, 16.
THIBAULT (P.-E.), rue des Petits-Champs, 76.
THOMAS (J.), avenue d'Italie, 48.
VÉE (A.-A.), rue Vieille-du-Temple, 24.
VIAL (L.-C.-E.), rue Bourdaloue, 1.
VIGIER (F.), boulevard Bonne-Nouvelle, 12.
VIGIER (P.-V.), rue du Bac, 70.

PIANOS (Fabricants de)

BORD (J.-D.), boulevard Poissonnière, 14 bis.
GIRARD (J.), rue de la Banque, 5.

KRIEGELSTEIN (C.-L.), rue Meyerbeer, 3.
SCHWANDER (H.), rue de l'Évangile, 15.

PIANOS (Facteurs de)

BLONDEL (A.-A.-P.), rue de l'Échiquier, 53.
GAVEAU (J.-G.), boulevard Montmartre, 14.
GOUTTIÈRE (E.-L.-H.), rue de Babylone, 47.
SOUFFLETTO (C.), rue du Faubourg-Saint-Martin, 172.
TESSEREAU (F.-C.), rue de Richelieu, 93.
WOLF (A.-D.-B.), rue Rochechouart, 22 et 24.

PIÈGES

G. MORICEAU, Successeur de MORICEAU Frères
Pièges en tous genres, Filets de Faisanderie
ENVOI DU CATALOGUE SUR DEMANDE AFFRANCHIE
82, Rue de Rivoli, 82

PIERRES FINES

HADAMARD (D.), rue Chauchat, 9.

A. A. OCHS
De la Maison OCHS Frères
31, RUE LE PELETIER

F. ROUSSET
Commissionnaire en Bijouterie et Pierres Fines
243, RUE SAINT-MARTIN, 243

SCHIEB Jacques

75, RUE LAFAYETTE. — PARIS

PIPES (Fabricant de)

DESBOIS Nicolas-Étienne DE LA MAISON **DESBOIS** & **WEBER**
(Maison LENOUVEL)
1 et 3, Place de la Bourse

PLOMBERIE (Entrepreneurs de)

ADAM   Albert-Eugène-Alexandre

52, Rue Saint-Sauveur, 52

BARRAS (A.), boulevard Magenta, 76.

FERGEAU CHARLES
COUVERTURE, PLOMBERIE, GAZ
49, Rue des Mathurins

FLICOTEAUX (A.-A.), rue de Grenelle-Saint-Germain, 59.
GAGET (J.-B.-E.), rue de Chazelles, 25.
GARNIER (H.-L.-A.), avenue Daumesnil, 127.

A. GOELZER
CANALISATION POUR LE GAZ ET LES EAUX
182, Rue Lafayette, 182

A. LEBLOND
Paris — 3, Rue Turgot, 3 — Paris

MESUREUR (J.), rue d'Argenteuil, 53.

MICHAUD Édouard

Rue de la Mare, 98

MORIN (E.-H.-L.), rue du Rendez-Vous, 74.
PAVY (H.-C.), rue du Faubourg-Saint-Honoré, 220.
SENÉ (C.-A.), boulevard Magenta, 35.
SEYFFERT (J.-E.), rue de Maubeuge, 27.
VINCENOT (C.-H.), rue de Buffon, 69.

PLUMES MÉTALLIQUES

CAEN (E.), rue de Braque, 4.

H. MALLAT Fils
30, Boulevard de Strasbourg, 30

PLUMES POUR PARURES ET PLUMES BRUTES

DELMART (E.-H.), rue Vivienne, 2.
DESHAYES (P.-A.), boulevard des Italiens, 27.
GOY (A.-F.), rue Saint-Sauveur, 4 bis.

C. GOBERT
PLUMES BRUTES POUR PLUMASSIERS
77, Rue Notre-Dame-de-Nazareth

LALOUE (A.-L.), rue Neuve-Bourg-l'Abbé, 4.
MARIENVAL (G.), rue Saint-Denis, 208.
SCIAMA (P.), rue du Faubourg-Poissonnière, 40.

POMPES (Fabricants de)

L. F. DUMONT
CONSTRUCTEUR MÉCANICIEN
55, Rue Sedaine, 55

LETESTU (M.-A.-E.), rue du Temple, 118.
THIRION (A.-R.), rue de Vaugirard, 147.

PORCELAINES
(Négociants et Fabricants en)

AILLERET (L.-C.), rue d'Hauteville, 72.
BOISSEAU (L.-B.), rue de Paradis, 7.
BOURDON (J.-C.-L.), rue de Paradis-Poissonnière, 39.

CRISTAUX ET FAIENCES
BOURGEOIS Émile
21, Rue Drouot, 21

E. GALLÉE
43, RUE BONAPARTE, 43

PORCELAINES ET CRISTAUX
E. HARANT, Maison TOY
6, Rue Halévy, 6

JULLIEN (A.-G.), rue du Faubourg-Poissonnière, 63.
LANDOUZIERS (F.-V.), rue du Faubourg-Saint-Denis, 76.

Ch. LEROSEY
11, Rue de la Paix, 11

PANNIER (A.-E.), rue Scribe, 6.
ROUSSEAU (F.-E.), rue Coquillière, 41.
THOMAS (L.-A.), rue du Faubourg-Saint-Denis, 86.

PORCELAINES (Fabricants de)

MAISON FONDÉE EN 1820

MANUFACTURE
DE

PORCELAINES & PRODUITS REFRACTAIRES
Genre Sèvres, Saxe, Chine et Japon

E. CLAUSS
8, Rue Pierre-Levée, 8
PARIS

COLLET (M.-E.), rue de Paradis-Poissonnière, 6.
GAULTIER (F.), rue des Épinettes, 19, à Saint-Maurice.
HACHE (P.-A.), rue de Paradis-Poissonnière, 24.
MANSARD (A.-P.-G.), rue de Paradis, 34.
MAUGER (P.-H.), rue de Paradis-Poissonnière, 13.
PEULLIER (L.-A.), rue de Paradis-Poissonnière, 19.
VION (T.-D.), rue de Paradis-Poissonnière, 45.

POTIER D'ÉTAIN (Fabricant)

ANCIENNE MAISON CORLIEU–ANTÉAUME
CORLIEU Fils
10, Rue François-Miron, 10

PRODUITS BITUMEUX (Fabricant)

GUTIG Frédéric
92, Rue du Château-des-Rentiers, 92

PRODUITS CHIMIQUES & PHARMACEUTIQUES

ARNETTE (E.-L.), rue Barbette, 4.
BARRE (E.-A.), rue du Temple, 15.
BOUQUET (J.-P.), quai de la Marine, 5, à l'île Saint-Denis.
CAMUS (A.), rue Barbette, 2.

CHASSEVANT (J.-A.), rue Dauphine, 8.
CICILE (C.-E.), rue des Francs-Bourgeois, 26.

COIGNET de la maison COIGNET et Cie

130, Rue Lafayette, 130

CLOLUS (C.-V.), rue du Vieux-Pont-de Sèvres, 52, à Billancourt.
COLLIN (C.-P.), rue Quincampoix, 15.
DALSACE (G.), rue Rougemont, 6.

E. DELORT

2, Rue du Marché-des-Blancs-Manteaux

DUBOIS-CAPLAIN (H.-A.), rue des Entrepreneurs, 34.
FROPO (J.-G.), rue du Renard, 7.
GATINE (L.-E.-C.), rue des Rosiers, 23.

GÉLIS Alfred, de la Maison A. GÉLIS et Cie

5, Boulevard d'Asnières
à VILLENEUVE-LA-GARENNE, près SAINT-DENIS
SEINE

GERMAIN (J.), rue de Lévis, 36.
HATTON (E.), rue des Gravilliers, 55.
KAULEK (A.), quai National, 41, à Puteaux.
LAGÈZE (J.-A.), rue du Temple, 32.

J. A. LE COUPPEY

PRODUITS PHARMACEUTIQUES
23, Rue des Écouffes, 23

LEGRAND (W.-D.-V.), rue des Lombards, 23.
MALLET (A.-A.-P.), boulevard de la Villette, 54.

A. MARIE

De la Maison MARIE Frères

43, RUE DU TEMPLE, 43

MICHELET (M.-F.), rue de Thionville, 6.
MONTREUIL (M.-G.), boulevard National, 44, à Clichy.
PERNOLET (A.), rue Lafayette, 87.

P. F. POULAIN

De la Maison POULAIN & Cᵢᵉ (Pulvérisation.)

14, RUE PAYENNE

POULENC (G.-J.), rue Neuve-Saint-Merri, 7.
POMMIER (C.-E.), rue Barbette, 2.
ROLLAND (L.-P.-J.), Grande-Rue, 19, à Montrouge.

COULEURS D'ANILINES

J. RUCH ET FILS

Fabricants de Produits Chimiques et Couleurs d'Anilines pour la Teinture et l'Impression

USINE A PANTIN (SEINE)

Bureaux: 29, Rue de Sévigné

PARIS

SOUFFRICE (A.-A.), rue des Deux-Gares, à La Courneuve.
SUBERT (J.-P.), rue Vieille-du-Temple, 75.

SUILLIOT (H.-S.), rue Sainte-Croix-de-la-Bretonnerie, 21.
THOMAS (L.), quai de Javel, 83.
VICAT (J.-H.), rue Jules-César, 9.

QUINCAILLIERS

ALLEZ (C.-A.), rue Saint-Martin, 1.

BENOIST Jules-Félix-Aimé

13, Avenue d'Italie, 13

BRICARD fils aîné (A.-H.), rue de Richelieu, 39.

H. CHALMANDRIER

9, Rue du Pont-Neuf

CHOUANARD (J.), rue Saint-Denis, 3.
COPEAU (V.-J.), rue du Faubourg-Saint-Denis, 83.

C. CORRÈZE

SUCCESSEUR DE DUQUÉNOIS
17, Rue du Temple

DEGAS (C.-E.), rue de Sèvres, 28.
DELAUNAY (P.-J.), boulevard Richard-Lenoir, 49.

J. B. DELAUNE

COMMISSIONNAIRE EN QUINCAILLERIE
4, Rue Payenne, 4

DUMONT (P.-L.), rue du Faubourg-Saint-Honoré, 160.
EMERY (J.-H.-O.), rue Saint-Antoine, 159.

FLOBERT (G.-H.), rue des Filles-du-Calvaire, 1.
GIROT (A.-A.), quai de la Mégisserie, 8.
GOULARD (L.-H.), rue d'Aval, 17.
GRIMAULT (A.), quai Jemmapes, 66.
HÉRICOURT (O.), rue du Temple, 197.
JUMEAU (J.-M.), rue Linné, 45.
LARDIT (L.-H.), rue du Pont-Neuf, 23.
LEBESGUE (L.-C.-E.), rue du Faubourg-Saint-Antoine, 97.
LEFOURNIER (L.), boulevard Sébastopol. 24.
LELIÈVRE (J.-T.), rue de La Chapelle, 59.
LONGUET (J.-A.-A.), rue Bonaparte, 47,
MASSON (A.), rue Réaumur, 33.
PILLIARD (P.-V.-L.), rue Saint-Martin, 106.
PERILLE (J.), avenue de Clichy, 98 et rue Trézel, 1.
PETITJEAN (P.-T.), avenue des Vinaigriers, 29.
RABOURDIN (H.-J.), rue du Faubourg-Saint-Honoré, 22.
RIECKE (G.), rue Meslay, 41.
ROUX (P.), rue Amelot, 138.
VACHETTE (L.-F.-A.), rue de Charonne, 51.

VERRIER (P.), rue Saint-Honoré, 147.

RAFFINEUR DE PÉTROLE

REGISTRES (Fabricants de)

MÉDAILLE D'ARGENT EXPOSITION UNIVERSELLE PARIS 1878

FABRIQUE DE REGISTRES PERFECTIONNÉS
Spécialité de Livres d'Échantillons pour Étoffes
RELIURE MOBILE BREVETÉE S. G. D. G.

DARRAS-HEUMANN
17, Rue d'Aboukir, 17

GRAVURES & IMPRESSIONS DE FACTURES, TÊTES DE LETTRES, CIRCULAIRES, ETC.

FANO (P.), rue du Grand-Prieuré, 16.
GÉRAULT fils (F.-H.), rue Montmorency, 10.
ROUSSET-BOUCHET (J.), rue Neuve-Saint-Merri, 29.
TOIRAY (G.-C.), rue des Haudriettes, 4 et 6.

RELIEURS

ENGEL (J.), rue du Cherche-Midi, 91.
GALICHER (J.-V.), boulevard du Montparnasse, 81.
GALICHER (P.-V.), rue du Château, 19-21.
GRUEL (L.-P.-J.), rue Saint-Honoré, 418.
LENÈGRE (L.-A.), rue Bonaparte, 35.

LORTIC (P.-M.), rue de la Monnaie, 11.
MAGNIER (C.-D.), rue de la Vieille-Estrapade, 7.
MARIUS-MICHEL (H.-F.-V.), rue du Four-Saint-Germain, 15.
MOUVEAU (A.-E.), rue de Vaugirard, 120.

RESTAURATEURS

AU PÈRE-LATHUILLE
GAUTHIER-LATHUILLE
7, Avenue de Clichy, 7

GROSSETÊTE (J.), rue Neuve-Saint-Augustin, 30.
LESSERTEUR (J.-P.), rue de Tournon, 33.

J. LEVY (DIT MAURICE)
40, Avenue de Saint-Mandé. — PARIS

MARGUERY (J.-N.), boulevard Bonne-Nouvelle, 36.

L. NOTTA
TAVERNIER Successeur
2, Boulevard Poissonnière, 2

PAILLARD (L.-A.), boulevard Saint-Denis, 14.
VERDIER (E.-D.), rue Laffitte, 1.

ROUGE VÉGÉTAL (Fabricant de)

H. MONIN
Maison DORIN
Fabricant de Rouge végétal, Fards de Toilette pour la Ville et le Théâtre
27, RUE GRENIER-SAINT-LAZARE

ROULAGE (Entrepreneurs de)

DUMONT (C.-H.), rue du Maroc, 30.

C. A. MICHELL
DE LA MAISON MICHELL & KIMBEL
31, Place du Marché-Saint-Honoré, 31

SELLERIE D'OCCASION

COUSART-LAMARE
COLLIGNON Successeur
8, Rue Rodier, 8

SELLERIE (Fabricants de)

V. A. BIGNON

264, Boulevard Saint-Germain, 264

BLANCHECAPE (L.-A.), avenue de la République, 14.
CAMILLE (A.-A.), rue de Lafayette, 146.

J. P. CLÉMENT
126, Boulevard Haussmann, 126

SELLES ET HARNAIS
COUSART-LAMARE
COLLIGNON, Successeur
8, Rue Rodier

A. DESBANS
FABRICANT DE SELLERIE CIVILE & MILITAIRE
15, Rue Montmartre, 15

LÉTRANGE (A.-L.-J.), rue du Buisson-Saint-Louis, 11.
LETRANGE (F.), rue Caumartin, 30.
NAU (E.-H.), rue Myrrha, 86.

Médaille d'Argent à l'Exposition universelle de 1878

PLANCHENAULT
13, RUE BOUCHARDON, 13

RODUWART George-Jérôme

45, Avenue d'Antin, 45

SELLES ET HARNAIS
L. ROUSSET
19, Rue de Ponthieu, Paris

SELS (Négociants en)

GIRARD (L.-F.), rue Geoffroy-Lasnier, 32.

SELS EN GROS ET SAVONS
ROPTON, MAISON JULLIEN SUCCESSEUR
106, Rue Saint-Antoine

SERRURIERS

BARDIN (L.), rue de Varenne, 94.
BAUDET (L.-C.-E.), rue du Rocher, 64.
BISSON (C.-F.), rue Aubry-le-Boucher, 20.
BONGARD (L.-M.-A.), rue de la Tour, 120.
BOURGOGNE (J.-E.), rue de Vaugirard, 110.

CHAPARD Charles

9, RUE GERBILLON, 9

CHEDEVILLE (J.-M.), rue de Tocqueville, 103-105.
DEMAY (V.-G.), rue Duperré, 10.
DUCROS (L.-J.), rue des Boulets, 46.
ESCANDE (A.-M.-L.), rue de Vaugirard, 177.
GEOFFROY (L.-J.-S.), rue de Verneuil, 56.
GIGNOU (F.-E.), rue Saint-Ferdinand-des-Ternes, 5.

GILON Adolphe

11, Rue du Départ, 11

GODET (L.-E.), rue Chapon, 62.
HAMET (C.-C.), rue de Miromesnil, 49.

SERRURERIE ET CHARPENTES EN FER
Exposition universelle de 1878, 5 Médailles, Or, Argent et Bronze

HUSSON François ✻

269, Rue Saint-Honoré, 269, PARIS
USINE, 40, Rue de la Folie-Regnault

IZAMBERT (A.), boulevard Diderot, 9.

L. M. LANDRY

CHARPENTES EN FER

66, Rue Rochechouart

LICHTENFELDER (D.-G.), avenue de la Grande-Armée, 41.
MAGNIER (J.-M.), rue de la Charbonnière, 40.
MALHARBET (G.-B.), rue du Faubourg-Saint-Denis, 56.
MASSON (A.), rue du Faubourg-Saint-Martin, 122.
MITHOUARD (C.-G.), rue Eblé, 17.
MOISANT (A.-O.), boulevard de Vaugirard, 20.
OBERT (J.-J.), rue Amelot, 28.
PRÉAULT (J.-B.), rue Boissière, 60.
RABOURDIN (V.-F.), rue Boileau, 55.

ROBILLARD Nicolas-Alexandre

CONSTRUCTEUR

184, Rue du Faubourg-Saint-Denis, 184

ROUSSEL (J.-H.-F.), rue Boinod, 44.
SAUVAGE (V.-O.), boulevard de l'Hôpital, 66.
SOHIER (E.-G.) rue Lafayette, 121.

SOIES

ARMANDY (D.-A.), rue du Faubourg-Poissonnière, 9.
GERMAIN (L.-P.), rue de l'Échiquier, 32.
HESSE (A.), rue d'Enghien, 30.
MARAIS (L.-J.), rue Réaumur, 76.
MEUNIER (P.-R.), boulevard de Sébastopol, 82.
PELTEREAU (H.), rue du Sentier, 26.
PICQUEFEU (A.-V.), boulevard de Sébastopol, 40
PLAILLY (P.-G.), rue Turbigo, 18.
RAFFARD (P.-J.), rue Saint-Denis, 226.
ROYER (G.), rue du Caire, 30.
SARRASIN (E.), boulevard de Sébastopol, 48.
VAQUEZ-FESSART (E.-F.), rue Saint-Denis, 137.

R. WEIL

De la Maison R. WEIL et Cⁱᵉ

12, Rue du Caire

SOIERIES (Négociants en)

ARBELOT (P.-J.), rue Vivienne, 20.
BOUCHÉ (J.), rue Croix-des-Petits-Champs, 38.
BOURGEOIS (B.-J.), rue de Cléry, 4.
BROCHOT (C.-E.), boulevard Poissonnière, 11.
CAIL (A.), rue d'Aboukir, 5.
CHARTIER (C.-J.), rue de Cléry, 13.
CHICOTOT (A.), rue de Rambuteau, 77.
CROUÉ (H.-A.), rue de la Grange-Batelière, 15.
DELATTRE (A.), rue Vivienne, 31.
GAGNET (O.-L.), rue Montmartre, 126.
GAILLIARD (E.-J.), rue Thévenot, 24.
GIRERD (E.-A.-J.), rue d'Aboukir, 6.
HAMEL (H.-P.), rue du Sentier, 26.
KLOTZ (E.), place des Victoires, 2.
LONDE (P.), place des Victoires, 3.

E. L. P. LOUVET
SOIERIES, GAZES ET LAINAGES EN GROS
10, Rue Vivienne, 10

MAHLER (A.), rue Dupuis, 7.
MIGNOT (E.-D.), boulevard de Sébastopol, 115.
MILL (L.-A.), rue du Mail, 27.
MORAND (A.), rue Vivienne, 22.
RATTIER (C.), rue de Richelieu, 62.
ROBERT (F.), rue de la Banque, 16.
SAUVAGE (G.), rue Vivienne, 16.

SOMMIERS (Fabricant de)

SOMMIERS TUCKER
LATERRIÈRE (J^n de)
33, Rue Doudeauville, 33

SPIRITUEUX

BARRY (P.-G.), quai de Bercy prolongé, 16, à Charenton.
BELOT (E.-C.), à Fontenay-sous-Bois.

BISSON Jules-Michel

24, Boulevard Saint-Germain et à l'Entrepôt Général, Quai Saint-Bernard

CALLOT Ernest

33, Boulevard de Reuilly, PARIS

Bureaux et Magasins: 46, Rue de Bordeaux, BERCY-PARIS

SPIRITUEUX, VINS FINS ÉTRANGERS

F. CHRÉTIEN

Magasins des Eaux-de-Vie: 35 et 40, à l'Entrepôt Général des Liquides

QUAI SAINT-BERNARD, PARIS

VINS FINS EN GROS

JACQUES Jules

56, Rue du Port-de-Bercy et Rue de Mâcon, 17

SAUVAGEOT Emile

DE LA MAISON ÉMILE SAUVAGEOT & TALRICH
13, Cour Dessert et Quai de Bercy, 31

STORES

L. D. LACOUR

22, Passage du Génie, Faubourg Saint-Antoine, 246

SUBSISTANCES MILITAIRES
(Entrepreneur de)

L. MICHEL

18, Rue Lafayette, Paris

SUCRES (Négociants en)

BACHOUX (D.-M.), rue Sainte-Croix-de-la-Bretonnerie, 37.

BECKER Félix
De la Maison F. BECKER et LEFÈVRE
Négociants en Sucres et Cafés en gros
15, 17 & 21, RUE SAINT-DENIS, 15, 17 & 21

BOUTRY (J.-L.), rue de la Comète, 6.
MAGNIER (A.-A.), rue de la Verrerie, 36.

E. E. SUZOR

23, Rue Sainte-Croix-de-la-Bretonnerie, 23

SUIF (Fondeur de)

TRICOCHE Jules-Ernest

82, Rue de Pantin, à Aubervilliers

TABLEAUX-ANNONCES

MAX-CREMNITZ, ✳ ✠

Fabricant de Tableaux-Annonces artistiques sur Tôles vernies

19. AVENUE VICTOR-HUGO

TAILLANDERIE (Fabricants de)

TAILLANDERIE ET QUINCAILLERIE

CHOQUET

FABRICANT

19, Rue Corbeau (près le Faubourg du Temple)

PARIS

GAUTIER (L.), rue du Temple. 20.

TAILLEURS

BOURDEAUX (J.), rue de Richelieu, 52.
BUISSON (A.), rue Vivienne, 18.
COLLIN (L.-M.), rue Jean-Jacques-Rousseau, 53.

CROTEL ÉMILE

18, Rue des Petits-Champs, 18

DEGREMONT (A.-M.), boulevard des Italiens, 9.

SPÉCIALITÉ D'UNIFORMES POUR LES ARMÉES
DUCHER Hippolyte
42 et 46, Rue de Richelieu

DUSAUTOY (J.), boulevard des Capucines, 8.

GIBORY ÉLISÉE-ROMAIN

53, Rue Sainte-Anne

GIRAUD (J.-B.), rue Neuve-des-Petits-Champs, 61.
HERMENT (D.), rue Caumartin, 24.
KESZLER (J.-V.-C.), rue du Quatre-Septembre, 19.
MASQUILLIER (P.), boulevard Haussmann, 47.
MORLAND (F.-V.-A.), rue Gluck, 2.
NOEL (A.-C.), rue de Choiseul, 4.
TROIN (J.), rue de Richelieu, 61.

E. VERSINI

3, Rue de la Paix, Paris

VIVIER (J.), boulevard des Italiens, 28.

TANNEURS

BLONDIN (G.), rue de la Glacière, 49.
BRION (P.), rue de la Glacière, 50.
CAUVAIN (H.), boulevard Arago, 23.
DURAND (A.-J.), rue des Cordelières, 31.
GIRET (E.), rue du Fer-à-Moulin, 36.
LE SAULNIER (J.-L.), rue Censier, 31.
PRUNGNAUD (P.-C.-F.), boulevard de l'Hôpital, 40.

T. SUEUR Fils

4, Faubourg Montmartre, 4

TAPISSERIES

ALLARD Fils JULES-CÉLESTIN ✳

FABRICANT DE MEUBLES D'ART (Maison à New-York)
50, Rue du Faubourg-du-Temple, — PARIS
Voir Meubles (fabricant de)

CHOPIN

Successeur de BARBAN-DUPONT

17, Rue Meslay, 17

COFFIN (J.-P.), rue Caumartin, 2.
DEFOSSE-BRAQUENIÉ (E.-E.), rue Vivienne, 16.

MEUBLES ET TAPISSERIE

DORANGE

52. 54, 56, Passage Choiseul. Rue Sainte-Anne, 57 et 59

HELBRONNER (G.), rue des Petits-Champs, 36.

TAPISSIERS-DÉCORATEURS

BOUTARD (J.), rue de Grammont, 16.

CHOPIN
Successeur de BARBAN-DUPONT
17, Rue Meslay, 17

G. A. CUEL

20, RUE DES CAPUCINES, 20

E. N. C. DECOUR

9, Rue d'Astorg, 9

DEVILLE Charles

10, RUE GAILLON. — PARIS

AMEUBLEMENTS DE STYLE
GADENNE JEUNE
1, Rue du Conservatoire. — PARIS

LEGRIEL (C.), rue de Bellechasse, 50.

LEYS ✳ C. ✠, O. ✳ ✳.

3, Place de la Madeleine, 3

AMEUBLEMENTS DE STYLES

MEUNIER & VIVIER

13, Rue Chauchat

ET

20, Rue Le Peletier, 20

MEUBLES ANCIENS & MODERNES
MILLOT THÉODORE
75, Rue du Faubourg-Saint-Honoré, 75

PENON (H.), rue de la Boëtie, 32.
PLAISANT (L.-A.), boulevard Haussmann, 48.
ROUDILLON (E.-S.-E.), rue Caumartin, 9.
THIÉRARD (L.), rue Taitbout, 52.

TEINTURIERS
TEINTURIERS-DÉGRAISSEURS

BERTIN L., rue du Fort-de-l'Est, 4, à Saint-Denis.
CHALAMEL (B.), rue Saint-Denis, 16, à Puteaux.
CHAPPAT (L.), rue Fournier, 6 à Clichy.
CHARVET (L.-A.), quai de Billancourt, 10, Boulogne.

FRANCILLON Ernest

2, *Quai National, à PUTEAUX (Seine)*

GILLET (L.), rue Saint-Charles, 81.
GUILLAUMET (A.), quai National, à Suresnes.

HULOT (L.-A.), quai National, 25, à Puteaux.
JANNET (N.), rue Cauchy, 4, à Arcueil.

JOLLY AMÉDÉE

TEINTURES DE ROBES DE SOIE BREVETÉ S. G. D. G.
3, Rue de Rohan, 3
USINE : 30, RUE DES BOIS, PARIS-BELLEVILLE

JULIEN (P.), rue de Paris, 85, à Pantin.

LAINÉ *

TEINTURIER DU MOBILIER DE L'ÉTAT
Médailles aux Expositions Universelles de Paris, 1855, 1867, 1878

A. FLEURY, Successeur

18, rue du Roule	1er Arrondt	11, rue des Martyrs	9e Arrondt
64, rue Réaumur	5e —	38, rue de Clichy	9e —
214, rue Saint-Antoine	4e —	140, Faubourg St-Martin	10e —
90, rue de l'Hôtel-de-Ville	4e —	69, rue de Chabrol	10e —
42, rue de l'Hôtel-de-Ville	4e —	92, boulev. Beaumarchais	11e —
66, rue de Rennes	6e —	54, boulev. du Temple	11e —
9, rue Caumartin	9e —	52, rue Montparnasse	14e —

TEINTURES & NETTOYAGES
41, Rue de Jussieu (5e Arrondt)

PARIS

MANONCOURT (M.), rue Poliveau, 34.
MEUNIER-POUTHOT (A.), rue du Roi-de-Suède, 4, à Suresnes.

J. B. PETIT-DIDIER

44, Rue de Paris, à SAINT-DENIS

ROUSSEL (A.), rue Charbonnière, 30, à Saint-Denis.

STOFT (C.-P.), quai Jemmapes, 90.

TEINTURES ET NETTOYAGES

J. TISSELIN

126, Rue Montmartre, PARIS

USINE A PUTEAUX

TRANCHANT (J.-B.-V.-D.), rue Saint-Honoré, 253.

TEINTURIER EN PLUMES

CONORT LÉON

5, Rue du Vert-Bois, 5, Paris

TERRE CUITE
(Fabricants de Produits en)

BOUJU (P.-L.), rue des Saints-Pères, 76 bis.
ÉTIENNE (E.), Grande-Rue, 13, à Issy.

LETALLE SOSTHÈNE
PRODUITS DE TERRE CUITE POUR BATIMENTS
96 à 102, Rue Pelleport

P. P. F. VERDIER

20 et 22, Boulevard de Charonne, 20 et 22

THÉS EN GROS (Négociants en)

MARIAGE, de la Maison MARIAGE Frères

IMPORTATION DIRECTE

4, Rue du Cloître-Saint-Merri

PELLETIER (A.), boulevard de Sébastopol, 18.

TOLES D'ACIER

DENIS Eugène

90, Rue Amelot, 90

TRANCHEUR

PROFFIT Pierre-Adolphe

57 et 59, Rue Traversière, 57 et 59

TRAVAUX PUBLICS
(Entrepreneurs de)

BERTHELOT (H.), boulevard Richard-Lenoir, 64.
BONTÉ (E.-S.), rue Boissonnade, 4.
BONTÉ (J.-F.), rue Dutot, 8.
BORDESSOULLE (J.-F.), avenue Mac-Mahon, 11 *bis*.
CHASSIN (H.), rue des Lijannes, 8.
CODUR (J.-B.), rue de Cormeilles, 80 *bis*, à Levallois-Perret.
DEHAYNIN (C.-A), rue de la Victoire, 70.
DE LAUNAY (P.-A.), rue d'Arcet, 13.

DESROQUES Pierre-Hippolyte

142, Boulevard Saint-Germain, 142

DUBOURG Jean

2, Place des Pyrénées, 2

DUNAND (L.-L.), rue de Monceau, 6.
FORTIN-HERMANN (L.-A.), boulevard d'Enfer, 11.
FRANCASTEL (E.), boulevard Voltaire, 200.
GILLET (E.-L.), rue d'Ulm, 40.
GUY (A.-P.), boulevard Voltaire, 202.
HERSENT (H.-P.), rue de Naples, 4.
HUET (J.-L-L.), avenue de Choisy, 172.

HUNEBELLE Alfred

6, Rue Nicolle, 6

JACOB (A.), avenue de Saxe, 11.
LAZIÈS (P.), rue Denfert-Rochereau, 110.
LECONTE (H.-J.), avenue du Maine, 32.

LEGRAND (E.), boulevard Haussmann, 110.
MAUJAN (A), rue de Flandre, 199.
MICHAU (H.-L.), rue Denfert-Rochereau, 47.
MOREAU (S.), rue Taitbout, 58.
PERRICHONT (E.), villa de la Réunion, 14
PRIN (C.-A.), rue d'Alleray, 47.

QUÉHAN Denis

105, Rue de Paris, à Saint-Mandé

RADENAC (V.), rue d'Enfer, 47.

P. REGNIER

37, Rue du Champ-d'Asile, 37

SABARLY Adrien-Sylvain
ENTREPRENEUR DE CHARPENTES
Rue Saint-Amand (Place d'Alleray, 6)

SAUTON (A.-L.), boulevard Saint-Germain, 144.
VIOLET (A.-A.), boulevard Haussmann, 37.

VELOURS (Fabricants de)

Velours de Chasse et Satin de Chine, Draps
BERRIER Louis
PARIS — 25, Rue Jean-Jacques-Rousseau, 25 — PARIS

PIQUÉE (F.), rue de Rivoli, 122.

VERNIS

CHALMEL (G.), boulevard Richard-Lenoir, 108.
LAVELLE (A.), rue Aubriot, 3.
MALLEVAL (J.-C.), rue Bourtibourg, 16.

VERNIS AU TAMPON ET AU PINCEAU
Pour Ébénisterie, Pianos et Billards

PAGEOT

85, Rue du Faubourg-Saint-Antoine, 85

Vernis au Pinceau de toutes couleurs pour les Fleurs et la Maroquinerie

FABRIQUE
A VILLENEUVE-SAINT-GEORGES (SEINE-ET-OISE)

TUGOT (J.-A.), avenue Victoria, 8.

VERRERIES

BERRY Charles

VERRERIES CRISTAUX ET PORCELAINES
21 et 23, Rue du Jour, 21 et 23

BUZENET (J.-E.), rue Neuve-Saint-Merri, 7.
CŒNON (P.-T.), rue de la Perle, 7.
COLLIN (J.-A.), rue de Rivoli, 90.
LEBLANC (C.), rue du Faubourg-Saint-Denis, 102.
LISSAUTE (A.-B.), rue Martel, 12.
PARIS (C.-E.), au Bourget.

VERRES A VITRES

ÉMAUX, VERRES A VITRES DE COULEURS ET CRISTAUX

APPERT Adrien-Antoine
66, RUE NOTRE-DAME-DE-NAZARETH

DENIS (C.-L.), quai de l'Hôtel-de-Ville, 72.
LANGOIT (T.), rue Bleue, 15.
REYGEAL (L.), rue d'Allemagne, 127.

ROBCIS Gustave

75, RUE DU FAUBOURG-SAINT-ANTOINE

VOLANT (M.-J.-R.), faubourg Saint-Martin, 188.

VÊTEMENTS POUR HOMMES

BESSAND & Cie
MAISON DE LA BELLE-JARDINIÈRE
2, rue du Pont-Neuf.

BLANCHARD (J.), rue du Pont-Neuf, 2.
BLAY (A.-J.), boulevard des Italiens, 11.
BOUCHÉ (S.-T.), boulevard des Italiens, 29.
BRICOUT (C.), rue Vivienne, 12.
CHAN (B.-M.), rue Croix-des-Petits-Champs, 45.
DELATREMBLAYS (J.), rue Vivienne, 25.
GEBELIN (L.-M.), rue Meyerbeer, 3.
SCHRADER (L.-F.), rue de Richelieu, 76.

VINS (Négociants en)
VINS EN GROS

ASTIER (N.-F.), port de Bercy, 20.
AUBERT (J.), rue de Turenne, 46.
BEAU (L.-J.-C.), quai de Bercy, 24.

BEAUFUMÉ Honoré

74, Boulevard Beaumarchais, 74, PARIS

BÉJOT (A.-J.), boulevard Henri-IV, 36.
BELLET (F.-M.), quai de Béthune, 18.
BELLICARD (C.), rue de la Cerisaie, 27.
BLANC (J.), quai Henri-IV, 46.
BLONDE (Jules-Henri), boulevard Henri-IV, 44.

BRESSON Gabriel

109, Rue de Bercy

BOUDARD (A.-F.), quai de Mâcon, 28.
BOULLAY (J.-C.), quai de Béthune, 36.
CAUCURTE (P.-P.), rue Gallois, 16.
CÉLERIER (L.-M.), rue du Mont-Thabor, 15.
CHOPIN (J.-F.), quai de Bercy, 50.

H. CUVILLIER & Frères
16, Rue de la Paix. — PARIS

MAISONS
A Bordeaux, Reims et Saint-Pétersbourg

DEFERT (J.), rue de Bourgogne, 30.

DEMAGNEZ Eugène
Entrepôt de Bercy, 5, Rue de Gallois
MAISON A PONTANEVAUX (SAÔNE-ET-LOIRE)

DEVAUX (H.-E.), rue des Petits-Carreaux, 12.
DUBOS (T.), quai de Bercy, 31.
DUCRUIX (L.-E.), quai Saint-Michel, 23.

DUMONTIER Émile
VINS ET EAUX DE VIE
58, Port de Bercy, 58

FLEUROT (J.-E.), rue de Mâcon, 8.
FLEURY (A.), boulevard de Grenelle, 8.
FONADE (A.), rue Drouot, 8.
GARNIER (L.), rue de Bercy, 61.
GUILLARD (F.-E.), rue des Écoles, 33.
JARLAUD (F.-G.), quai de Bercy, 50.
JARRY (E.-J.), quai d'Austerlitz, 23.
JUILLARD (J.-B.-E.), port de Bercy, 1.
LABADIE (J.-B.-L.), à l'Entrepôt général des vins.
LACOMBE (E.), rue Montmartre, 159.
LANIER (F.-A.), route départementale, 59, à Vitry.
LAVEUR (L.-A.), aux Carrières-Charenton, 118.
LEBON (L.-G.-A.), à l'Entrepôt, rue du Languedoc, 11.
LECOCQ (J.), rue Taitbout, 30.
LEFÉBURE (P.), avenue des Batignolles, 117, Saint-Ouen.
LEROY (P.-A.-F.), boulevard Saint-Germain, 15.
LORON (P.-G.), rue de Bordeaux, 10, à l'Entrepôt.
MALLIGAND (E.-P.), boulevard Saint-Michel, 8.
MAURY (G.), rue de Cluny, 11.
MAYARD (E.-J.-B.), rue de l'Yonne, 31, parc de Bercy, à Charenton.

C. MELLINET
PELLETIER Père et Fils Successeurs
172, RUE DE PARIS, CHARENTON-LE-PONT

MICHEL (A.-J.), boulevard Beaumarchais, 20.

MICHY (J.-E.), rue de Languedoc, 15 et 30, à l'Entrepôt.

MOULLÉ (C.), quai de Bercy, 67.

NICOLAS (L.-E.), rue de Paradis-Poissonnière, 22.

PERDRIER (P.-F.), quai de Bercy, 6.

PHILIPPON (C.-A.-A.), boulevard Saint-Germain, 58.

PONTBICHET (A.-J.), rue de Bordeaux, carrières Charenton.

PORTE (J.-A.), boulevard Magenta, 46.

PORTIER neveu (C.), château de Conflans, à Charenton.

QUÉNEDEY (E.-G.), à l'Entrepôt général, rue de Champagne, 47.

ROUSSEAU (C.), boulevard Saint-Germain, 9.

ROUSSEAU (P.-A.), rue des Fossés-Saint-Bernard, 22.

ROUSSEAU-BRAZIER (J.), rue du Cardinal-Lemoine, 2.

SAUNIER (E.-S.), quai de Bercy, 22.

SIGAUD (G.-H.), rue Guy-de-la-Brosse, 15.

SIGNOL (E.), rue de Mâcon, 53.

SOURD (J.-M.), Charenton, près du Pont-National.

THAN (P.), avenue Daumesnil, 203.

THOMAS (J.-L.), boulevard Contrescarpe, 26.

TISSIER Pierre-Lazare

49, Quai de Bercy, et 1, Rue de Dijon, BERCY

VINS EN GROS

AGUETTANT (Jean), à Montrouge.

ALLAIN (J.-A.), quai d'Anjou, 23.

ALLAIRE (M.-C.), rue des Rosiers, 8, Saint-Ouen.

BARATTE (L.), butte de la Loire, 1, à l'Entrepôt.

BÉDHET (D.-A.), rue de Charenton, 237.

BELLIER (A.), boulevard Saint-Germain, 43.

BLANCHET Antoine-Hippolyte

22, Boulevard Beaumarchais, 22

BOUCHER (A.), quai de Bercy prolongé, 9, à Charenton.
BOURRIER (J.), boulevard de Bercy, 18.

BRUNET Léon

109, Rue de Bercy, 109

CANAPPE (L.), rue de Charenton, 276.
CATELAIN (J.-B.), place de la Bourse, 12.

CHAPPOTTEAU Charles

ENTREPOT GÉNÉRAL DES VINS

26, Rue de Languedoc, 26

L. CHAPUIS

49, Quai de Bercy, 49

CHARMET (P.-M.), rue de Châteaudun, 22.
CHAUDRON (A.), quai d'Austerlitz, 1.

Th. COËLIER

8, Rue Suger, à Saint-Denis (Seine)

VINS EN GROS & SPIRITUEUX

COLLIN François

35, Route d'Orléans, à ARCUEIL

CORTOT (E.-J.), rue de la Côte-d'Or, 37, à l'Entrepôt.

COTILLON Benoit

COUR BARSAC

Paris - 31, Quai de Bercy, 31 - Paris

DEFERT Édouard-Edme

4, Rue Murillo

DELAUNE (A.-A.), rue de Belleville, 172.
DESLANDES (J.-A.), boulevard Beaumarchais, 38.

DESVIGNES

41, Grande-Rue, à Saint-Maurice, Charenton
SEINE

DUCRUIX (A.-F.-E.), boulevard Saint-Germain, 129.
ESPÉRAT (A.-M.), port de Bercy, 33.

FABRE Alphonse
COMMISSIONNAIRE
Paris -- 12, Rue Linné, 12 -- Paris

FOURRIER Cadet
à Macon et à Bercy. Entrepôt, 11, Rue de Nuits et 110, Rue de Bercy

Écrire au Domicile, Boulevard Beaumarchais, N° 1, à Paris

FOUSSIER (J.-A.), boulevard de Bercy, 8.

GALICHON Georges
DE LA MAISON GALICHON FILS
1, Rue Bonaparte, 1

L. C. GALLOIS

2, RUE DE NUITS, A BERCY

GALOPIN FRANÇOIS

18, Rue de Rivoli

GEVIN (P.-A.), rue Caumartin, 23.
GILBERT (E.-A.), quai de Bercy, 14.

GOUNY PIERRE

22, Avenue Alphand à St-Mandé et Rue Léopold, 22, à Bercy

GRAND (P.), boulevard de Bercy, 8.
GRANGER (T.), rue de Bourgogne, 18.
GUILLIER (F.-P.-E.), rue de la Côte-d'Or, 26, à l'Entrepôt.

KARRER-COMBRUN

VINS EN GROS

4, Cours Benoist à Saint-Denis (Seine)

VINS ET SPIRITUEUX EN GROS

LABATY

25, Rue Neuve-des-Carrières, à Charenton

LACOSTE (D.), rue de Mâcon, 53.
LAFOND (C.), rue de Mâcon, 9.

LAMBERT EMMANUEL

5, Rue de l'Alouette à St-Mandé et Rue de Champagne, 31, Entrepôt Général

LARREY (L.), quai de Bercy, 33.
LEBRETON (L.-F.), quai de Bercy, 5.

LELOGEAIS Alphonse

De la Maison A. LELOGEAIS Père et Fils

13, Rue de Bordeaux, BERCY

LESSERTISSEUX (P.-J.), Grande-Rue, 19, à Saint-Maurice.

VINS ET EAUX-DE-VIE EN GROS

LIONNET Joseph-Michel

20, Rue de la Villette, à PANTIN

LOISEAU Paul

32 et 34, Rue de Graves, à l'Entrepôt Général

DOMICILE : 4, RUE LINNÉ, 4

MALIZARD (V.-M.), rue du Buisson-Saint-Louis, 16.
MARTIN-LANDELLE (E.-A.), rue de la Chapelle, 115.

VINS & SPIRITUEUX EN GROS

MERLIN Henri-Adolphe

106, Rue de Paris, à PANTIN

MILLERAND (A.-S.), rue de la Santé, 83.

MINARD ÉMILE

157, Grande-Rue, à Nogent-sur-Marne

PACAULT (E.-A.-H.), rue de Graves, 16, à l'Entrepôt
PARET (J.-G.-L.-H.), rue Amelot, 82.
PERROT (J.-E.), rue de Bourgogne, 4, à l'Entrepôt.

J. D. PORÉE

205, Boulevard de Stains, à Aubervilliers

POULAIN (P.-J.), quai Montebello, 13.
PROTAT (J.), rue de Lyon, 9.
SAUVAGEOT et TALRICH, 31, port de Bercy et cour Dessert, 13.

L. SIMON

VINS ET SPIRITUEUX EN GROS
57, Boulevard Saint-Michel

A. SOUPEAUX

245, Rue de Vaugirard, 245

TRICHARD (L.-L.), port de Bercy, 31.
VARRAZ (H.-L.), rue Valette, 21.

L. G. VILDIEU

43, Rue de Lyon et Rue du Port-de-Bercy, 94

VINS MÉDICINAUX

DITELY Édouard
VIN TONIQUE DE BAGNOLS-SAINT-JEAN
18, Rue des Écoles, 18

VINS & SPIRITUEUX
EN GROS

AUBRET (P.-B.-A.), place de l'Église, 46, à Pantin.
BAUDOUIN (S.-A.), quai de Bercy, 50.

BELLICARD (S.-J.), rue de la Brèche-aux-Loups, 9.
BERDIN (C.-D.), port de Bercy, 16.
BOREL (E.-F.), quai de Bercy, 47.
BORREL (F.-A.), boulevard de la Contrescarpe, 34.
BOUDIN-MARTINEAU (L.-F.-A.-C.), rue des Carrières, 46, Vincennes.
BOUYER (E.), butte de la Loire, 10, quai Saint-Bernard.
BRUNEAU (J.), quai de Béthune, 14.
CHARPENTIER (J.-P.), à Charenton.

CLAUDON GUSTAVE

1, Place Jussieu, 1

COURCAULT

VINS ET SPIRITUEUX EN GROS

104, Rue de Paris, à St-Denis

COUVREUX Louis

81, Route de la Révolte, à St-Ouen (Seine)

CUVELIER (A.), quai de Bercy, à Charenton.
DEHERPE (P.-L.-A.), rue de Cambrai, 4.
DECHAVANNES (J.-B.), boulevard Saint-Germain, 32.
DELAFFOND (J.-M.-C.), quai de Bercy, 43.
DEMARTIAL (J.-F.), route de la Reine, 130, à Boulogne.
DUMONTIER (E.-P.), rue du Cardinal-Lemoine, 28.
DUROUCHOUX (M.-L.), rue du Bac, 94.
KARRER-COMBRUN (E.), cours Benoît, 14, à Saint-Denis.
FOURRIER (C.-C.), boulevard Beaumarchais, 1.
FRÉMINET (P.-A.), rue de Montreuil, 125.
FROMENT (J.), quai des Carrières, 62, à Charenton.

GOURDAULT Jean-Marie-Maurice

5, Avenue Poirier, 5, à SAINT-MANDÉ

RUE DE BORDEAUX, 17 ET 19, BERCY-PARIS

GUTH Philippe-Léonard

14, Quai de Béthune et rue de Graves, 48

HALLE AUX VINS

GRIVOT (F.-E.-A.), quai de Bercy, 5.
HOUDART (E.-A.-M.), rue de Belleville, 134.

JANETS Fils & FAILLE

VINS, SPIRITUEUX ET LIQUEURS EN GROS

18, Rue de Paris, à VINCENNES (Seine)

LANDAIS (L.-F.-M.), rue Matignon, 14.

B. LANEYRIE, LANEYRIE Fils Successeur

VINS ET SPIRITUEUX EN GROS

24, Rue des Quatre-Vents, à Charenton-le-Pont

LECOLLANT (A.-C.), rue de la Recette, 16, à Créteil.

C. F. LIGNEAU

14 à 22, Rue du Port de Bercy, 14 à 22

G. MATHIEU de la maison MATHIEU & Cie

COMMISSIONNAIRE EN VINS & SPIRITUEUX

68. Quai de Bercy, Paris

MERLIN Henri-Adolphe

VINS ET SPIRITUEUX EN GROS

106, Rue de Pantin

NOÉ (A.-A.-J.), rue de Paris, 4, à Saint-Denis.

PORTIER Neveu Charles et Cⁱᴱ

VINS ET SPIRITUEUX EN GROS, VINS BOURGEOIS

Château de Conflans, à Charenton

COGNACS ET VINS FINS EN BOUTEILLES

Médaille d'Or à Londres en 1884

REVILLON-CLERJAUD

52, Rue de l'Arbre-Sec et Quai de Bercy, 58

ROUX-DUBIEF (P.), avenue du Petit-Château, 3.
SAILLARD (J.), boulevard Saint-Germain, 15.
TEYRAS (A.-C.-A.), rue Guy-de-la-Brosse, 13.
THORIN (E.-J.-B.), boulevard Saint-Germain, 38.
VALENTIN (F.-L.), rue Le Peletier, 37.
WARCOLLIER (A.-A.), quai Saint-Bernard, à l'Entrepôt, rue de Bordeaux, 8.

VIS (Fabricant de)

BARRIÈRE Louis-Marie

22, Rue Saint-Sabin. — PARIS

VOITURES (Constructeurs de)

GEIBEL Alfred

14, Rue de Milan, 14

HURET (N.), avenue des Champs-Élysées, 24.
MOREL (S.-B.), rue des Entrepreneurs, 19.

RENAULT (A.-A.-F.), rue Riquet, 73.
ROTHSCHILD (J.), avenue Malakoff, 115.
STIEBEL (A.), avenue de Wagram, 64.

FABRICANT DE VOITURES D'ENFANTS
H. S. VINCENT
29 bis, Rue du Château-d'Eau

VOYAGE (Articles de)

FLANDIN (C.), rue Michel-le-Comte, 23.
KLEIN (C.), rue des Vinaigriers, 63.
WALKER (A.-G.), place de l'Opéra, 3.

ZINC (Ornements en)

COUTELIER Edmond-Jules-Victor
Ornements en Zinc et Plomb
52, BOULEVARD RICHARD-LENOIR

PÉRIN (F.-L.), boulevard Richard-Lenoir, 106.

FIN

TABLE DES MATIÈRES

17

FIN DE LA TABLE DES MATIÈRES

Paris. — Imprimerie Typographique L. Maine. 4. rue Lamartine.